经济发展中的收入分配与贫困系列丛书

本书是南开大学政治经济学研究中心资助成果

财智睿读

外商直接投资的收入分配效应检验
——基于企业间工资差距视角

Research on the Income Distribution Effects of
Foreign Direct Investment: From the Perspective of
Wage Inequality Among Enterprises

陈 岑 周云波 陈 阳◎著

中国财经出版传媒集团

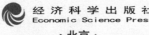

经济科学出版社
Economic Science Press

·北京·

图书在版编目（CIP）数据

外商直接投资的收入分配效应检验 ： 基于企业间工资差距视角／陈岑，周云波，陈阳著. -- 北京 ： 经济科学出版社，2024.6. -- ISBN 978 - 7 - 5218 - 6068 - 9

Ⅰ. F124.7

中国国家版本馆 CIP 数据核字第 2024CT4242 号

责任编辑：李一心
责任校对：王肖楠
责任印制：范　艳

外商直接投资的收入分配效应检验
——基于企业间工资差距视角
陈　岑　周云波　陈　阳　著

经济科学出版社出版、发行　新华书店经销
社址：北京市海淀区阜成路甲 28 号　邮编：100142
总编部电话：010 - 88191217　发行部电话：010 - 88191522
网址：www. esp. com. cn
电子邮箱：esp@ esp. com. cn
天猫网店：经济科学出版社旗舰店
网址：http：//jjkxcbs. tmall. com
北京季蜂印刷有限公司印装
710 × 1000　16 开　17 印张　330000 字
2024 年 6 月第 1 版　2024 年 6 月第 1 次印刷
ISBN 978 - 7 - 5218 - 6068 - 9　定价：68.00 元
（图书出现印装问题，本社负责调换。电话：010 - 88191545）
（版权所有　侵权必究　打击盗版　举报热线：010 - 88191661
QQ：2242791300　营销中心电话：010 - 88191537
电子邮箱：dbts@ esp. com. cn）

丛 书 总 序

经济发展中收入分配和贫困历来是经济学研究的重点和热点，也是政府和社会公众关注的焦点。经济发展涉及的是如何把蛋糕做大，收入分配研究的是如何适当地分配蛋糕，贫困则更多地关注社会弱势群体。

改革开放四十多年来，中国在经济发展方面取得了举世瞩目的成就，同时在收入分配与贫困领域也存在一些值得关注的现象：一方面收入分配差距近年来已经越过最高点，出现了下降的趋势，但总体上差别程度仍然较大，中国目前依然是世界上收入差距较大国家之一；另一方面中国在减贫方面取得了令世界瞩目的成就，是世界上减贫最成功的国家。但是，如果按国际通行的更高标准，中国仍然存在大量相对贫困人口。因此，未来如何在经济发展中改善收入分配，减少贫困人口，保持经济持续增长是摆在社会各界面前的重大课题。

国内外学术界近年来就经济发展中的收入分配与贫困问题，进行了大量富有成效的研究。南开大学经济学科也做出了积极的探索和贡献。南开经济学科自20世纪初创立后，就形成了利用现代经济理论分析解决中国现实问题的特色和传统。改革开放以后，南开经济学科持续开展对中国经济理论与现实问题的深入研究，取得了一系列产生重大影响的学术成果，其中关于公有主体混合经济理论、商品经济价值规律理论、按要素贡献分配理论、公有经济收入分配倒"U"理论、经济体制市场化程度测度等等，对中国改革开放实践的推进发挥了重要指导作用，提出的很多建议写入了中央文件变成了指导我国经济发展与体制改革的政策方针。

我们编辑这套《经济发展中的收入分配与贫困系列丛书》，主要目的就是要汇集国内外学者关于经济发展中的收入分配及贫困治理方面的重要研究成果，包括最新的理论和研究方法等，呈现给国内同行，以供研究借鉴和参考。

陈宗胜

周云波

2020 年 12 月 22 日

前　言 / Preface

在持续推进更高水平对外开放的背景下，如何缩小不同群体间的收入差距进而使人民共享发展成果是值得深入研究的重要问题。我国"十四五"时期利用外资的发展目标是利用外资结构持续优化，为促进国内经济大循环、连接国内国际双循环发挥更加积极作用。但需要特别重视的是，外商投资在促进东道国经济发展的同时，也可能在一定程度上拉大东道国不同群体间的收入差距。传统的开放经济理论诸如"两缺口模型"认为，外商直接投资的流入可改变东道国要素禀赋状况，从而提高东道国居民的收入水平、改善东道国福利。然而，由于外资企业在资本和技术等方面的优势，有能力且愿意支付比内资企业高得多的工资，这就造成了东道国内外资企业间工资差距。已有研究表明，改革开放以来外商直接投资流入所引起的内外资企业间工资差距对居民收入差距扩大起到了重要的推动作用。在此背景下，研究和探讨外商直接投资对我国收入分配的影响路径、寻找缩小不同群体间收入差距的方法，对进一步丰富开放经济条件下我国收入分配领域的研究有重要的理论和现实价值。以之为出发点，本书的研究主题是外商直接投资的流入是否以及如何改善企业间收入分配的格局，从而缩小收入差距。

本书是一部理论分析与实证研究相结合的著作，第一章是绪论，主要阐述本书研究背景、研究意义，详细介绍了本书使用的研究方法和数据来源，以及对数据处理过程。第二章是文献综述，主要是归纳总结该领域的研究成果。第三章主要集中在理论分析方面，构建了外商直接投资对东道国工资差距影响的理论分析框架，为后文的实证分析奠定了基础。第四章利用一系列分解方法对我国内外资企业间的工资差异进行了详细分解，以期发现内外资企业间工资决定机制的异同以及在不同的工资分布上工资差异的变化情况。第五章主要是基于理论分析章节中构建的劳动力转移估计方程和工资差距联立方程组，分别从行业层面和地区层面估算出外商直接投资通过劳动力转移途径对工资差距的影响。第六章主要实证考察外商直接投资的技术溢出效应对内外资企业间工资差距的影响。第七章在第六章的基础上使用瓦哈卡—布林德（Oaxaca - Blinder）分解方法进一步测算了异质性外商直接投资的技术溢出效应对我国内外资企业间工资差距的贡献度。第八章从出口的角度考察了企业的异质性对企业间工资差异的影响。第九章则是本书的主要研究结论与在此基础上提出的相关的政策建议。

随着中国开放的大门越开越大，外商直接投资会源源不断地涌入，充分利用外资在技术方面的优势，从微观市场主体层面缩小收入差距，将会从源头上防止收入差距扩大，对于构建实现共同富裕的制度、稳步推进并扎实巩固共同富裕的成果而言，大大节省了人力、财力和物力，有助于营造出利于实现共同富裕的经济、社会大环境。改革开放以来，中国一直在实行"以市场换技术"的战略，这在当时是与国家发展和人民需要相适应的，而外资也的确增加了就业岗位，有助于解决最大的民生问题。随着引进外资步伐加快、规模扩大、领域增多、合作层次变深，关于引进外资的标准也实现了从"量"到"质"的变化，而学界也对外商直接投资的流入规模、技术水平、技术溢出程度及其所带来的影响展开了细致考察和深入探索。本书集合了周云波教授科研团队关于外商直接投资对我国收入分配影响的最新成果，旨在探讨如何在进一步扩大高水平对外开放和共享发展理念下，充分利用外商直接投资的优势改善企业间收入分配的格局。

目 录 / Contents

第一章 绪 论

本章作为全书的研究起点，主要阐明了研究外商直接投资（FDI）[①] 对我国企业间工资差距影响的背景和研究意义，以及本书所使用的数据和研究方法，最后简要介绍了全书的篇章结构、主要内容以及可能的创新点。

第一节 本书研究的背景与意义

一、研究背景

改革开放以来，中国取得了举世瞩目的经济成就，一跃成为世界第二大经济体，创造了经济连续高速增长的奇迹。党的十八大以来，经过党和人民的不懈努力，在中华大地上全面建成了小康社会，历史性地解决了绝对贫困问题，第一个百年奋斗目标如期实现，目前正在向着全面建成社会主义现代化强国的第二个百年奋斗目标迈进。党的二十大报告指出："共同富裕是中国特色社会主义的本质要求，也是一个长期的历史过程。"一方面，党的二十大将共同富裕作为现代化的重要战略目标之一，要求到 2035 年，全体人民共同富裕取得更为明显的实质性进展；另一方面，适应我国社会主要矛盾的变化，必须走高质量发展、扎实推动共同富裕、坚决防止两极分化的发展道路，把共同富裕作为现代化建设的出发点和着力点。在"两个一百年"奋斗目标的历史交汇期，共同富裕已不单指经济范畴的概念，而是涵盖了政治、经济、文化、社会和生态"五位一体"的综合概念，不但是中国式现代化的重要特征，也是生产力与生产关系的统一。不难发现，实现共同富裕不仅在时间节点上与第二个百年奋斗目标相对应，也是全面建

[①] 根据国家统计局的解释（https：//www.stats.gov.cn/sj/zbjs/202302/t20230202_1897100.html），外商直接投资是指外国投资者在我国境内通过设立外商投资企业、合伙企业、与中方投资者共同进行石油资源的合作勘探开发，以及设立外国公司分支机构等方式进行投资。与国家统计局《关于划分企业登记注册类型的规定》一致，本书所讨论的外商直接投资包括外方独资、中外合作和中外合资三种形式。

成社会主义现代化强国的重要内核。

面对百年未有之大变局,新时代的中国迎来了更多的挑战和机遇。从外部环境来看,金融危机之后全球经济复苏乏力,世界各国开始了以科技创新为契机的新一轮改革,随着全球信息化的进一步发展,发展中国家作为新兴力量成为非常重要的增长极,世界政治经济格局也因此正在由单极化向多极化的新格局转变。但是单边保护主义思想还在兴风作浪,逆全球化的浪潮依旧愈演愈烈,中美两大经济体之间的贸易摩擦还在继续,极大地增加了我国实现第二个百年奋斗目标的风险与挑战。从国内发展现状来看,当前国内仍存在着收入差距不断扩大的趋势,东部沿海地区的人均收入水平远超西部,各区域间的基础设施配套水平也存在着很大差异,城乡之间、地区之间发展不平衡不充分的问题还未从根本上得到解决。研究表明,当经济发展水平较低时,收入差距的扩大有利于物质资本的积累从而可以推动经济的快速发展,可当经济发展水平较高时,收入差距的扩大会制约低收入者的人力资本投入以及抑制消费水平的提升,从而对经济发展产生不利影响(Galor & Moav,2004)。随着中国经济发展进入增速换挡期,一旦低收入群体的收入增速不及 GDP 增速以及通货膨胀之和,低收入群体与高收入群体的收入差距将越来越大,从而导致社会阶层不断固化,最终制约中国经济长期可持续发展。

深化收入分配制度改革是应对百年未有之大变局、建设社会主义现代化强国的迫切需要。从其他国家的发展经验来看,拉丁美洲和一些亚洲国家较早地步入中等收入国家,但始终无法进入高收入国家行列,富人拥有更强的社会话语权,政治家因为经济停滞无法兑现改善收入的承诺,从而造成国家贫富差距的进一步扩大,陷入"中等收入陷阱"的漩涡之中。与许多陷入"中等收入陷阱"的国家相似,当下中国也面临着经济增长方式转型的挑战。改革开放以来的经济发展主要依靠于资本和劳动等要素的密集投入,但近些年许多地区存在较高的资产负债压力使得投资乏力,同时生态环境不断恶化使得经济进一步发展的环境压力骤增,加之出生率的下滑和人口老龄化加剧造成了有效劳动力供给的不足等。在中低端制造业的竞争上,劳动力价格、原材料和环境成本的大幅提升导致我国制造业在与部分周边国家相比不再具有显著优势。在向高端制造业转型上,目前我国大型企业仍缺乏核心竞争力,在芯片等高科技领域创新驱动力不足,经济增长缺乏长期可持续的创新源泉,进一步加剧了落入"中等收入陷阱"的风险。中国要跨越"中等收入陷阱",首要任务就是要缩小收入分配的差距,调整收入分配的结构性失衡,稳定经济社会的发展。

扎实推进共同富裕是不断实现人民美好生活向往的重要一环,也是社会主义的本质要求。一方面,在新时代,中国社会主要矛盾为人民日益增长的美好生活需要和不平衡不充分的发展之间的矛盾。其中,发展的不平衡,主要体现在社会生产关系中区域财富占有和收入分配方面的差距，以及人与人之间财富占有和收入分配方面的差距。推动全体人民共同富裕取得更为明显的实质性进展，是解决发展不平衡不充分问题的根本着力点。另一方面，居民收入分配的公平性影响着经济社会的进一步发展。现阶段中国社会已经进入中高等收入阶段，经济发展也早已步入"新常态"，消费已经成为拉动经济增长的主要动力，但收入差距扩大会降低社会的消费能力、限制消费结构的调整、延缓总体消费水平的增长，从而使消费对经济增长拉动的作用受到抑制。因此，完善收入分配结构，规范收入分配秩序，进一步缩小收入差距、城乡差距和地区差距实现共同富裕，以保证经济实现高质量平稳发展，是亟须解决的重要课题，也是"十四五"时期经济社会发展的重要目标。

中国经济 40 年持续的快速增长离不开外商直接投资，在当前"双循环"的新发展格局下，实现共同富裕要求更好地利用外资①。首先，外资已成为中国经济重要组成部分。从图 1 - 1 可以看出，进入 21 世纪以来，我国吸引外商直接投资的规模不断增大，利用外商直接投资的规模和领域已经远非改革开放之初可比。根据联合国贸易和发展会议（UNCTAD）的统计数据，2020 年中国吸引外商直接投资规模达到 1630 亿美元，首次超过美国成为全球第一大外资流入国。其次，现阶段外商投资加大了对第一、第三产业投资的比重，这将有助于缩小居民收入差距。对于第一产业的投资可以直接创造农村就业岗位，而第三产业凭借其较强的劳动力吸纳能力，外商直接投资的增加可以吸收更多的非技术型劳动力以及农村劳动力。最后，外商直接投资企业提供了更多高收入的就业机会。从 20 世纪 80 年代初我国刚刚引进外商直接投资开始，外商直接投资企业为吸引高素质劳动力就提供了比内资企业高出许多的工资。根据官方的统计资料，2003 ~ 2021 年间，我国外商直接投资部门的平均工资比内资部门平均高出 20.01%（具体见图 1 - 2）。不仅如此，内外资企业间工资差距是改革开放以来我国城镇居民收入差距扩大的重要原因（孙楚仁等，2008；朱彤等，2012；盛斌和魏方，2012）。因此，我们应充分利用国内国际两个市场、两种资源来推进共同富裕，不断鼓励和引导外商直接投资加入共同富裕的事业中来，从而真正实现高水平利用外资。

---

① 党的十九届五中全会通过《中共中央关于制定国民经济和社会发展第十四个五年规划和二〇三五年远景目标的建议》，将"加快构建以国内大循环为主体、国内国际双循环相互促进的新发展格局"纳入其中。构建基于"双循环"的新发展格局是党中央在国内外环境发生显著变化大背景下，推动我国开放型经济向更高层次发展的重大战略部署。

（亿美元）

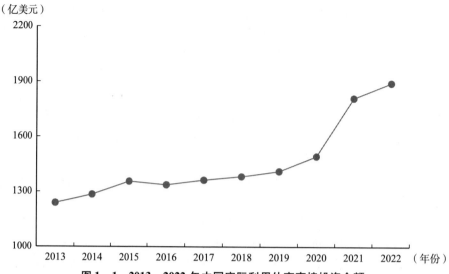

图1-1 2013~2022年中国实际利用外商直接投资金额

资料来源：国家统计局。

（元）

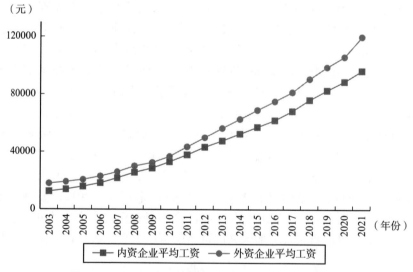

图1-2 2003~2021年我国内外资企业平均工资变化

注：图中所示的外资企业包含中国港澳台地区投资企业。
资料来源：2004~2022年《中国统计年鉴》。

二、本书的研究意义

纵观已有的文献，外商直接投资进入对东道国工资水平及工资差距的影响一直是劳动经济学和发展经济学关注的热点问题之一（Feenstra & Hanson，1997；

Taylor & Driffield，2005）。大量的理论和实证研究对外商直接投资与东道国企业间工资差距之间的关系进行过论述和估计。一些研究表明，外商直接投资部门由于技术水平高、管理体制先进，尤其是高工资吸引了东道国高技能（熟练）劳动力，从而拉大了东道国内资部门外商直接投资部门之间的工资差距（Manasse & Turrini，2001；Egger & Stehrer，2001）；与此同时，另有大量的文献显示，外商直接投资部门的进入有助于提升东道国内资部门的技术水平，进而可以缩小内外资部门间的工资差距（许和连等，2009）。两种观点也均获得了实证研究的支持（Lipsey & Sjoholm，2001；Matsuoka，2001）。事实上，外商直接投资企业进入东道国后，随着其规模的扩大和进入领域的拓展，对内外资企业间工资差距的影响是一个动态的过程，在不同的阶段或进入不同的领域，对当地企业间工资差距的影响机制、方向和程度是不同的。但是，到目前为止，还没有一个比较完善的理论模型对外商直接投资进入后对东道国内外资企业间工资差距的影响机制和过程进行阐释和描述。这种局面导致学术界对外商直接投资进入对东道国工资差距影响的理论分析和实证检验一直存在争议。事实上，外商直接投资进入东道国后对当地内外资企业间工资差距的影响是一个比较复杂的过程，其影响机制既包括技术溢出效应也包括劳动力转移效应，并且在不同的阶段其对工资差距影响的方向和程度是不同的。因此，本书将外商直接投资带来的劳动力转移效应和技术溢出效应纳入一套理论体系，以分析外商直接投资对东道国工资差距的影响机制和过程，对该研究领域的理论分析基础做进一步的文献补充，具有重要的理论意义。

卡恩和瑞思金（Khan & Riskin，1998）基于中国城镇住户调查数据的研究表明，工资的不平等在中国总体收入不均等中所占的比重在 1998 年达到 1/3，是构成收入分配不均等的主要来源之一。截至目前，劳动收入依然是我国居民收入构成中的主体，而作为劳动收入主要形式的工资收入近些年在收入构成中所占比重虽略有所下降，但依旧占据了绝大部分比例。国家统计局的数据显示[①]，2022 年工资性收入在全国居民人均可支配收入中所占的比例达到55.8%。劳动者的工资水平是由企业根据劳动力市场的供求以及自身的经营状况共同决定的。在影响工资差距的诸多因素中，外商直接投资是不是造成我国企业间工资差距过大的主要原因？内外资企业之间的工资差距对我国企业间工资差距的贡献度有多少？从动态的角度来看，外商直接投资对我国企业间工资差距的影响发生了哪些变化？内资企业和外商直接投资企业间的工资决定机制是否相同？目前也尚未有文献对上述问题进行研究和论述。因此，研究外商直接投资对我国企业间工资差距的影响方向、程度和机制对于了解和预测我国居民收入差距未来的变动趋势有着重要的现实意义。

---

① https：//www. stats. gov. cn/xxgk/sjfb/zxfb2020/202301/t20230117_1892129. html。

同时，根据国家统计局的数据，按年平均汇率折算，2023 年中国人均 GDP（国内生产总值）约为 12551 美元，世界银行定义的"高收入国家" 2023 年的最新标准是人均 GNI（国民总收入）为 13845 美元，鉴于我国每年的人均 GDP 和人均 GNI 在数值上相差不大①，目前处于中等偏高收入国家行列。这一方面彰显了我国综合国力的强大、表明人民生活在持续改善，但另一方面当前过大的收入差距极大地增加了我国陷入"中等收入陷阱"的风险。本书通过研究外商直接投资进入对我国企业间工资差距的影响方向和程度，寻找缩小居民收入差距的途径和方法，可以降低我国陷入"中等收入陷阱"的风险，实现向高收入国家的跨越，具有一定的政策价值。

第二节　本书的数据来源及研究方法

一、本书的数据来源

本书的宏观数据来自各类统计年鉴，具体包括《中国劳动统计年鉴》《中国统计年鉴》《中国工业经济统计年鉴》《城市统计年鉴》等。所用到的微观数据，尤其是计量分析用到的数据来自中国工业企业数据库和中国沪深两市 A 股上市公司。早期对外商直接投资对东道国工资差距影响的文章大多使用的是行业层面或地区层面的样本数据库（Haddad & Harrison，1993；许罗丹，2002；陈利敏、谢怀筑，2004；宣烨、赵曙东，2005；Figini & Santarelli，2006）。

相对于地区和行业层面的数据，微观的企业调查数据库不仅包含了更多的信息，在解决了企业异质性问题的基础上能得到更加有效的估计（聂辉华等，2012）。本书的微观数据首先是来自国家统计局建立的中国工业企业数据库，其样本包括全部国有工业企业以及规模以上非国有工业企业，"规模以上"是指企业每年的主营业务收入（销售额）在 500 万元以上。涵盖行业代码为 06 ~ 11 的采掘业（B 类）、行业代码为 13 ~ 43 的制造业（C 类）以及行业代码为44 ~ 46 的电力、燃气及水的生产（D 类）三个门类，共包含 39 个细分行业，其中制造业占到90% 以上。该数据库每年包含的企业数不等，1999 年最少，约为 16 万家，2007 年最多，约为 33 万家。包含的企业特征变量非常全面，具体来说：（1）企业的基本情况：包括登记注册类型、行业类别、具体地址、开工时间、规模大小、职工人数等。（2）企业的财务状况：包括实收资本、流动资产和固定资

---

① 自 2003 年以来，两者差异一直保持在 1% 以内。

产合计、资产总计、负债合计、主营业务收入、利润、管理费用、工资、福利费、增值税等。(3) 企业的生产销售总值：包括工业总产值、新产品产值、出口交货值、工业增加值等。其中 2004 年的样本缺失工业总产值、新产品产值、出口交货值等指标，笔者将 2003 年和 2005 的数据进行了加总平均，得出 2004 年的推算值。其次，基于本书的研究目的和数据质量考虑，本书选取了 1999~2007 年的数据集，并参照聂辉华等 (2012) 和布兰特 (Brandt, 2012) 等人的做法进一步对数据进行了处理。对每年的无效观测值进行了删除，具体的处理过程是剔除了企业的应付工资、产值、实收资本、销售额、职工人数、固定资产、总资产等重要变量有缺失的企业样本；同时删除员工数少于 8 个人的企业样本；最后，对样本中流动资产大于总资产、当年折旧大于累计折旧、总资产小于固定资产净值、销售额低于 500 万元的企业、利润率低于 0.1% 或高于 99% 的企业、企业识别代码缺失的样本进行了清除。为消除价格因素的影响，以 1999 年为基期，利用居民消费价格指数、各行业的工业品出厂价格指数以及固定资产投资价格指数等指标对相关变量进行了平减。现有研究使用工企数据的时间序列一般是从 1999~2013 年，但由于 2007 年后的数据很多关键指标缺失，如部分年份缺失工资、工业增加值、企业从业人数等重要变量，故本书还是选择 1999~2007 年的数据作为研究对象，主要是作为计量分析的对象。

本书使用的另一主要微观数据库来自 2000~2020 年中国沪深两市 A 股上市公司。根据研究需要对企业样本进行了如下处理：(1) 考虑到外商投资的工业相关性，剔除金融业、农、林、牧、渔业等报表结构与其他行业有较大差异的样本，或者无法得到外商直接投资指标的行业，仅保留工业行业的样本；(2) 为保证数据质量和估计结果的稳健，剔除主要指标缺失值严重的样本；(3) 剔除亏损巨大、财务状况异常、有退市风险的特别处理 (ST) 和特别转让 (PT) 的上市公司样本；(4) 为降低极端值对参数估计的影响，根据变量的分布情况图，对工资在 1% 和 99% 分位进行了缩尾 (winsor) 处理。

二、本书的研究方法

本书采用了理论研究与实证研究相结合、定性研究与定量研究相结合的方法，对外商直接投资与我国企业间工资差距的关系进行全面分析。

理论分析方面我们构建了三个理论模型，用于分析外商直接投资对东道国企业间工资差距影响的过程和机制。首先，本书选择了具备诸多良好特性尤其是具备可分解特性的测度收入差距的指标——泰尔指数，构建了一个动态理论模型分析和刻画外商直接投资的劳动力转移效应和技术溢出效应对东道国内外资部门间工资差距影响的机制和过程，从而将现有对外商直接投资对东道国内外资企业间工资差距影响的解释纳入了统一的理论框架。该模型为全书构建了一个总体的理论分析与实证分析的框架和基础。其次，本书借鉴瓦德奇和嫩坎普（2009）的分析框架，通过内生化劳动力转移与内外资企业间的工资差距，建立联立方程组，进一步考察外商直接投资是如何通过劳动力的转移来影响内外资企业间的工资差距，该联立方程组为后文的实证分析奠定了基础和框架。最后，外商直接投资通过技术溢出效应对东道国内外资企业间工资差距产生的影响会有两种效应，即水平技术溢出效应和垂直技术溢出效应，在借鉴现有研究（Acemoglu，1998；周云波等，2015）的基础上，本书构建了一个包含 FDI 的水平技术溢出效应和垂直技术溢出效应的理论模型，系统地分析了两种效应对东道国内外资企业间工资差距的影响机制。上述三个理论模型既是本书的理论框架，也是本书的理论贡献，也为后文的实证分析提供了奠定了基础。

实证分析方面，主要使用的计量方法包括：（1）选择能够弥补很多传统分解方法的不足、对回归方程并无任何限制、可以应用于对任何不平等指数进行分解的夏普利（Shapley）值回归分解的方法，定量测度了 1999~2020 年外商直接投资进入对我国企业间工资差距的贡献度。（2）使用可将两个不同组群的收入差异分解为可解释部分和不可解释部分的瓦哈卡—布林德（Oaxaca – Blinder）分解，以及可以对整个分布上的工资差异进行讨论的分位数分解，从企业层面对我国内资企业与外商直接投资企业之间的工资差距进行了实证研究。（3）使用非动态门槛回归模型，检验技术差距影响技术溢出效应的门槛值是否存在。（4）使用联立方程组估计出外商直接投资通过劳动力转移途径对我国企业间工资差距的影响。（5）为克服样本选择性偏差的问题，以反事实因果分析框架为基础，利用倾向得分匹配方法考察了出口对内外资企业间工资差距的影响。

第三节　本书的内容及可能的创新点

一、本书的结构及主要研究内容

本书是一部理论分析与实证研究相结合的著作，全书共计九章，具体内容如下：

第一章是绪论，主要阐述本书研究背景、研究意义；详细介绍了本书使用的研究方法和数据来源，以及对数据处理过程；梳理了全书的研究框架、篇章结构、每章的主要内容以及可能的创新点。

第二章是文献综述，主要是归纳总结该领域的研究成果。学术界关于外商直接投资进入影响东道国工资差异的研究主要集中在理论分析与实证检验两个方面：一是外商直接投资对东道国工资差异影响的理论分析，具体包括外商直接投资影响东道国收入分配的相关理论，外商直接投资的技术溢出效应对东道国工资差距影响的相关理论，外商直接投资的劳动力供求效应对东道国工资差距影响的相关理论；二是外商直接投资对东道国企业间工资差距影响的实证研究，具体包括内外资企业间工资差异的估计，外商直接投资对东道国工资水平的影响，外商直接投资对东道国企业间工资差距的实证分析，外商直接投资对中国收入差距影响的实证分析；三是从理论研究和实证研究两个角度对外商直接投资影响东道国工资差异的相关研究进行了评述，指出现有理论研究和实证分析的不足，为本书的研究寻找新的切入点。

第三章主要集中在理论分析方面。在这一章本书构建了外商直接投资对东道国工资差距影响的理论分析框架，为后文的实证分析奠定了基础。首先，本书选择了具备诸多良好特性尤其是具备可分解特性的测度收入差距的指标——泰尔指数构建了一个动态理论模型分析和刻画外商直接投资的劳动力转移效应和技术溢出效应对东道国内外资部门间工资差距影响的机制和过程，从而将现有对外商直接投资对东道国内外资企业间工资差距影响的解释纳入了统一的理论框架。在此基础上，本书从理论的角度建立了联立方程组进一步考察外商直接投资是如何通过劳动力的转移影响内外资企业间的工资差距，进一步拓展了对 FDI 的劳动力转移效应的分析，该联立方程组为后文的实证分析奠定了基础和框架。其次，本书构建了一个包含 FDI 的水平技术溢出效应和垂直技术溢出效应的理论模型，系统地细化分析了两种效应对东道国内外资企业间工资差距的影响机制，从而进一步拓展了对 FDI 技术溢出效应的分析。

第四章主要是实证分析。本书首先利用夏普利值分解法，使用中国工业企业数据库的数据，定量测度了 FDI 对我国内外资企业间工资差距影响的贡献度。其次，我们利用核密度估计法、瓦哈卡—布林德分解的方法和分位数回归的方法，对我国内外资企业间的工资差异进行了详细分解，以期发现内外资企业间工资决定机制的异同以及在不同的工资分布上工资差异的变化情况。

第五章主要是基于理论分析章节中构建的劳动力转移估计方程和工资差距联立方程组，分别从行业层面和地区层面估算出外商直接投资通过劳动力转移途径对工资差距的影响。估计结果显示，从行业层面看，随着劳动力从内资企业向外商直接投资企业的流动，外商直接投资企业与内资企业的工资差距在不断缩小；从地区层面看，总体上，外商直接投资的劳动力转移效应有利于缩小地区内的内外资企业间的工资差距，其中，东部地区和中部地区的外商直接投资规模的扩大可缩小内外资企业间的工资差距，但西部地区外商直接投资会扩大内外资企业间的工资差距。

第六章主要实证考察外商直接投资的技术溢出效应对内外资企业间工资差距的影响。首先我们从内外商直接投资企业技术差距的角度出发，通过构建门槛回归模型对我国外商直接投资企业发挥技术外溢作用的"门槛条件"进行判断；其次，基于门槛回归的结果，观察不同的技术溢出水平对工资水平的影响；最后，通过所构建的计量模型，估算了技术溢出效应对行业内内外资企业间工资差距的影响以及对行业间工资差距的贡献度。

第七章在第六章的基础上使用瓦哈卡—布林德（Oaxaca – Blinder）分解方法进一步测算了外商直接投资的水平技术溢出效应和垂直溢出效应对我国内外资企业间工资差距的贡献度。虽然考察期末后向关联效应对工资差距的贡献依旧为正，但贡献度整体呈现下降的趋势。同时，基于产业链异质性和工资分布的不同区间，本章多角度、多层面对异质性外商直接投资的技术溢出效应对企业间工资差距的影响进行了实证检验。

第八章从出口的角度，考察企业的异质性对企业间工资差异的影响。为消除可能存在的样本偏差，本章以反事实因果分析框架为基础，利用倾向得分匹配方法（PSM）对外商直接投资出口企业与外商直接投资非出口企业、内资出口企业与内资非出口企业、外商直接投资出口企业与外商直接投资非出口企业之间的工资差异进行了全面分析，以期得到更客观、更准确的结论。

第九章是结论与政策建议。我们对前面章节的内容从理论和实证两个方面进行了归纳总结。在此基础上，本章提出了相关的政策建议，并对未来的研究方向进行了展望。

二、本书可能的创新点

本书的创新点具体体现在以下几个方面：

第一，理论方面的创新。现有的研究关于外商直接投资影响东道国工资差距的理论机制大多是从技术溢出或者影响劳动力的供求两方面分开论述，尚未有研究将这两种影响机制纳入统一的理论框架进行论述，因而经常得出相左的结论。本书构建了三个理论模型，对外商直接投资对东道国内外资企业间工资差距影响的过程和机制进行了全面、系统而深入的分析。首先，本书利用泰尔指数，构建了一个动态理论模型分析和刻画外商直接投资的劳动力转移效应和技术溢出效应对东道国内外资部门间工资差距影响的机制和过程，从而将现有对外商直接投资对东道国内外国资企业间工资差距影响的解释纳入了统一的理论框架。其次，本书借鉴瓦德奇和嫩坎普（2009）的分析框架，通过内生化劳动力转移与内外资企业间的工资差距，建立联立方程组，进一步考察了外商直接投资是如何通过劳动力的转移影响内外资企业间的工资差距。最后，在借鉴现有研究（Acemoglu，

1998；周云波等，2015）的基础上，本书构建了一个包含 FDI 的水平技术溢出效应和垂直技术溢出效应的理论模型，系统地分析了这两种效应对东道国内外资企业间工资差距的影响机制。这三个理论模型在一定程度上扩展了该主题在理论研究方面的视角。

第二，本书在实证研究上的创新主要体现在对外商直接投资对我国企业间工资差距的影响过程和机制进行了全面的测度，对比已有研究成果，本书的测度更加全面、细致和深入，具体如下：

（1）测度了外商直接投资对我国内外资企业间工资差距的贡献度。目前，尚未有研究对外商直接投资对我国企业间整体的工资差距的贡献度进行测度，现有的研究大多从外商直接投资对工资差距的影响出发，得出外商直接投资扩大或缩小企业间、行业内（间）、地区间以及高低技能劳动力之间的工资差距。但外商直接投资在我国企业间工资差距中占据了多大的比重？是不是造成我国企业间工资差距的主要原因？以及随着经济的发展、外商直接投资规模和质量的变化、内资企业技术的进步等因素的变动，外商直接投资在我国企业间工资差距中所起的作用又发生了哪些改变？这些都是已有研究尚未涉及而本书重点关注的问题。为回答上述问题，本书使用夏普利（Sharpley）值分解的方法定量测度了外商直接投资对我国企业间工资差距的影响程度及其动态的变化过程。

（2）内资企业和外商直接投资企业间工资决定机制异同的测度。在控制了企业规模、生产率、利润以及人均资本投入等因素的影响下，众多已有研究包括本书均发现外商直接投资企业的工资水平远高于内资企业。由此引出的问题是，外商直接投资企业与内资企业在规模、利润、生产率等企业特征方面的不同是否能完全解释这两种类型企业间巨大的工资差距呢？每种企业特征的差异对内外资企业间工资差距的贡献度是多少呢？在工资分布的高低区间，内外资企业间的工资差距如何变化？基于此，本书使用了瓦哈卡—布林德（Oaxaca - Blinder）分解方法对企业特征所能解释的内外资企业间工资差距的比重进行测算，以研究内外资企业工资决定机制的异同。另外，已有的文献在对内外资企业间的工资差距进行分析时，主要关注内资企业与外商直接投资企业的条件均值差异，很少有研究对整个工资分布上的工资差异进行讨论，而实际上，内外资企业间的工资差距在整个工资分布的高低区间内肯定是不同的，各企业特征对工资差异的贡献率在工资分布上也是不同的。因此，本书进一步使用分位数分解的方法对内外资企业在整个工资分布上的工资差异进行了分析和讨论。

（3）定量测度了外商直接投资引起的劳动力转移效应对内外资企业间工资差距的影响。尚未有文献对外商直接投资与劳动力在内外资企业间转移的关系进行研究，大多数研究从"挤入"和"挤出"效应来研究外商直接投资对内资企业劳动力就业的影响，即认为外商直接投资或者会造成内资企业吸纳就业的能力相对甚至绝对地减少，对内资企业就业形成挤出效应，或者认为外商直接投资在帮助内资企业快速发展的同时对其吸纳就业也会有积极影响。事实上，外商直接投资企业的高工资必然会导致劳动力从内资部门向外商直接投资部门的转移，而这种转移对工资差距造成怎样的影响是本书研究的重点。

（4）外商直接投资引起的技术溢出两种效应对工资差距影响的测度。从实证分析的角度来说，大多相关实证研究仅测度了 FDI 的水平溢出效应对不同技能劳动力工资差距的影响，少数区分了水平溢出和垂直溢出的研究只是涉及了 FDI 的工资溢出，尚未有文献从水平溢出和垂直溢出两个维度出发，对 FDI 的技术溢出效应如何影响企业间的工资差距进行实证分析。本书系统地测度外商直接投资的两种效应对工资差距的影响。同时，本书还使用 Oaxaca – Blinder 分解方法测算了基于不同来源地和不同溢出方式等异质性 FDI 的技术溢出效应对我国内外资企业间工资差距的贡献度。最后，基于产业链异质性和工资分布的不同区间，多角度、多层面对异质性 FDI 技术溢出对企业间工资差距的影响进行实证检验。

（5）从出口企业异质性的角度对企业间工资差异的影响进行研究。目前已有的大部分研究均是基于企业的同质性假设，但实际上企业的技术水平、投资方式、投资目的等方面的差异对工资水平和工资差距的影响是不同的。本书从出口的角度，考察了企业的异质性对工资差异的影响。出口企业和非出口企业之间由于企业定位、产品差异、技术水平等方面的不同，必然会造成工资水平间的差异。本书利用倾向得分匹配方法，对外商直接投资的出口企业与外商直接投资的非出口企业、内资出口企业与内资非出口企业、外商直接投资出口企业与内资出口企业进行反事实匹配，以消除企业异质性的影响，从而得到更准确的结论。

上述几个方面就是本书在理论研究与实证分析上对该研究领域的贡献。

第二章 文 献 综 述

关于外商直接投资对东道国工资水平及工资差距的影响，大量的理论和实证研究对此进行过解释（Feenstra & Hanson，1997；Markusen & Venables，1997；罗伟等，2018）。尤其是近些年随着经济全球化浪潮的加剧，跨国公司对外投资的规模越来越大，关于外商直接投资对东道国收入分配，尤其是对当地工资水平和工资差距的影响愈发受到关注。随着理论研究的推进和计量方法的进步更新，相关的理论研究和实证分析的文献虽层出不穷，但结论迥异、分歧较大，因此对现有研究的总结和梳理有利于后续研究的补缺和改进。纵观已有研究，关于外商直接投资的进入影响东道国工资差异的相关研究主要集中在理论分析与实证研究两个方面：一是外商直接投资对东道国工资差距影响的理论解释；二是外商直接投资企业与内资企业之间工资水平的比较，以及外商直接投资对东道国工资差距影响的定量测度。

第一节 外商直接投资对东道国工资差异影响的理论分析

一、外商直接投资影响东道国收入分配的理论分析

早期的开放经济理论均一致认为外商直接投资可提升东道国居民的收入，改善东道国的福利水平。如传统的"两缺口模型"理论认为，由于发展中国家存在"储蓄缺口"和"外汇缺口"，外商直接投资的进入不但可以改变东道国的要素禀赋状况、填补资本的空缺，同时还可以帮助东道国不断提升其居民的收入水平。麦克杜格尔（MacDougall，1960）通过对开放经济两部门模型的比较静态分析认为，资本的国际流动可以同时提高资本流出国和资本流入国的福利水平。但关于外商直接投资的流入对东道国的收入分配的影响，理论界的观点各异，代表性的观点大致可分为三类：（1）现代化理论。该理论观点的核心思想是库兹涅茨的倒"U"型假说，认为外商直接投资在初期会过度集中在某些行业和部门，从

而导致收入分配的恶化，但从长期来看外商直接投资的流入必然会促进经济的快速发展，进而使整个社会受益，最终会推动社会收入分配的均等化（Anluwalia，1976；Adelman & Robinson，1989）。（2）依附假理论。帕潘克和金（Papank & Kyn，1987）以及罗宾逊（Rubinson，1976）在倒"U"型曲线的基础上，进一步提出了"依附理论"。与"现代化理论"所秉持的影响收入分配的主要是一个国家和地区社会财富和经济产出的观点不同，"依附假说"认为发达国家在国际贸易中由于其较强的掌控能力，所以获利更多。因此该假说提出决定收入分配的关键因素是一个国家在全球经济中的地位以及对资本的控制能力，收入不平等的程度是由该国依附性发展的进程决定的。外商直接投资的流入在促进传统部门资本密集度的增加和工人工资水平上升外，同时也会扩大传统部门的失业率，进而导致收入分配恶化（Girling，1973）。（3）供求论。该理论认为外商直接投资的流入在促进东道国资本供给增加的同时也会促使对劳动力需求的增加，进而会缩小资本所有者和劳动力之间的收入差距，改善东道国的收入分配（Rodric，1997）。

从各个国家吸收外商直接投资的实践看，与东道国的本土企业相比，外商直接投资企业的工资水平普遍偏高。关于外商直接投资企业的工资水平为什么高于内资企业，有研究认为吸引外商直接投资大量流入的本就是工资水平相对较高的行业或地区（Bandick，2004；Conyon et al.，2002），但更多的研究在控制了行业和地区因素的影响后依旧得出了外商直接投资企业的工资水平明显高于内资企业的结论。马尔乔—默勒（Malchow-Møller et al.，2013）对外商直接投资企业的工资水平高于内资企业的原因给出三种解释：（1）企业工人的异质性（heterogeneous workers）。随着资本和劳动在对某些问题方面解释力的降低，越来越多的研究将资本与技能的互补以及技能溢价结合起来，资本与技能的互补增加了劳动力市场对高技能劳动力的需求。而资本规模庞大的外商直接投资企业更倾向于根据可观测到的或不可观测的能力，提供远高于当地平均水平的工资以识别高技能劳动力，这也必然导致了外商直接投资企业整体工资水平的提高（Krusell et al.，2000；Ekholm & Midelfart，2005；Yeaple，2005）。（2）学习的异质性（heterogeneous learning）。被外商直接投资企业雇佣的工人通过内部的工资培训会大大提升其技术能力和生产效率（Görg et al.，2007）。罗森（Rosen，1972）最早提出了"在岗培训"（on-the-job learning）理论，在此基础上，格拉斯和萨吉（Glass & Saggi，2002）构建了一个需求大于供给的劳动力市场模型，假设被外商直接投资企业雇佣的劳动力能快速学到外商直接投资企业先进的技术和工艺，为防止技术和信息的泄露，外商直接投资企业必须提高该劳动力的工资水平以阻止其流动到内资企业。（3）企业的异质性（heterogeneous firms）。梅利兹（Melitz，2003）在克鲁格曼（Krugman，1980）和霍本海恩（Hopenhayn，1992）理论模型的基础上首次引入企业异质性的假设，从企业异质性的角度研究企业的出口行为，结果显示，企业生产率的差异是决定企业是否出口的关键变量，生产率最高的企业的产品出口，生产率次高的企业的产品主要是满足国内市场的需要，生产率最低的企业被迫退出市场。而早期的外商直接投资企业多以出口导向型的企业为主，较高的生产率水平也决定了较高的工资水平。同时随着企业异质性内涵的不断扩大，在企业经营过程中所形成的内生的与其他企业不同的特质，如企业规模、生产率、经营方式、经营目的等都可看作是企业的异质性。对于不同的企业来说，工资的决定机制也是不同的，当劳动力市场是完全竞争时，外商直接投资企业愿意支付较高的选择成本对高技能劳动力进行甄别，也愿意支付较高的工资水平来增加劳动力的流动成本（Francesca et al.，2003；Bernard & Sjöholm，2003）。当劳动力市场是不完全竞争时，议价工资和效率工资反映了劳动力和外商直接投资企业之间的租金分享。对外商直接投资企业来说，文化的差异往往会导致巨额的管理费用，而效率工资是避免员工偷懒或达到最优努力最有效的手段之一（Budd et al.，2005）。

上述理论是经济学家分析外商直接投资对东道国收入分配影响的基础框架。进一步细分来说，外商直接投资对东道国工资差距影响的理论分析主要是沿着两条路径，分别是外商直接投资通过技术溢出效应和劳动力转移效应对东道国的收入分配产生影响，下文将具体介绍围绕这两个效应开展理论分析。

二、外商直接投资的技术溢出效应对东道国工资差距影响的理论分析

关于外商直接投资影响东道国工资水平和工资差距的理论机制和渠道，已有的研究大多认为外商直接投资会通过技术溢出和影响劳动力市场供求两种渠道影响东道国的工资水平，进而影响工资差距，本节首先分析技术溢出效应的影响。

所谓外商直接投资的技术溢出效应是指由于外商直接投资企业的进入或扩张，本土企业受其影响所获得的劳动生产率的提高（Blomström et al.，1996）。生产率作为决定工资水平最重要的因素之一，外商直接投资企业的技术溢出效应带来的内资企业生产率水平的改变必然会影响到东道国的工资水平并进而影响工资差距。卡夫（Caves，1974）首次对外商直接投资的技术溢出效应进行了划分和总结，他认为外商直接投资的技术溢出效应可通过三个方面促进内资企业生产率水平的提高：一是外商直接投资的流入可以在一定程度上消除垄断，提高资源的配置效率，提高竞争压力；二是外商直接投资企业先进的管理和生产技术产生的示范效应带动了内资企业的技术进步；三是外商直接投资进入带来的竞争压力，迫使内资企业为了生存和发展大规模、反复效仿外国投资企业的技术，加快技术转移和扩散的速度。根据科克（Kokko，1994）的观点，外资的技术溢出效

应可以归纳为四种:第一,内资企业通过学习和模仿外资企业先进的生产技术和管理,自身的技术水平得到不断提升;第二,外资进入带来的竞争压力迫使内资企业提升其技术水平;第三,被外资企业雇佣员工向内资企业转移后带来的技术流动;第四,外资企业对与其发生联系的上下游企业产生的纵向技术溢出。一方面,外资在进入的初期,由于其所具备的雄厚资本再加上吸引高技能劳动力的需要,其所提供的工资水平必然高于内资企业,引起内外资企业间工资差距的扩大,但随着行业内技术溢出效应开始发挥作用,内外资企业生产率水平及人力资本水平之间差距不断缩小,必然也会引起内外资企业间工资差距的缩小;另一方面,技术溢出更容易发生在资本密集度及劳动力的人力资本水平更高的行业,作为技术溢出的最大收受者,这些行业在技术水平不断提高的同时,会提供更高的工资以吸引更多的高技能劳动力,从而提高了行业整体的平均工资水平,拉大了与其他行业的工资差距。

事实上,卡夫(Caves,1974)归纳的技术溢出途径,以及科克(Kokko,1994)归纳的前三种技术溢出主要指的是产业内的溢出即水平溢出。此外还有一种主要的溢出途径,即产业间溢出即垂直溢出,也就是科克(Kokko,1994)归纳的第四种技术溢出。所谓的垂直技术溢出主要指的是外商直接投资企业在产品的购买和销售过程中与内资企业发生联系,继而产生的技术溢出效应,具体包括两个方面:一是外商直接投资企业帮助本土的供应商提供技术支持、购买生产设备、协助员工培训、帮助寻找潜在客户等(Blomstrom & Kokko,1998),这就是所谓的后向联系;二是内资企业通过购买外商直接投资企业的高技术含量的中间品,提高自身产品的技术含量(Aitken & Harrison,1999),这就是所谓的前向联系。现有文献对产业间的前后关联溢出效应研究兴起得相对较晚,有文献指出外商直接投资的垂直溢出效应尤其是后向关联效应对东道国企业的技术水平有着非常显著的正向影响,而水平溢出效应对东道国企业的技术水平可能无影响甚至影响为负(Jeon et al.,2013)。这主要是由于为保持行业上的技术领先优势,外资企业会采取尽可能多的手段来减少行业内水平技术溢出效应的发生,但外资企业很难控制通过上下游企业间的产品交换所产生的垂直溢出效应。从这个角度来说,研究垂直技术溢出对微观企业工资的影响更具现实意义,但已有文献鲜有涉及。此外,理论分析方面,随着内生增长理论的发展,构建包含技术进步变量的模型变得越来越普遍,很多学者的分析表明,不管是中性还是偏向型技术进步都可在不同程度上影响不同群体间的收入差距(Acemoglu,2002),而外商直接投资带来的技术溢出效应如何通过改变不同部门的技术水平进而影响工资差距是一个值得深究的理论问题。但由于国家之间存在的技术差异有大有小,技术溢出的效果可能也不尽相同,有学者认为技术差异与技术溢出之间存在着线性相关,但对于线性相关的方向争议颇大,如王和布隆斯特伦(Wang & Bloinstrom,1992)

认为溢出效应是内外资企业间技术差距的增函数，由于技术趋同效应的存在，技术差距过大意味着内资企业进行学习和模仿机会也就越多，从而进行提升的空间也就越大；而有些学者则认为技术溢出效应与技术差距成反比，原因是过大的技术差距意味着东道国高技能人力资本的缺失，"示范-模仿"的作用机制很难发挥作用（Pherie，2005；Falvey，2007）。

上文提到的均是外商直接投资企业带来的正向技术溢出效应，均有利于促进内资企业技术水平的提升，其中技术的水平溢出程度取决于外商直接投资企业在东道国开展研发活动的程度和内资企业的消化吸收能力（Kinoshita，2001；Todo & Miyamoto，2006），技术的垂直溢出程度取决于内资企业参与外商直接投资企业的产品供应链的程度（Saggi，2002）。但不论是水平技术溢出还是垂直技术溢出，外商直接投资在带来正向溢出的同时，对内资企业的发展也会带来一些负面效应，例如水平技术溢出产生的问题是外商直接投资企业的高薪吸引了大量的高素质劳动力，从而造成内资企业人才的流失，一些内资企业自身的学习和效仿能力有限，无法真正从外商直接投资的技术溢出中受益，在竞争中处于劣势，甚至被市场淘汰。垂直技术溢出的负面影响包括若本土的供应商和合作者无法满足外商直接投资企业的要求，外商直接投资会切断与本土供应商的合作，选择自行进入供应商领域，这会对本土供应商的发展造成冲击（Kugler，2006）。或者当东道国自身的经济发展水平、企业规模、技术等均达不到基本条件时，外商直接投资对内资企业的挤出负效应可能大于其正向的技术溢出效应，甚至阻碍内资企业的发展和技术水平的提高（王瑜，2009）。陈等（Chen et al.，2011）发现我国外资企业溢出效应抑制了中国内资企业工资的增加，制造业中外资企业提供的工资待遇要显著地高于内资企业，且外商直接投资的流入扩大了外资与内资企业工人的收入差距。对于内外资企业间的技术差距，佩雷斯（Perez，1997）指出存在一个临界值，若内外资企业间技术差距低于这个临界值，技术溢出和技术差距正相关，随着技术差距的扩大溢出效应也会增加，若技术差距高于该临界值，溢出效应则会随着技术差距的扩大而减弱，甚至出现负增长。这些都会拉大内资企业与外商直接投资企业间的工资差距。

还有研究从"挤入"和"挤出"效应来研究外商直接投资流入对内资企业劳动力就业的影响。挤出效应是指外商直接投资进入初期，技术溢出效应尚未发挥作用，外商直接投资企业的资本有机构成本就高于内资企业，再加上种种为吸引外商直接投资制定的优惠政策，市场竞争的加剧导致内资企业吸纳就业的能力相对甚至绝对地减少，对内资企业就业形成挤出效应（郭克莎，2000；杨柳勇和沈国良，2002）。挤入效应是指当外商直接投资的技术溢出效应、产业的前后关联效应等都开始发挥作用时，内资的生产技术水平开始逐步提高，资本丰裕的外商直接投资的流入提高了相关行业乃至相关产业的资本有机构成，促进市场的发展壮大，在促进内资企业快速发展的同时对其吸纳就业也会有积极影响（王小鲁和樊纲，2000；钟辉，2005）。技术溢出还存在着区域的差异，我国东部地区自主研发水平较高，对引进来的技术能够消化和吸收，因此技术溢出效应明显并且可以快速扩散。但西部地区科研人才缺乏、技术消化吸收能力弱，对外直接投资不但不能提升该地区的技术创新能力，而且还会对该区域的技术创新产生阻碍，从而拉大内外资企业工资的差距（陈菲琼等 2013）。

三、外商直接投资的劳动力供求效应对东道国工资差距影响的理论分析

关于外商直接投资通过影响劳动力市场的供求并进而影响到工资差距的研究认为，外商直接投资进入东道国后，出于信息不对称、防止技术外泄、提高工人效率等方面的考虑，会提供大大高于内资企业的工资水平，大量的劳动力从内资企业流向愿意支付高于市场均衡工资的外商直接投资部门，在劳动力市场供给和产品价格不变的情况下必然导致劳动力价格的上升（邱立成和王自峰，2006；许和连等，2009）。金碧等（2007）的研究认为具有独资化倾向的外商直接投资对就业有显著的正向效应，但若外商直接投资主要进驻的是资本密集型行业且没有产生技术溢出，则不会对劳动力丰富而资本匮乏的东道国的工资产生影响。菲奥（Phyo，2019）认为外商直接投资可以创造大量的劳动力需求，通过国际间移民流动显著缩小收入差距。德里菲尔德和泰勒（Driffield & Taylor，2006）认为由于存在着劳动力市场的分割，外商直接投资的流入在增大了对劳动力的需求的同时也限制了内资企业的劳动力供给。布朗等（Brown et al.，2003）通过对劳动力市场的分析认为，由于外商直接投资企业拥有劳动力市场的定价权，可以制定高于或低于内资企业的工资水平，因此外商直接投资企业的工资溢出效应具有不确定性。法布里等（Fabbri et al.，2003）认为外商直接投资的进入会加剧东道国最终产品市场的竞争，导致最终产品的需求上升，进而提高了劳动的需求弹性。外商直接投资还会对东道国就业总量产生影响，外商直接投资企业将其先进的技术和管理经验与东道国的比较优势相结合，可带动自身产业及关联产业的快速发展，创造大量的就业机会（Compbel，1994；Michiewicz，2000；Lipsey et al.，2010）。也有研究认为外商直接投资会引起东道国就业市场的波动，由于外商直接投资特有的流动性，当经济形势、商业环境以及政策法规发生对其不利的变化，使其丧失成本优势，外商直接投资企业会选择减少甚至关闭在当地的分公司，转而寻找在生产成本更低的国家进行投资（Bandick & Görg，2010；Bandick & Karpaty，2007）。袁冬梅和马梦姣（2020）认为外资进入通过增加低工资行业的相对就业规模和提升高工资行业的相对劳动生产率扩大了行业工资差距，在以垂直型

和合资型外商直接投资为主的地区，外资进入具有显著的扩大行业工资差距效应，而在以水平型和独资型外商直接投资为主的地区则无明显影响。除此之外，外商直接投资还会对二元经济结构的劳动力市场产生影响，从而对劳动力的供求产生冲击，这方面的研究主要面向具有二元经济结构特征的发展中国家，如许和连（2012）认为随着外商直接投资企业从我国沿海向内陆迁移，会给中西部的农村剩余劳动力提供大量的就业机会，促进农村劳动力向城市的转移。但也有研究认为外商直接投资的大量引入在促进农村剩余劳动力非农就业和促进劳动力素质升级的同时，由于其分布的区域差异也会导致劳动力就业的明显区域不平衡（朱金生，2005；郑月明和董登新，2008）。

更多的学者是通过高低技能劳动者供求的变化来研究外商直接投资对东道国工资差距影响的劳动力效应。这类研究比较普遍的观点是，外商直接投资公司拥有更高的技术水平、管理水平，因而会加大对高技能劳动力的相对需求，提供给高技能劳动力较高的工资水平会显著拉大东道国高技能（熟练）与低技能（非熟练）劳动力之间的工资差距（Zhao，2001；Lipsey & Sjoholm，2001；Lipse，2004）。其中，著名的"外购理论"（Feenstra & Hanson，1997）认为跨国公司将技术密集型产品的生产留在本国，将非技术密集型产品的生产转移至技术水平相对落后的发展中国家，但对发展中国家来说，只有国内的高技能劳动力才能满足外商直接投资企业的技术要求，这样虽然高技能劳动力在外商直接投资流出国和流入国有不同的定义，但会同时扩大两个国家对高技能劳动力的需求，扩大高低技能劳动者之间的工资差距。其他学者的研究也支持了这个观点，如迈耶（Meyer，1999）、德里菲尔德和吉尔玛（Driffield & Girma，2003）认为外商直接投资带来的技术属于技能偏向型，因此更有利于高技能劳动力技术水平的提升，从而使其工资水平大大提升并拉大工资差距。众多学者均得出类似的研究，法因泽尔伯和费尔南德斯（Fajnzylber & Fernandes，2009）使用世界银行关于亚洲和拉丁美洲的数据分析发现，外商直接投资的国际溢出效应绝大部分属于技能偏向型，在提高了高技能劳动者工资水平的同时拉大了高低技能劳动者之间的工资差距。

虽然绝大部分研究的结论均认为外商直接投资的流入会拉大高低技能劳动者之间的工资差距，但也有学者的研究结论认为这种影响是不确定的。吴（Wu，2001）的研究认为，当外商直接投资企业的技术转移属于技能偏向型时，高低技能劳动力之间的工资差距会扩大，但当外商直接投资的技术转移属于劳动力偏向型时，会降低高低技能劳动力之间的工资差距。金碧等（2007）的研究认为具有独资化倾向的外商直接投资对就业有显著的正向效应，但若外商直接投资主要进驻的是资本密集型行业且没有产生技术溢出，则不会对劳动力丰富且资本匮乏的东道国的工资产生影响。萨蒂亚·达斯（Satya P. Das，2002）、陈等（Chen et al.，2017）的研究认为，短期内外商直接投资的竞争会增大对高技能劳动力的需求，使高技能劳动力的工资水平上升，从而拉大高低技能劳动力之间的工资差距；但从长期来看，高技能劳动力的供给会随着需求的增长而增加，高低技能劳动力之间的工资差距会缩小。还有一些研究认为，若外商直接投资公司在东道国的定位仅是为了出口，这种类型的资本大多会流入技术水平较低而劳动力较富裕的部门，因而会缩小高低技能劳动力之间的工资差距。

第二节　外商直接投资对东道国企业间工资差距影响的实证分析

对于外商直接投资企业对东道国内部收入分配的影响，除了有大量的理论分析外，还有大量的研究从行业层面、地区层面、企业层面以及个人层面进行实证分析。

一、内外资企业间工资差异的估计

大量的实证研究，无论是以发展中国家或者以发达国家为研究对象，在控制了企业特征变量如规模、行业、地区以及劳动力的人力资本等变量的情况下，均得出外商直接投资企业支付了相对较高的工资水平。针对发展中国家的研究，早期如哈达德和哈里森（Haddad & Harrison，1993）对摩洛哥 1985～1989 年间制造业的企业和行业面板数据进行工资的加权平均研究，发现外商直接投资企业的平均工资仍然高出内资企业约 30%。布朗等（Brown et al.，2003）的研究认为虽然随着国家、地区以及行业的不同对工资水平的估计也不尽相同，但仍有充分的证据证明流入发展中国家的外商直接投资提供了比内资企业更好的工作条件以及更高的工资水平。利普西和斯约霍尔姆（Lipsey & Sjöholm，2004）利用印度尼西亚 1996 年制造业企业的截面数据研究发现，在控制了工人的人力资本因素和企业的特征变量因素后，外商直接投资企业支付给高技能劳动者和低技能劳动者的工资水平分别平均比内资企业高出约 50% 和 25%。格莱夫（Glewwe，2000）通过对家庭支出费用的研究发现，在外商直接投资企业或外包公司工作的员工的人均费用支出大多位于全国人均支出费用的前 20% 的区间。此外，维尔德和莫里西（Velde & Morrissey，2003）以 20 世纪 90 年代的非洲国家为研究对象，同时控制了企业和个人的特征变量，研究认为喀麦隆、加纳、肯尼亚、津巴布韦和赞比亚几个国家的外商直接投资企业的工资水平分别比内资企业高出约 8%、22%、17%、13% 和 23%。盛和杨（Sheng & Yang，2012）采用城镇住户调查数据和海关数据，研究结果表明发展中国家出口加工贸易中随着外资企业出口比例的上升，内外资制造业劳动者的技能工资差距不断扩大。

针对发达国家的研究，如吉尔玛（Girma et al.，2001）基于英国企业的数据进行研究，得出结论认为外商直接投资企业的工资水平比内资企业高出约10%，但在控制了企业的特征变量后，该比值下降到5%左右。康永等（Conyon et al.，2002）同样也是基于英国制造业层面的数据研究发现外商直接投资并购内资企业后生产率水平有了较大的提高，并且支付给员工的工资也提升了3%左右。费列亚诺和利普西（Felieiano & Lipsey，2006）根据美国1987年和1992年的普查数据，在控制了企业特征的基础上同时控制了劳动力的受教育程度和性别等个人特征变量，研究结果发现外商直接投资企业的工资水平的确高于内资企业，但不同的产业工资差异的程度不一样，如零售业中有大约4%的差距，制造业则并没有明显的工资差异，此外低技能产业中外商直接投资企业的工资水平平均比内资企业高出约16%，而在高技术产业中这种工资差距并不明显。海曼（Heyman et al.，2007）使用倾向匹配得分的倍差法对瑞典1990~2000年的企业数据库进行分析，考察了外商直接投资的进入方式对员工工资的影响，结果认为外商直接投资企业的确支付了比内资企业更高水平的工资，但在控制了企业异质性和劳动力异质性的影响后，没有发现对同质劳动力外商直接投资也支付了比内资企业更高的工资，使用企业层面的数据对工资水平估计的结果远高于使用劳动力个体层面数据的估计结果。此外，研究还发现，外商直接投资企业的工资水平仅高于内资本土企业，而内资跨国企业的工资水平则高于外商直接投资企业。

二、外商直接投资对东道国工资水平的影响

既然外商直接投资企业提供了相对较高的工资水平，那么外商直接投资会不会对内资企业的工资水平或者东道国整体的工资水平产生影响呢？即所谓的"工资溢出"效应。艾特肯等（Aitken et al.，1996，1999）分别考察了外商直接投资的流入对墨西哥、委内瑞拉和美国三个国家工资水平的影响，研究发现外商直接投资的流入有利于促进美国内资企业工资水平的提升，但对墨西哥和委内瑞拉内资企业工资水平有负向的影响，文章给出了两个解释：一是外商直接投资企业用高工资吸引了大量原本在内资企业工作的高技能劳动力，这就直接导致了内资企业生产率水平的下降，进而导致工资水平的下降；二是外商直接投资企业和内资企业在产品市场的竞争，削减了内资企业的利润，直接导致工资水平的降低。但巴里等（Barry et al.，2005）对这种解释提出了质疑，他们认为若该解释是成立的，那么意味着劳动力市场是不完全竞争的，因为外商直接投资企业雇用的高技能劳动者和内资企业所雇用的高技能劳动者所得到的工资是不同的，因此认为艾特肯等（Aitken et al.，1996，1999）使用的区分高技能劳动者和低技能劳动

者的数据并不能对外商直接投资影响工资水平的机制进行有效的解释，他们利用1990～1998年爱尔兰公司层面的面板数据对外商直接投资与工资水平之间的关系进行了估计，得出结论认为外商直接投资的流入不利于所流入部门内资出口企业工资水平和技术水平的提高，但对本部门内资非出口企业的工资水平没有影响。

德里菲尔德等（Driffield et al.，2010）使用工具变量法和广义矩估计对英国1980～1995年的调查数据进行研究，外商直接投资带来的技术转移和技术溢出会给东道国劳动力市场带来的异质性冲击对高技能劳动者工资水平的提升有促进作用。扎迪亚和利普西（Zadia & Lipsey，1999）使用1987～1992年间美国的行业数据进行研究，认为外商直接投资的进入对制造业行业平均工资的提升没有显著影响，但对其他行业平均工资的提高作用明显。同样使用美国的数据，大卫和布洛尼根（David & Blonigen，2000）通过对美国南卡罗来纳州制造业的研究发现，行业工资水平的提升与行业内外商直接投资比重的上升有显著的正相关关系。

三、外商直接投资对东道国企业间工资差距的实证分析

关于外商直接投资有利于缩小东道国工资差距的实证研究不是很多。泰勒和德里特菲尔德（Taylor & Dritfield，2006）以英国企业为研究对象，在控制了贸易和技术因素后，外商直接投资企业对内资企业具有显著的工资溢出效应，这种正向的效应会缩小内外资企业间的工资差距。菲吉尼和桑塔雷利（Figini & Santarelli，2006）利用100多个国家的跨国数据库，使用基尼系数和泰尔指数对行业间工资的不平等进行测度，结果发现外商直接投资的流入虽然扩大了发达国家的工资差距，但有利于发展中国家工资差距的缩小。赵和拉米雷斯（Cho & Ramirez，2016）使用基尼系数衡量外商直接投资与东道国工资不平等的关系，利用组均值完全修正的普通最小二乘法（FMOLS）程序生成无偏和一致的长期估计，研究表明在短期内外商直接投资流入会扩大工资差距，但在长期内会缩小工资差距。考利豪瓦和阿贾西（Kaulihowa & Adjasi，2018）以1980～2013年的16个非洲国家为样本，使用混合均值组估计量来控制非线性效应和异质性，发现外商直接投资改善了收入差距，但是这种影响随着外商直接投资的增加而减弱。徐等（Xu et al.，2021）利用2000～2015年的面板数据，使用广义矩法，发现外商直接投资和收入差距之间存在着显著的负相关关系，表明随着外商直接投资的增加，收入差距的水平降低。

更多的研究则认为外商直接投资扩大了东道国的工资差距，如芬斯特拉和汉森（Feenstra & Hanson，1997）使用墨西哥1985～1989年的数据研究发现，政府采取的种种促进外商直接投资流入和技术进步的措施，增加了对高技能劳动的需求，但导致对低技能劳动的需求锐减，导致工资差距拉大。利普西和斯约霍尔姆

（Lipsey & Sjöholm，2006）通过对印度尼西亚 1975～1999 年制造业企业的面板数据研究发现，外商直接投资的进入对高技能和低技能劳动者均有工资提升的作用，但高技能劳动者工资的增加效应是低技能劳动力的两倍，外商直接投资的进入拉大了高低技能劳动者之间的工资差距。巴苏和瓜里利亚（Basu & Guariglia，2007）使用 1970～1999 年 119 个国家的面板数据的实证结果发现，外商直接投资在促进了经济增长的同时扩大了收入分配，主要原因是由于发展中国家低技能劳动者由于其人力资本含金量太低，无法从技能偏向型的技术溢出中受益，扩大了相对工资差距。安吉利斯—卡斯特罗（Angeles - Castro，2011）使用动态面板数据模型分析了贸易、外商直接投资和通货膨胀对处于不同发展阶段的国家收入差距的影响，结果认为外商直接投资的流入恶化了东道国的收入分配，但对宏观经济发展稳定、政府在经济发展中起主导作用的经济体来说，外商直接投资对收入差距带来的负面效应会相应缓和许多。黄等（Huang et al.，2020）利用 1995～2019 年的 543 项实证研究，发现外商直接投资的流入扩大了低收入群体的收入差距，对中等收入群体没有统计上的显著影响，缩小了高收入群体的收入差距，进一步的研究表明了外商直接投资可能会在一个国家经济发展的初级阶段扩大收入差距，但随着经济社会的进一步发展，这种差距会逐渐减少。阮（Nguyen，2021）使用 2005～2018 年 24 个发达国家和 37 个发展中国家的面板数据的研究发现，外商直接投资增加了发达国家的收入差距，但减少了发展中国家的收入差距。

四、外商直接投资对中国收入差距影响的实证分析

关于外商直接投资对中国收入差距的影响，早期的研究由于缺乏企业和个体方面的数据，大多是利用省级层面的数据，或者从行业层面对外商直接投资企业的高工资进行研究。如杨泽发和杨全发（2004）使用我国 1985～2001 年《中国统计年鉴》的数据检验了外商直接投资的流入对我国实际工资水平的影响，研究发现生产效率是影响工资水平的最重要的解释变量，而外商直接投资正是通过对内资企业生产率的影响间接地对工资的提升发挥作用，此外，研究结果还显示1997 年之前外商直接投资的流入大多集中于劳动力密集型产业，因而对工资水平的影响为负，1997 年之后外商直接投资逐渐向技术和资本密集型的产业倾斜，在提升了内资企业生产率的同时促进了工作水平的提升。陈利敏和谢怀筑（2004）使用《中国统计年鉴》的数据研究得出以下几个结论：外商直接投资在某行业的参与程度对行业整体工资水平无明显影响。外商直接投资的流入有利于提高受教育程度较高劳动力的工资水平，但对受教育程度较低劳动力的工资无明显的影响。若将所有行业分为国有部门和外商直接投资部门两种类型，实证研究

结果发生了变化：对外商直接投资部门来说，外商直接投资所占的比重越高，部门整体的工资水平就越高；而对国有部门来说外商直接投资所占的比重越高则工资水平越低。对不同行业的中类行业数据进行分析，外商直接投资的流入对竞争性较强行业的工资溢出效应为正；对竞争性较弱或者外商直接投资的比较优势不明显的行业来说，工资的溢出效应不明显。郑月明与王伟（2011）通过对1988～2005年中国各省份的数据研究，认为外商直接投资对内资企业工资整体水平推动作用并不明显，但存在异质性，对中国东部地区工资水平提高并不明显，而对中西部地区工资水平提高显著。许建伟和郭其友（2016）通过分析我国1994～2013年的省级面板数据，采用差分矩估计的方法，研究了外商直接投资对经济增长、就业与工资的影响，发现外商直接投资有助于促进经济增长，缓解就业压力，但是对工资效应不明显。谭真（2019）使用中国31个省份2006～2017年的面板数据研究发现，外商直接投资对中国整体工资水平具有负效应，外商直接投资水平提高1%会导致工资水平降低0.119%；外商直接投资的流入对不同区域的影响不同，对中部地区的工资水平有提升效果，对东部地区的工资水平有降低的效果。这类研究普遍存在的问题是忽略了对劳动者个人和企业特征变量的控制，由于外商直接投资企业雇佣的劳动力本身就具有较高的人力资本，高工资可能是对其高人力资本的补偿，忽略对微观个体特征变量的控制会导致结果的高估。

随着企业层面和家户调查数据库的出现和更新，越来越多的学者在研究中加入对企业特征变量和个体特征变量的控制（冼国明和杨志，2009）。赵（Zhao，2001）年利用中国城镇住户的调查数据，从分割的劳动力市场和高昂的劳动力流动成本的角度对外商直接投资与工资差距的关系进行研究，结果发现受教育水平较低的劳动者从外商直接投资企业获得的工资要低于从国有内资企业的工资水平，但外商直接投资企业支付给受教育程度较高的劳动力的工资水平则要高于国有内资企业。陈戈等（2005）基于1995年中国家庭收入调查数据（CHIP），从企业所有制的角度对企业间的工资差异进行研究，结果发现外商直接投资企业的工资水平明显远高于其他类型所有制的企业，除了受到过度保护的中央直属国有企业和外商直接投资企业的小时工资无明显差异外，但同时也发现外商直接投资企业高工资的背后是以劳动者更长的工作时间为代价的。类似的研究不同所有制企业工资差异的文章还有杨娟等（2011），该文基于CHIP 2002和CHIP 2007的家户调查数据，先使用了瓦哈卡—布林德（Oaxaca - Blinder）方法对不同所有制企业间的工资差异进行分解，研究结果显示在2002年除了与国有企业间的工资差异不明显外，外商直接投资企业的工资水平均高于其他所有制企业，然而到2007年外商直接投资企业的工资水平开始明显高于国有企业，同等素质的劳动力在外商直接投资企业获得的工资大约比在国有企业高出约13%。随后该文又使用了尤恩—墨菲—皮尔斯（Juhn – Murphy – Pierce）方法对位于不同收入分布区间上的不同所有制企业间的工资差异进行分解，结论显示由于外企对高素质员工格外青睐的工资制度，在工资分布的高分位区间，外商直接投资企业的工资水平远远高于其他所有制企业，但在工资分布低分位区间，外商直接投资企业与国有企业间的工资差异很小。李振兴和朱海华（2022）基于2002～2013年中国家庭收入调查（CHIP）数据，将个体特征变量与城市宏观变量引入明瑟工资方程，采用工具变量和2SLS方法进行的实证分析得出以下结论：（1）使用工具变量后，外商直接投资对工资收入的提升作用更明显；（2）外商直接投资对劳动者工资收入的提升作用呈现出先扩大后缩小的趋势，对高、低技能劳动者的促进作用均是如此；（3）外商直接投资将扩大技能工资差距，但这种影响呈现出逐渐下降的趋势；（4）外商直接投资对在私营企业从业的高技能劳动力的工资促进作用更显著。陈（Chen，2011）利用中国制造业数据的研究发现，内外资企业间存在显著的工资差距，但外商直接投资企业的工资溢出效应显著为负，限制了内资企业工资水平的上升，恶化了企业间的工资差距。孙敬水和丁（2019）采用2004年中国工业企业数据库的研究发现外资企业与内资企业存在着明显的工资溢价，企业内部外资参与度越高，技能工资的差距越明显。

大量的研究是基于行业层面的数据对外商直接投资对工资差距的影响进行测算，如包群和邵敏（2008）使用1998～2004年我国36个行业的数据，通过测算技术溢出效应对高低技能劳动力工资报酬的影响，得出结论认为外商直接投资的技术溢出效应扩大了我国工业行业的相对工资差距。陈怡等（2009）使用1998～2006年我国30个省份的面板数据分析认为由于外商直接投资有利于提升工资水平较低的行业的相对工资，尤其是在东部地区这种提升效应更为显著，因此有利于缩小行业间的工资差距。范爱军和刘伟华（2010）从要素均等化理论入手，使用2003～2007年19个行业的面板数据研究了资本的跨国流动对我国行业间工资差距的影响，结果认为外商直接投资的流入有利于我国行业间工资差距的缩小，但对不同行业的工资水平影响不同，如对制造业间的工资趋同作用显著，但对垄断行业和金融业工资的影响不明显。邵敏和刘重力（2011）的研究显示，在控制了企业规模、资本密集度、行业和技术水平等变量后，外商直接投资企业的工资水平不同程度地高于内资企业。戚建梅和王明益（2017）基于2002～2007年的中国工业企业数据库和对外直接投资数据的研究发现，外商直接投资对我国企业间工资差距存在着动态非线性的影响，在外商直接投资一年后，其对我国企业间的工资差距并没有造成影响；在外商直接投资三年后，工资差距在显著扩大；在对外直接投资五年后，国内工资差距虽仍在扩大，但扩大速度明显减弱。

此外，有学者就外商直接投资对东道国地区差距的影响进行研究。一些研究显示，外商直接投资相对集中地区会提供更高的工资水平，因此外商直接投资区域分布的失衡是造成地区间工资差距的主要原因（许罗丹，2002；宣烨和赵曙东，2005）。刘翠翠和卫平（2012）使用我国1998~2007年29个省份的面板数据进行实证研究，结果表明外商直接投资会通过进口贸易和在当地从事生产、经营两种途径产生技术溢出效应，且这两种技术溢出途径均会拉大相对工资差距，但技能劳动力供给量的增加会使地区的相对工资差距缩小。还有部分学者从出口的角度对内外企业间的工资差异进行了分析，尤其我国作为一个出口导向型的发展中国家，企业是否参与国际贸易及其参与的强度也会对企业产生差异化的影响，尤其是随着贸易自由化程度的不断加深，出口企业和非出口企业之间由于企业定位、产品差异、技术水平等方面的不同，必然会造成工资水平间的差异。基于梅利兹的理论，大多数研究的结果均认为出口企业的规模较大、生产率水平更高、更具有技术密集和资本密集的特征，能够提供给员工较高的工资水平，造成出口企业与非出口企业间的工资差距（Zhu & Trefler，2005；Farinas & Martin - Marcos，2007；Autor et al.，2008；李静和彭飞，2012）。李和徐（Li和Xu，2003）使用世界银行对中国五座城市（北京、成都、广州、上海和天津）1998~2000的企业调查数据进行的研究显示，外商直接投资占股份额高的企业与外商直接投资占股份额低的企业之间有着明显的技术差异变动的异质性，外商直接投资占股高的企业表现出的是偏向高技能劳动力的技术进步，而外商直接投资占股份额较少的企业则往往表现出偏向低技能劳动力的技术进步，并且外商直接投资占股份额较少的企业的出口恶化了国内的工资差距。许和连等（2009）使用系统广义矩估计方法对1998~2001年中国制造业9行业12180家企业面板数据进行了实证分析，结论显示，外商直接投资通过劳动力的供求有利于内资企业工资水平的提升，但外商直接投资相对更高的工资水平对企业间工资差异的影响不确定。

纵观已有的关于我国内外资企业间工资差异的文章会发现，绝大多数文献都得出结论认为，外商直接投资企业的工资水平要高于内资企业，但两者之间工资的差异程度随着企业所有制性质、所雇佣劳动者素质的不同会得到不同估计结果，同时也会随着外商直接投资流入行业、产业和地区的不同，对我国的工资水平产生不同的溢出结果。

第三节　对现有研究的简单评述

综上所述，关于外商直接投资企业与内资企业间的工资水平比较，已有的研究无论是从理论层面还是实证分析均得出结论认为外商直接投资企业的工资水平高于内资企业，两者之间存在着显著的工资差异。同时也可以观察到，现有研究依然存在着一些不足。

一、对理论研究的评述

第一，现有文献关于外商直接投资流入对东道国的收入分配的影响，代表性的观点大致可分为三类：现代化假说理论、依附理论和供求论。当前的研究大多集中于现代化假说理论，即围绕库兹涅茨的倒"U"型假说展开的论述，国内大多数学者的研究也认为中国的外商直接投资与收入分配的关系是处于倒"U"型曲线之中，只是对于所处倒"U"型曲线的哪个阶段的看法有所不同。对于内外资企业工资差距的主要原因，可概括为企业工人的异质性、学习的异质性和企业的异质性，上述这些理论构成了研究外商直接投资对东道国收入分配影响研究的基本框架和基础。

第二，关于外商直接投资影响东道国收入分配途径的研究，大致分为两种：技术溢出效应和通过改变劳动力市场的供求来影响东道国的工资差距。现有文献对于技术溢出的研究主要集中于技术溢出的途径以及溢出的效果，溢出途径可以概括为产业内的水平溢出以及产业间的垂直溢出。同时外商直接投资带来的技术溢出也存在正面效应和负面效应，正面效应有利于内资企业学习先进的技术从而提升自身的生产能力，而负面效应则会造成高素质的人才流向外资企业，导致学习能力有限的内资企业处于劣势从而失去很多与外资企业合作的机会。已有文献对于劳动力供求的研究大部分集中在外商直接投资对高技能劳动者和低技能劳动者之间的工资差距进行的，但对于工资差距的大小，存在不同的看法，绝大部分研究认为外商直接投资的进入会拉大高低技能劳动力的收入差距，有部分研究认为这种差距是先扩大后缩小，也有研究表明高低技能劳动力之间的差距会随着外商直接投资的进入而不断缩小。外商直接投资进入东道国后对当地内外资企业间工资差距的影响是一个比较复杂的过程，其影响机制既包括技术溢出效应也包括劳动力市场效应，并且在不同的阶段其对工资差距影响的方向和程度是不同的。而现有文献对这两种渠道的分析大多是对其中一方面的单独研究，缺少一个可将两种效应统一起来纳入分析外商直接投资对东道国内外投资企业间工资差距影响机制和过程的理论框架。鉴于此，本书首先利用泰尔指数，构建动态理论模型，将外商直接投资对东道国内外资企业间工资差距的影响机制纳入统一的理论框架。其次，通过内生化劳动力转移与内外资企业间的工资差距建立联立方程组，进一步考察外商直接投资是如何通过劳动力的转移来影响工资差距。最后，构建一个包含外商直接投资的水平技术溢出效应和垂直技术溢出效应的理论模型，深入分析这两种效应对内外资企业间工资差距的影响机制。

二、对实证研究的评述

第一，现有文献研究了发展中国家和发达国家的内外资企业之间工资的差异，在控制了企业特征变量如规模、行业、地区以及劳动者的人力资本等变量的情况下，均得出了外商直接投资企业支付了相对较高的工资水平的结论，实证结果也表明在发展中国家的这种差距要大于发达国家。也有研究表明不同产业工资差距的程度也存在差异，零售业中有大约4%的差距，制造业则并没有明显的工资差异，低技能产业中的差距约为16%，而在高技能产业中这种工资差距并不明显。

第二，对于外商直接投资对东道国工资水平的影响，尤其是企业间工资差距影响的研究，随着研究对象所属国家、行业、流入地经济发展阶段和外商直接投资来源地的不同，现有文献的实证分析结果也并未得出统一的研究结论，但多数研究认为外商直接投资对于东道国收入差距是起到了显著的恶化效果。究其原因，主要是外商直接投资进入东道国，需要一定时间进行规模的扩大和领域的拓展，对内外资企业间工资差距的影响是一个动态的过程，在不同的发展阶段和不同的企业，对工资差距的影响机制、方向和程度是不同的，但对于外商直接投资进入东道国进而造成企业间工资差异机制的研究还未形成一个比较完善的实证研究模型，因而导致研究结论存在争议，本书争取在这一领域有所创新。

第三，早期关于外商直接投资对中国收入差距影响的研究主要是从省级或者行业层面的角度切入，但这种研究忽略了对企业以及劳动者个体特征变量的控制，后来随着企业层面和家户调查数据库不断完善，很多学者开始基于企业层面或者个人层面的样本进行实证研究。大多数文献的理论和实证研究结论表明，中国外资企业的工资水平要高于内资企业，两者的差距大小因不同行业和不同劳动者类型而有所差异。但外资的进入对于工资差距的扩大或是缩小尚未得出统一的结论。究其原因，已有以中国数据为研究对象的实证研究中，尚未有文献对外商直接投资是否是造成我国企业间工资差距过大的主要原因、内外商直接投资企业之间的工资差距对我国企业间工资差距的贡献度的大小、外商直接投资对企业间工资差距的影响的动态变化以及内外资企业间的工资决定机制是否一样等问题进行研究。本书试图从理论和实证的两方面对已有的研究进行改进，以期得出更科学、合理的解释和判断。

第三章 外商直接投资进入对东道国工资差距影响的理论分析

根据对现有研究的归纳和总结，一般而言，外商直接投资进入东道国以后对当地内外资企业间工资差距的影响机制分为两个途径：劳动力转移效应和技术溢出效应。本章将系统分析外商直接投资进入后通过这两种效应对东道国的工资差距产生影响的机制。

第一节 外商直接投资对东道国工资差距影响的综合效应分析

一、劳动力转移效应机制的理论分析

所谓劳动力转移效应是指，外商直接投资进入东道国以后，为了吸引当地劳动力就业会提供高于内资企业的工资，劳动力尤其是高素质劳动力会从内资部门逐渐流向外资部门，由此会在东道国的劳动力市场上产生一个工资差距，这个差距的大小及其变化过程与内外资部门间工资水平的绝对差别以及外商直接投资部门劳动力占当地劳动力总量的比重有关。为了刻画和描绘这一过程，本书将首先构建一个理论模型分别考察外商直接投资通过劳动力转移效应和技术溢出效应引起的当地内外资部门间工资差距的变化。由于外资部门和内资部门在技术水平上存在差距，导致其雇佣劳动力的技能也存在差距，因此本书借鉴了阿西莫格鲁（Acemoglu，1998）的分析框架，并在罗宾逊（Robinson，1976）、格鲁姆（Glomm，1992）、劳赫（Rauch，1993）、阿南德（Anand，1993）、陈宗胜（1994，2000）、周云波（2009）等两部门模型的基础上做出以下基本假设：

假设 1：假设有内资和外资两个生产部门，社会总产出 Y 由这两个部门的产出 Y_d 和 Y_f 构成，并且这两个部门的产出存在一定程度的替代性，具体函数为 $Y = (Y_d^\rho + \gamma Y_f^\rho)^{\frac{1}{\rho}}$，其中，$\rho \leq 1$，$Y_d$ 与 Y_f 之间的替代弹性为 $1/(1-\rho)$，γ 为外资部门生产的产品 Y_f 对社会总产出 Y 的重要程度。

假设 2：假设 Y_d、Y_f 的生产均服从柯布—道格拉斯生产函数，其中 $Y_f = A_f K_f^\alpha L_f^\beta$、$Y_d = A_d K_d^\alpha L_d^\beta$，A 表示技术水平，$K_f$ 和 K_d 分别为外资部门和内资部门所使用的资本，L_f 和 L_d 分别为外资部门和内资部门所使用的劳动力，劳动力可以在部门间自由流动。设劳动力总量为 L，L_f 所占的劳动份额为 η，则 L_d 部门所占的劳动份额为 $1 - \eta$。

假设 3：假设内资部门的平均工资为 w_d，外资部门的平均工资为 w_f，全体人员的平均工资 w 可表示为 $(1 - \eta) w_d + \eta w_f$。两部门的工资水平取决于技术水平，并且是其增函数，即 $w_f = f(A_f)$，$w_d = f(A_d)$，且 $\partial w_f / \partial A_f > 0$，$\partial w_d / \partial A_d > 0$，外资部门的技术水平高于内资部门，由此可以得出 $w_f > w_d$，则两部门的工资差距 $w = w_f / w_d > 1$。

假设 4：由于本书研究的目的是考察外商直接投资对东道国内外资企业间工资差距的影响机制和过程，为了简化分析，此处设定两部门内部收入分配均等化，即两部门内部的工资差距均为 0。

本节忽略技术溢出效应的影响，只分析劳动力的转移效应对两部门间工资差距影响的过程和机制，为此得到假设 5。

假设 5：假设两部门之间不存在技术溢出效应，因此，两部门之间由于技术水平的差距为常数，因此由其决定的工资差距为常数。

由于外资部门的工资水平高于内资部门，两部门间存在的工资差距必然会吸引劳动力从内资部门向外资部门转移。由于泰尔指数在度量劳动力的组间转移具有敏感性，本书选择该指标衡量两部门间的工资差距[①]。泰尔指数一般的计算公式为：

$$T = \sum \left(\frac{I_i}{I} \mathrm{Ln} \frac{\dfrac{I_i}{I}}{\dfrac{N_i}{N}} \right) \tag{3-1}$$

其中，I_i 表示第 i 组个体的收入和，I 为总收入，N_i 表示第 i 组的个体数，N 代表总人数。根据上述假设，衡量内外资部门间的泰尔指数为：

$$T = \frac{L_d w_d}{L[(1 - \eta) w_d + \eta w_f]} \ln \frac{\dfrac{L_d w_d}{L[(1 - \eta) w_d + \eta w_f]}}{1 - \eta}$$

$$+ \frac{L_f w_f}{L[(1 - \eta) w_d + \eta w_f]} \ln \frac{\dfrac{L_f w_f}{L[(1 - \eta) w_d + \eta w_f]}}{\eta}$$

---

① 学者们一般采用基尼系数或变异系数对我国的收入差距进行度量，但基尼系数侧重于度量总体收入差距，且存在不确定性、不全面性和不可比等缺点，而变异系数侧重度量子群的平均水平与总体收入水平的差异，泰尔指数的优点是能更好地测度组与组之间的差异。

进一步整理后得到：

$$T = \frac{(1-\eta)w_d \ln w_d + \eta w_f \ln w_f}{(1-\eta)w_d + \eta w_f} - \ln[(1-\eta)w_d + \eta w_f] \qquad (3-2)$$

为了考察劳动力的转移效应对内外资部门间工资差距的影响，笔者进一步对公式（3-2）求 η 的导数，得出：

$$\frac{\partial T}{\partial \eta} = \frac{(w_f \ln w_f - w_f \ln w_d)((1-\eta)w_d + \eta w_f) - (w_d - w_f)}{[(1-\eta)w_d + \eta w_f]^2}$$
$$\frac{(1-\eta)w_d \ln w_d + \eta w_f \ln w_f - [(1-\eta)w_d + \eta w_f]}{}$$

对上式进一步化简后得到：

$$\frac{\partial T}{\partial \eta} = \frac{w_d w_f \ln w_f - w_d w_f \ln w_d - \eta w_f^2 - \eta w_d^2 + 2\eta w_d w_f + w_d^2 - w_d w_f}{[(1-\eta)w_d + \eta w_f]^2}$$
$$= \frac{-\eta(w_d - w_f)^2 + w_d w_f(\ln w_f - \ln w_d) + w_d(w_d - w_f)}{[(1-\eta)w_d + \eta w_f]^2} \qquad (3-3)$$

求 η^* 使得公式（3-3）为 0。由于 $((1-\eta)w_d + \eta w_f)^2 > 0$，公式（3-3）为 0 意味着：

$$-\eta(w_d - w_f)^2 + w_d w_f(\ln w_f - \ln w_d) + w_d(w_d - w_f) = 0$$

整理后得到：

$$\eta^* = \frac{w_d w_f(\ln w_f - \ln w_d) + w_d(w_d - w_f)}{(w_d - w_f)^2}$$

进一步化简后得知：

$$\eta^* = \frac{\frac{w_f}{w_d}\ln\frac{w_f}{w_d} - \frac{w_f}{w_d} + 1}{\left(1 - \frac{w_f}{w_d}\right)^2} \qquad (3-4)$$

因此，当 $\eta = \eta^*$ 时，$\frac{\partial T}{\partial \eta} = 0$。

由于 $\frac{w_f}{w_d} > 1$，易知 η^* 为（0，1）区间上的某点①，故当 $0 < \eta < \eta^*$ 时，$\frac{\partial T}{\partial \eta} > 0$。这也就意味着，在达到临界点 η^* 之前，随着劳动力向外资部门的转移，初期两部门间的工资差距是逐渐拉大的。当 $\eta^* < \eta < 1$ 时，$\frac{\partial T}{\partial \eta} < 0$，也就是说当外资

① 令 $f\left(\frac{w_f}{w_d}\right) = \frac{w_f}{w_d}\ln\frac{w_f}{w_d} - \frac{w_f}{w_d} + 1$，$f'_{\frac{w_f}{w_d}} = \ln\frac{w_f}{w_d} > 0$，$f(1) = 0$，所以 $f\left(\frac{w_f}{w_d}\right) > 0$；令 $g\left(\frac{w_f}{w_d}\right) = 1 - \frac{w_f}{w_d} + \ln\frac{w_f}{w_d}$，$g'_{\frac{w_f}{w_d}} = \frac{w_d}{w_f} - 1 < 0$，$g(1) = 0$，所以 $g\left(\frac{w_f}{w_d}\right) < 0$，即 $\frac{w_f}{w_d}\left(1 - \frac{w_f}{w_d} + \ln\frac{w_f}{w_d}\right) < 0$，所以 $\eta^* < 1$。

部门所占的劳动力份额超过 η^* 以后，劳动力向外资部门的进一步转移则会缩小内外资部门间的工资差距。综上所述，在外资部门工资水平高于内资部门的条件下，劳动力向外资部门的转移效应引起的两部门间的工资差距的变化呈现出先扩大后缩小的倒"U"型特点。

为了进一步考察倒"U"型曲线的具体特征和形状，此处进一步求 $\frac{\partial T}{\partial \eta}$ 对 η 的导数，得到：

$$\frac{\partial^2 T}{\partial \eta^2} = \frac{\left(\frac{w_f}{w_d} - 1\right)\left(\left(1 - \frac{w_f}{w_d}\right)\left(1 - \eta + \eta\frac{w_f}{w_d}\right) + 2\eta\left(1 - \frac{w_f}{w_d}\right)^2 - 2\left(\frac{w_f}{w_d}\ln\frac{w_f}{w_d} - \frac{w_f}{w_d} + 1\right)\right)}{\left(1 - \eta + \eta\frac{w_f}{w_d}\right)^3}$$

$$(3-5)$$

对公式（3-5）进一步化简后得到：

$$\frac{\partial^2 T}{\partial \eta^2} = \frac{\left(\frac{w_f}{w_d} - 1\right)\left(\left(2\frac{w_f}{w_d} - 2\right)\eta - 2\ln\frac{w_f}{w_d} - 1\right)}{\left(1 - \eta + \eta\frac{w_f}{w_d}\right)^3} \qquad (3-6)$$

求解 η^{**} 使得 $\frac{\partial^2 T}{\partial \eta^2} = 0$，求得：

$$\eta^{**} = \frac{2\ln\frac{w_f}{w_d} + 1}{2\left(\frac{w_f}{w_d} - 1\right)} \qquad (3-7)$$

为判断 η^* 和 η^{**} 的位置，计算：

$$\eta^{**} - \eta^* = \frac{2\ln\frac{w_f}{w_d} + 1}{2\left(\frac{w_f}{w_d} - 1\right)} - \frac{\frac{w_f}{w_d}\ln\frac{w_f}{w_d} - \frac{w_f}{w_d} + 1}{\left(1 - \frac{w_f}{w_d}\right)^2}$$

进一步简化整理后得到：$\eta^{**} - \eta^* = \dfrac{3\frac{w_f}{w_d} - 2\ln\frac{w_f}{w_d} - 3}{2\left(\frac{w_f}{w_d} - 1\right)^2}$

令 $h\left(\frac{w_f}{w_d}\right) = 3\frac{w_f}{w_d} - 2\ln\frac{w_f}{w_d} - 3$，则 $h(1) = 0$，$h'_{w_f/w_d}\left(\frac{w_f}{w_d}\right) = 3 - 2\frac{w_d}{w_f} > 0$。

所以，$h\left(\frac{w_f}{w_d}\right) > 0$，即 $\eta^{**} - \eta^* > 0$。

因此，$\eta^* < \eta^{**}$。

综合上述分析，可以看出，外商直接投资的劳动力转移效用对两部门间工资差距的影响可以分为三个阶段。当 $0 < \eta < \eta^*$ 时，即图 3 - 1 中的 A 阶段，劳动力从内资部门向外资部门的转移将引起两部门间工资差距逐步扩大，并且扩大的速度逐步递减；当 $\eta^* < \eta < \eta^{**}$ 时，即图 3 - 1 中的 B 阶段，劳动力向外资部门的转移将会引起两部门间工资差距的缩小，并且差距缩小的速度逐步递增；当 $\eta > \eta^{**}$ 时，即图 3 - 1 中的 C 阶段，劳动力向外商直接投资部门转移引起的收入差距缩小的速度逐渐递减。上述过程如图 3 - 1 所示。

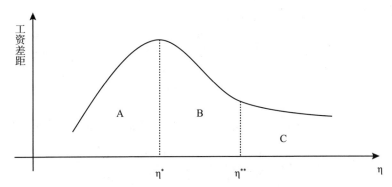

图 3 - 1　劳动力转移效应对两部门间工资收入差距影响的过程

资料来源：由笔者自绘。

从公式（3 - 4）和公式（3 - 7）可知，η^* 和 η^{**} 的数值取决于内外资部门间的工资比值 w_f / w_d。

二、技术溢出效应机制的理论分析

所谓技术溢出效应，是指外商直接投资进入东道国以后，外商直接投资部门通过产品交换、劳动力流动和技术转让和嫁接等途径，对内资部门的劳动力素质、技术水平和管理体制等产生影响，提高内资企业的生产率水平及工资水平，从而缩小两者之间的工资差距。接下来我们考察当外资部门对内资部门存在技术溢出效应时，外资的进入对两部门间工资差距的影响过程，为此此处有必要放松假设 5，并提出假设 6。

假设 6：外商直接投资部门通过技术溢出效应对内资部门的生产率产生影响，即 $A_d = A K_f^{\delta}$（Saglam & Sayek，2011），A 表示外商直接投资部门对内资部门生产率的溢出系数，δ 则表示内资部门受到外商直接投资技术溢出的影响程度，即技术溢出效应系数，δ 是关于 K_f 和 η 的增函数，即 $\dfrac{\partial K_f}{\partial \delta} > 0$，$\dfrac{\partial \eta}{\partial \delta} > 0$，同时假设

Y 的价格为 1。

根据假设 1，在资源约束条件下最大化 Y，则对内资和外资部门产品的标准相对需求方程为：

$$\frac{P_f}{P_d} = \gamma \left(\frac{Y_d}{Y_f} \right)^{1-\rho}$$

外资部门相对内资部门的工资溢价可以表示为：

$$w = \frac{W_f}{W_d} = \frac{K_f^{\rho(\alpha-\delta)}}{\gamma K_d^{\alpha\rho}} \left(\frac{A_f}{A} \right)^{\rho} \left(\frac{L_f}{L_d} \right)^{\beta\rho-1} \tag{3-8}$$

方程（3-2）可以做如下变换：

$$T = \frac{\eta \frac{W_f}{W_d} \left[\ln \frac{W_f}{W_d} - \ln(1-\eta+\eta \frac{W_f}{W_d}) \right] - (1-\eta) \ln(1-\eta+\eta \frac{W_f}{W_d})}{1-\eta+\eta \frac{W_f}{W_d}} \tag{3-9}$$

将公式（3-8）中的 $\frac{W_f}{W_d}$ 代入方程（3-9），考察 δ 的变化所引起的收入差距的变化，为方便推导，令 $J = \frac{1}{\gamma} \left(\frac{K_f}{K_d} \right)^{\alpha\rho} \left(\frac{A_f}{A} \right)^{\rho} \left(\frac{L_f}{L_d} \right)^{\beta\rho-1}$，$\frac{W_f}{W_d} = JK_f^{-\rho\delta}$，得到：

$$T = \frac{\eta JK_f^{-\rho\delta} \left[\ln JK_f^{-\rho\delta} - \ln(1-\eta+\eta JK_f^{-\rho\delta}) \right] - (1-\eta) \ln(1-\eta+\eta JK_f^{-\rho\delta})}{1-\eta+\eta JK_f^{-\rho\delta}} \tag{3-10}$$

为了考察外商直接投资部门的技术溢出效应对两部门间工资差距的影响，此处对方程（3-10）求 δ 的导数，得到：

$$\frac{\partial T}{\partial \delta} = \frac{-(1-\eta)\rho\eta JK_f^{-\rho\delta} \ln K_f \ln JK_f^{-\rho\delta}}{(1-\eta+\eta JK_f^{-\rho\delta})^2} \tag{3-11}$$

根据上式，可以发现 $\frac{\partial T}{\partial \delta} < 0$，即外资部门对内资部门技术溢出水平的增加，能够缩小两部门间的工资差距。这与现实情况基本一致。

同样，为了进一步考察外商直接投资部门的技术溢出效应对内外资部门间工资差距影响的具体情况，进一步去对方程（3-11）求 δ 的导数，得到：

$$\frac{\partial^2 T}{\partial \delta^2} = \frac{(1-\eta)\rho^2\eta JK_f^{-\rho\delta}(\ln K_f)^2 \left[(1-\eta)(\ln JK_f^{-\rho\delta}+1) - \eta JK_f^{-\rho\delta} \ln JK_f^{-\rho\delta} + \eta JK_f^{-\rho\delta} \right]}{(1-\eta+\eta JK_f^{-\rho\delta})^3}$$

$$= \frac{(1-\eta)\rho^2\eta(\ln K_f)^2 \frac{W_f}{W_d} \left[(1-\eta)\left(\ln \frac{W_f}{W_d}+1\right) - \eta \frac{W_f}{W_d} \ln \frac{W_f}{W_d} + \eta \frac{W_f}{W_d} \right]}{\left(1-\eta+\eta \frac{W_f}{W_d} \right)^3} \tag{3-12}$$

等式（3－12）的符号由函数 $L\left(\dfrac{W_f}{W_d}\right) = (1 - \eta)\left(\ln\dfrac{W_f}{W_d} + 1\right) - \eta\dfrac{W_f}{W_d}\ln\dfrac{W_f}{W_d} +$

$\eta\dfrac{W_f}{W_d}$ 决定，$L\left(\dfrac{W_f}{W_d}\right)$ 的图像大致如图 3－2 所示，当 $\dfrac{W_f}{W_d} = A_0$[①] 时，$L\left(\dfrac{W_f}{W_d}\right) = 0$，此

时，$\delta = \delta^* = \dfrac{\ln(J/A_0)}{\rho\ln K_f}$ 从图 3－2 中可以看出，当 $1 < \dfrac{W_f}{W_d} < A_0$ 时，$L\left(\dfrac{W_f}{W_d}\right) > 0$，即

$\delta < \delta^*$ 时，$\dfrac{\partial^2 T}{\partial\delta^2} > 0$；当 $\dfrac{W_f}{W_d} > A_0$ 时，$L\left(\dfrac{W_f}{W_d}\right) < 0$，即 $\delta > \delta^*$ 时，$\dfrac{\partial^2 T}{\partial\delta^2} < 0$。

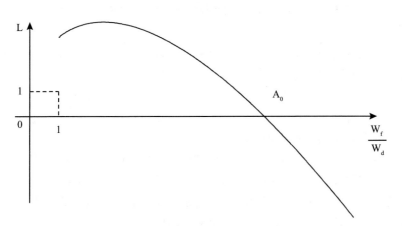

图 3－2　$L\left(\dfrac{W_f}{W_d}\right)$ 的曲线图像

资料来源：由笔者自绘。

根据上述推导可以得知，内外资部门间的工资差距是外资部门对内资部门技术溢出效应系数 δ 的减函数，当且仅当当 $\delta < \delta^*$ 时是凹函数，当 $\delta > \delta^*$ 时是凸函数。具体来说，外资部门对内资部门产生的技术溢出可以缩小两部门间的工资差距，当 $\delta < \delta^*$ 时，内外资部门间工资差距缩小的速度越来越快；当 $\delta > \delta^*$ 时，工资差距缩小的速度逐渐放缓，具体如图 3－3 所示。

三、劳动力转移效应和技术溢出效应综合影响的理论分析

综合上述劳动力转移效应和技术溢出效应，可以认为外资引起的东道国内外资部门间的工资差距的程度和变化过程是上述两种效应叠加的结果。一般情况下，当外资进入东道国以后如果不存在制度上的障碍，并且能够提供比较高的工

---

① 给出特定的 η，可以求出 A_0 的拟合值。

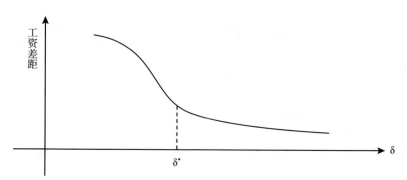

图 3 - 3　技术溢出效应对两部门间工资收入差距影响的过程

资料来源：由笔者自绘。

　　资和福利，会很快吸引当地高素质劳动力从其他部门转移过来，因此，劳动力转移效应会首先发挥作用。与之相对应，受技术壁垒、专利制度以及本地企业吸收能力等诸多因素的限制，技术溢出效用滞后于劳动力转移效应，但是滞后时间的长短受多种因素的影响。从理论上看，劳动力转移效应和技术溢出效应在时间维度上的分布关系存在两种情况。

　　第一种情况是技术溢出效应出现在劳动力转移效应达到拐点之前。这也就意味着劳动力转移效应引起的内外资部门间工资差距还处在扩大阶段，并且还未达到顶点的时候，缩小内外资部门间工资差距的技术溢出效应开始显现，从而产生两种影响：一是使得由劳动力转移效应引起的两部门间工资差距扩大的速度开始下降；二是导致由劳动力转移效应引起的两部门间工资差距的最高值降低，并且提前出现。综合而言，技术溢出效应将会导致劳动力转移效应带来的两部门工资差距变动的倒"U"型轨迹整体降低，并且其倒"U"型曲线的顶点左移，具体如图 3 - 4 所示。

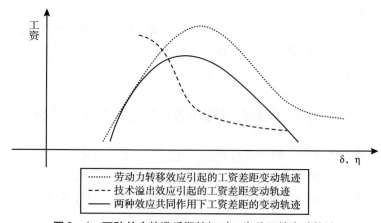

　　　　······　劳动力转移效应引起的工资差距变动轨迹
　　　　- - - -　技术溢出效应引起的工资差距变动轨迹
　　　　————　两种效应共同作用下工资差距的变动轨迹

图 3 - 4　两种效应的滞后期较短时工资差距的变动轨迹

资料来源：由笔者自绘。

第二种可能的情况是技术溢出效应出现在劳动力转移效应达到拐点之后。此时，技术溢出效应不会对倒"U"型曲线的前半段和顶点产生影响，但是会加快劳动力转移效应引起的两部门间工资差距下降的速度，即加大倒"U"型曲线后半段的坡度，具体如图 3 - 5 所示。

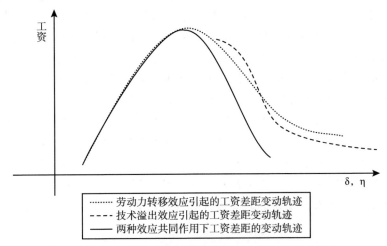

图 3 - 5　两种效应的滞后期较长时工资差距的变动轨迹

资料来源：由笔者自绘。

上述的分析表明，外商直接投资部门进入东道国后通过劳动力转移效应和技术溢出效应导致东道国内外资部门间产生一定的工资差距。数理推导的结果表明，劳动力转移效应引起的内外资部门间工资差距呈先扩大后缩小的倒"U"型变化特点，而技术溢出效应的增加会缩小两部门间的工资差距。归纳起来，外商直接投资部门对东道国部门间工资差距的综合影响是，由其引起的内外资部门间收入的工资差距整体上呈现出先扩大后缩小的倒"U"型变化过程，其对东道国企业间工资差距的贡献也是一个先扩大后缩小的倒"U"型过程。

第二节　劳动力转移效应拓展分析

本节的研究目的是通过内生化劳动力转移与内外资企业间的工资差距，建立联立方程组，进一步考察外商直接投资的流入是如何通过劳动力的转移效应来影响内外资企业间的工资差距，更重要的是本节的理论分析也为后文的实证分析奠定基础。

一、理论模型的构建

外商直接投资在进驻东道国后凭借其雄厚的资本愿意且能够提供远高于市场均衡的工资水平以吸引劳动力，造成了与内资企业的工资差距，这种工资差距会吸引大量劳动力从内资企业转移到外资企业，而随着外商直接投资企业劳动力供给的不断丰裕，以及内资企业劳动力需求的上涨，内外资企业也会适时对其提供的工资水平进行调整，内外资企业间的工资差距也会在这种调整中不断缩小。单方向模型很难将这种作用机理进行清晰的阐述，采用联立方程的研究形式可以对劳动力转移与工资差距之间的关系进行更系统、更清楚的阐释。

传统的方法一般采用柯布—道格拉斯生产函数对企业使用的劳动力要素进行估计，本书采用阿罗（Arrow，1961）提出的固定替代弹性生产函数对劳动力的投入进行推导，该方法的优点是突破了柯布—道格拉斯生产函数中资本与劳动的替代弹性为 1 的限制条件。借鉴瓦尔德基希和努门坎普（Waldkirch & Numenkamp，2009）的分析框架，假设内资企业和外资企业的弹性生产函数为：

$$Y_d = A_d (\alpha K_d^{-\rho} + \beta L_d^{-\rho})^{-\frac{1}{\rho}} \tag{3-13}$$

$$Y_f = A_f (\alpha K_f^{-\rho} + \beta L_f^{-\rho})^{-\frac{1}{\rho}} \tag{3-14}$$

式（3-13）、式（3-14）中，ρ 表示替代参数，α 和 β 分别表示资本和劳动所占的份额。内资企业的劳动生产率受外资企业技术溢出的影响，AK_f 表示外资的技术溢出对内资生产率影响的大小，A 表示外资部门对内资部门生产率的溢出系数，为简化推导过程，假设为常数。则内资部门的生产函数可以写成：

$$Y_d = AA_d K_f (\alpha K_d^{-\rho} + \beta L_d^{-\rho})^{-\frac{1}{\rho}} \tag{3-15}$$

假设资本的价格是 γ，劳动的价格是 W，两部门资本的价格是一样的，但劳动的价格不一样。假设两部门生产的产品是一样的，产品的价格是 P，则两部门所获得的利润可以表示为：

$$\pi_d = PAA_d K_f (\alpha K_d^{-\rho} + \beta L_d^{-\rho})^{-\frac{1}{\rho}} - (\gamma K_d + W_d L_d) \tag{3-16}$$

$$\pi_f = PA_f (\alpha K_f^{-\rho} + \beta L_f^{-\rho})^{-\frac{1}{\rho}} - (\gamma K_f + W_f L_f) \tag{3-17}$$

对资本和劳动力分别求一阶导数，得到：

$$\partial \pi_d / \partial K_d = \alpha PAA_d K_d^{-\rho-1} K_f (\alpha K_d^{-\rho} + \beta L_d^{-\rho})^{-\frac{1}{\rho}-1} - \gamma \tag{3-18}$$

$$\partial \pi_f / \partial K_f = \alpha PA_f K_f^{-\rho-1} (\alpha K_f^{-\rho} + \beta L_f^{-\rho})^{-\frac{1}{\rho}-1} - \gamma \tag{3-19}$$

$$\partial \pi_d / \partial L_d = \beta PAA_d L_d^{-\rho-1} K_f (\alpha K_d^{-\rho} + \beta L_d^{-\rho})^{-\frac{1}{\rho}-1} - W_d \tag{3-20}$$

$$\partial \pi_f / \partial L_f = \beta PA_f L_f^{-\rho-1} (\alpha K_f^{-\rho} + \beta L_f^{-\rho})^{-\frac{1}{\rho}-1} - W_f \tag{3-21}$$

在完全市场竞争的条件下，根据利润最大化的条件，令一阶导数为 0，得到：

$$K_d = L_d \left(\frac{\beta\gamma}{\alpha W_d} \right)^{-\frac{1}{\rho+1}}, \quad K_f = L_f \left(\frac{\beta\gamma}{\alpha W_f} \right)^{-\frac{1}{\rho+1}}$$

将得到的 K 值代入两部门的生产函数，得到：

$$Y_d = A A_d K_f L_d \left(\alpha \left(\frac{\beta\gamma}{\alpha W_d} \right)^{\frac{\rho}{\rho+1}} + \beta \right)^{-\frac{1}{\rho}} \tag{3-22}$$

$$Y_f = A_f L_f \left(\alpha \left(\frac{\beta\gamma}{\alpha W_f} \right)^{\frac{\rho}{\rho+1}} + \beta \right)^{-\frac{1}{\rho}} \tag{3-23}$$

对公式（3-22）和公式（3-23）左右两边求对数，得到两部门的劳动力需求函数：

$$\ln L_d = \ln Y_d - \ln A - \ln A_d - \ln K_f + \frac{1}{\rho}\ln\left(\alpha \left(\frac{\beta\gamma}{\alpha W_d} \right)^{\frac{\rho}{\rho+1}} + \beta \right) \tag{3-24}$$

$$\ln L_f = \ln Y_f - \ln A_f + \frac{1}{\rho}\ln\left(\alpha \left(\frac{\beta\gamma}{\alpha W_f} \right)^{\frac{\rho}{\rho+1}} + \beta \right) \tag{3-25}$$

基于劳动力的需求函数，将公式（3-25）和公式（3-24）相减，构建出估计劳动力转移的方程：

$$\ln\left(\frac{L_{jft}}{L_{jdt}} \right) = \alpha_0 + \alpha_1 \ln\left(\frac{Y_{jft}}{Y_{jdt}} \right) + \alpha_2 \ln\left(\frac{A_{jft}}{A_{jdt}} \right) + \alpha_3 \ln K_{jft} + \alpha_4 \ln\left(\frac{W_{jft}}{W_{jdt}} \right) + \phi_{jt} X_{jt} + \varepsilon_{jt}$$
$$\tag{3-26}$$

其中，j 表示企业所在的行业，t 表示年份，L_{jft}/L_{jdt} 表示行业 j 外资企业就业的总人数与内资企业就业总人数之比，其比值可以反映劳动力的流动情况，若比值增大说明劳动力由内资企业流入外资企业，若比值减小说明劳动力从外资企业转移到内资企业。W_{jft}/W_{jdt} 表示内外资企业间的工资差距，用行业内外资企业的平均工资水平与内资企业的平均工资水平之比表示，Y_{jft}/Y_{jdt} 表示外资企业与内资企业的产值之比，A_{jft}/A_{jdt} 表示外资企业与内资企业的技术水平之比，K_f 为行业的引资总量，X 为影响行业劳动力转移的其他控制变量。将 L_{jft}/L_{jdt} 和 W_{jft}/W_{jdt} 交换位置，可以得到工资差距的估计方程：

$$\ln\left(\frac{W_{jft}}{W_{jdt}} \right) = \beta_0 + \beta_1 \ln\left(\frac{Y_{jft}}{Y_{jdt}} \right) + \beta_2 \ln\left(\frac{A_{jft}}{A_{jdt}} \right) + \beta_3 \ln K_{jft} + \beta_4 \ln\left(\frac{L_{jft}}{L_{jdt}} \right) + \varphi_{jt} T_{jt} + \mu_{jt}$$
$$\tag{3-27}$$

其中，T 为影响行业工资差距的其他控制变量。这样，公式（3-26）和公式（3-27）就构成了估计外商直接投资进入引起的劳动力转移对工资差距影响的联立方程组。

二、联立方程模型

联立方程估计是相对单一估计方程提出来的，目的是为了研究多个经济变量之间相互影响、互为因果的运行关系，一个方程的解释变量是另一个方程的被解释变量。由 m 个方程构成的联立方程模型的"结构式"如下式表示：

$$
(y_{t1} y_{t2} \cdots y_{tm})
\begin{pmatrix}
\gamma_{11} & \gamma_{12} & \cdots & \gamma_{1m} \\
\gamma_{21} & \gamma_{22} & \cdots & \gamma_{2m} \\
\vdots & \vdots & & \vdots \\
\gamma_{m1} & \gamma_{m2} & \cdots & \gamma_{mm}
\end{pmatrix}
+ (x_{t1} x_{t2} \cdots x_{tm})
\begin{pmatrix}
\beta_{11} & \beta_{12} & \cdots & \beta_{1m} \\
\beta_{21} & \beta_{22} & \cdots & \beta_{2m} \\
\vdots & \vdots & & \vdots \\
\beta_{m1} & \beta_{m2} & \cdots & \beta_{mm}
\end{pmatrix}
$$
$$
= (\varepsilon_{t1} \varepsilon_{t2} \cdots \varepsilon_{tm}) \tag{3-28}
$$

式（3-28）中，$\{y_{ti}\}$ 为内生变量，由系统内部决定，$\{x_{ti}\}$ 为外生变量，即由系统外部决定的变量。$\{\gamma_{m \times m}\}$ 和 $\{\beta_{m \times m}\}$ 分别表示内生变量和外生变量的系数，$\{\varepsilon_{ti}\}$ 为结构方程的扰动项。用矩阵表示为：

$$
\Gamma_{m \times m} y'_t + B_{m \times m} x'_t = \varepsilon'_t \tag{3-29}
$$

其中，$\Gamma_{m \times m}$ 和 $B_{m \times m}$ 为系数矩阵，分别表示上文中的 $\{\gamma_{m \times m}\}$ 和 $\{\beta_{m \times m}\}$。假设扰动项 ε_t 满足 $E(\varepsilon_t | x_t) = 0$（因为 x_t 是外生变量），记其协方差矩阵为：

$$
\sum \equiv E(\varepsilon_t \varepsilon'_t | x_t) \tag{3-30}
$$

因为存在着内生变量，若用对每一个方程直接用 OLS 进行估计，得不到一致的估计，会导致联立方程偏差或者内生变量偏差，对方程组（3-29）进行求解：

$$
\Gamma_{m \times m} y'_t = - B_{m \times m} x'_t + \varepsilon'_t \tag{3-31}
$$

假设 $\Gamma_{m \times m}$ 可逆，在式（3-29）的两边同时右乘 $\Gamma_{m \times m}^{-1}$，得到 $y'_t = - x'_t B_{m \times m} \Gamma_{m \times m}^{-1} + \varepsilon'_t \Gamma_{m \times m}^{-1}$，可简化成：

$$
y'_t = - x'_t \prod + v'_t \tag{3-32}
$$

式（3-32）称为简化式，由于 $E(v_t | x_t) = E(\Gamma^{-1'} \varepsilon_t | x_t) = \Gamma^{-1'} E(\varepsilon_t | x_t) = 0$，其扰动项 v_t 与外生变量 x_t 依然不相关。扰动项 v_t 的协方差矩阵为：

$$
\Omega \equiv E(v_t v'_t | x_t) = E(\Gamma^{-1'} \varepsilon_t \varepsilon'_t \Gamma^{-1} | x_t) = \Gamma^{-1'} E(\varepsilon_t \varepsilon' | x_t) \Gamma^{-1} = \Gamma^{-1'} \sum \Gamma^{-1}
$$
$$
\tag{3-33}
$$

简化式的左边为被解释变量，右边的解释变量为外生变量，因此可以使用 OLS 得到简化式参数 $\prod$ 和 Ω 的一致估计。在对模型的参数进行估计之前，需判断参数是否"可识别"。假设第一个结构方程有 M_1 个内生变量，K_1 个外生变量，方程组中除了第一个方程外其余的外生变量总数为 K_1^*，结构方程所排斥的外生变量的个数（K_1^*）若大于该方程所包含的内生变量的个数（M_1），则称为方程可识别的阶条件成立。根据外生变量的定义，被第一个方程排斥的其他外生变量都是有效的工具比变量。在可识别的条件下，若工具变量的个数等于内生变量的个数 $K_1^* = M_1$，则该结构方程"恰好识别"；若工具变量的个数大于内生变量的个数 $K_1^* > M_1$，则该结构方程"过度识别"，使用 K_1^* 方程中任意 M_1 个方程，都可以得到参数相同且唯一的解。

第三节　异质性技术溢出效应的拓展分析

前文的理论分析表明，外商直接投资进入到东道国后会通过技术溢出效应对东道国内外资企业间工资差距产生影响，一般而言，技术溢效应有两种途径，即水平技术溢出和垂直技术溢出。本书具体分析两种效应对东道国工资差距的影响。

一、水平技术溢出对内外资企业间工资差距的影响

在借鉴现有研究（Acemoglu, 1998；周云波等, 2015）的基础上，笔者构建一个包含外商直接投资的水平技术溢出效应和垂直技术溢出效应的理论模型，系统地分析两种效应对东道国内外资企业间工资差距的影响机制。模型的基本假设如下：社会最终产品由内资和外资两个生产部门进行生产，总产出 Y 等于内资部门产出 Y_d 和外资部门产出 Y_f 之和，即：

$$Y = (Y_d^\rho + \gamma Y_f^\rho)^{\frac{1}{\rho}} \tag{3-34}$$

其中，$\rho \leq 1$，Y_d 与 Y_f 之间的替代弹性为 $1/(1-\rho)$，γ 为外商直接投资部门产出 Y_f 对社会总产出 Y 的重要程度，为了简化分析，本节假定 Y 的价格为 1。Y_d、Y_f 的生产均服从柯布—道格拉斯生产函数，即：

$$Y_i = A_i K_i^\alpha L_i^\beta \tag{3-35}$$

其中，$i = d, f$，K_f 和 K_d 分别为外资部门和内资部门所使用的资本，L_f 和 L_d 分别为两部门所使用的劳动力，A 表示技术水平。内资部门的平均工资为 W_d，外资部门的平均工资为 W_f。两部门的工资水平取决于技术水平，并且是其增函数，由于外资部门的技术水平高于内资部门，由此可以得出 $W_f > W_d$，则两部门的工资差距 $w = W_f/W_d > 1$。

水平技术溢出主要通过外商直接投资部门在行业内的示范效应、竞争效应以及人员流动带来的技术扩散效应等，对行业内内资部门的技术水平产生影响。参照萨格拉姆和萨耶克（Saglam & Sayek, 2011）的研究，内资部门受到溢出效应影响后的技术水平可以表示为 $\tau_1 A_d K_f^{\delta_1}$，其中，$\tau_1$ 表示外资部门对内资部门技术水平的影响系数，是一个常量；δ_1 为水平技术溢出效应系数，表示内资部门受到

外资水平技术溢出的影响程度，δ_1 是关于 K_f 的增函数，即 $\partial\delta_1/\partial K_f > 0$。

通过最大化外资部门和内资部门的利润水平可分别求出两部门的工资水平（推导过程略），外资部门和内资部门之间的工资差距可以表示为：

$$w = \frac{W_f}{W_d} = \frac{K_f^{\rho(\alpha-\delta_1)}}{\gamma\tau_1^\rho K_d^{\alpha\rho}}\left(\frac{A_f}{A_d}\right)^\rho\left(\frac{L_f}{L_d}\right)^{\beta\rho-1} \tag{3-36}$$

为考察 δ_1 的变化所引起的内外资工资差距的变化，通过简单求导可得到：

$$\frac{\partial w}{\partial\delta_1} = \frac{-\rho\gamma K_f^{\rho(\alpha-\delta_1)}\ln K_f}{\tau_1^\rho K_d^{\alpha\rho}}\left(\frac{A_f}{A_d}\right)^\rho\left(\frac{L_f}{L_d}\right)^{\beta\rho-1} \tag{3-37}$$

根据公式（3-37）可知，其中各变量都是正值，由此可以得到 $\partial w/\partial\delta_1 < 0$，即外资部门对内资部门水平技术溢出程度的增加，能够缩小两部门间的工资差距，这与已有文献（周云波等，2015）的定性分析是基本一致的，也基本符合现实情况。由此得出如下结论：外商直接投资的水平技术溢出效应可通过影响内资企业的生产率水平的方式影响企业工资，进而缩小内外资企业间工资的差距。

根据本书的假设条件，很容易得到上述结论，但需要注意的是上述分析中的两个重要假设：外资部门 A_f 是不变的以及外资部门只对内资部门有技术溢出效应。在现实经济生活中，外商直接投资企业 A_f 的大小是不一样的，即外商直接投资企业间也存在着技术水平的差异，这种差距对解释企业间工资差距具有十分重要的作用。一方面，当外商直接投资企业 A_f 的水平较低时，公式（3-37）的绝对值会变小，即技术水平较低的外商直接投资的水平技术溢出效应对内外资企业间工资差距影响较小；另一方面，由于外商直接投资企业之间技术差异的存在，低技术水平外商直接投资企业必然也会受到高技术水平外商直接投资企业的水平技术溢出效应的影响，这种影响同样会提升低技术水平外商直接投资企业的工资水平。也就是说在技术溢出效应的影响下，内资企业和低技术水平外商直接投资企业的工资水平都会受到影响，工资增长的快慢则取决于两者技术水平的高低和受影响程度的大小，这也就直接降低或弱化了水平技术溢出对内外资企业间工资差距的影响程度，或改变影响方向。由此可以进一步得到如下结论：水平溢出效应对企业间工资差距的影响程度取决于外商直接投资企业技术水平的高低；此外，低技术水平外商直接投资企业也会受到水平技术溢出效应的影响，这可能弱化水平技术溢出对工资差距的影响程度，甚至改变影响方向。

二、垂直技术溢出对内外资企业间工资差距的影响

接下来，本节考察外商直接投资的垂直技术溢出效应对内外资企业间工资差距的影响，为此我们在最终产品部门模型中引入中间产品部门，也就是说最终产

品部门处于产业链中的下游，而中间产品部门则处于产业链的上游。中间产品部门也是由内资企业和外资企业组成，所生产的中间品规模报酬不变，市场结构为完全竞争。上下游企业进行着中间产品的交换，进而相互间会受到垂直技术溢出效应的影响。垂直技术溢出效应分为两类：下游内资企业会受到上游外资企业前向关联效应的影响，而上游内资企业会受到下游外资企业后向关联效应的影响。

首先，我们分析前向关联效应对内外资企业间工资差距的影响机制。假定最终产品部门除劳动、资本等要素的投入外，生产过程中还需要中间产品部门提供的中间品，因此，最终产品部门生产函数表示为 $Y_i = A_i K_i^\alpha L_i^\beta X_i^{1-\alpha-\beta}$，其中中间品 X 由内外资部门共同提供，根据哈尔彭等的研究（Halpern et al.，2015）其数量总和可表示为：

$$X = \left[(BX_{mf})^{\frac{\eta-1}{\eta}} + X_{md}^{\frac{\eta-1}{\eta}} \right]^{\frac{\eta}{\eta-1}} \tag{3-38}$$

其中，X_{mf} 和 X_{md} 分别表示外资部门和内资部门提供的中间品。$\eta > 1$ 表示替代弹性，η 的值越大，两种中间品的区别越小。因外资部门中间品的技术水平及产品质量高于内资中间品，效率参数 $B > 0$。由于受到来自上游中间品部门外资企业前向关联效应的影响，最终产品部门的内资企业的技术水平此时可表示为 $\tau_2 A_d X_{df}^{\delta_2}$，$X_{df}$ 表示下游内资企业所使用的来自上游外资企业的产品。τ_2 表示上游外资企业对下游企业技术水平的影响系数，为常量；δ_2 则表示下游企业受到上游外资企业垂直技术溢出效应的影响程度，即前向关联效应的系数，δ_2 是关于 X_{df} 的增函数，即 $\partial\delta_2/\partial X_{df} > 0$。

最大化下游内外资部门的利润可求得两部门的工资，下游部门间的工资差距可以表示为：

$$w = \frac{W_f}{W_d} = \frac{\gamma}{\tau_2^\rho X_{df}^{\rho\delta_2}} \left(\frac{L_f}{L_d}\right)^{\beta\rho-1} \left(\frac{A_f K_f^\alpha X_f^{1-\alpha-\beta}}{A_d K_d^\alpha X_d^{1-\alpha-\beta}}\right)^\rho \tag{3-39}$$

为考察 δ_2 的变化所引起的工资差距的变化，对工资溢价求 δ_2 的导数，得到：

$$\frac{\partial w}{\partial \delta_2} = \frac{-\gamma\rho\ln X_{df}}{\tau_2^\rho X_{df}^{\rho\delta_2}} \left(\frac{L_f}{L_d}\right)^{\beta\rho-1} \left(\frac{A_f K_f^\alpha X_f^{1-\alpha-\beta}}{A_d K_d^\alpha X_d^{1-\alpha-\beta}}\right)^\rho \tag{3-40}$$

根据求导结果可以发现 $\partial w/\partial\delta_2 < 0$，即下游内资部门受到上游外资部门前向关联效应程度的增加，能够缩小下游两部门间的工资差距。

接下来，我们进一步分析内外资企业间工资差距受后向关联效应影响的机制。假定中间品部门只需要投入劳动、资本等要素，X_{if} 和 X_{id} 的生产服从柯布—道格拉斯生产函数，即 $X_{mi} = A_{mi} K_{mi}^\alpha L_{mi}^\beta$。$P_{mf}$ 和 P_{md} 分别表示外资中间品和内资中间品的价格，最大化（3-38）式，可得到：

$$\frac{P_{mf}}{P_{md}} = B \left(\frac{X_{md}}{X_{mf}}\right)^{\frac{1}{\eta}} \tag{3-41}$$

通过向下游企业提供中间产品会受到来自下游外资企业的技术溢出影响，受影响后内资企业的技术水平可表示为 $\tau_3 A_{md} X_{mdf}^{\delta_3}$。$X_{mdf}$ 表示上游内资企业提供给下游外资企业的中间产品集，τ_3 表示下游外资企业对上游内资企业生产率的影响系数，δ_3 则表示上游内资企业受到下游外资企业垂直技术溢出的影响程度，即后向关联效应的系数，δ_3 是关于 X_{mdf} 的增函数，即 $\partial \delta_3 / \partial X_{mdf} > 0$。

此时，通过最大化上游部门的利润，求得外资企业相对内资企业的工资溢价：

$$w_m = \frac{W_{mf}}{W_{md}} = B \left(\tau_3 X_{mdf}^{\delta_3} \right)^{\frac{1-\eta}{\eta}} \left(\frac{L_{mf}}{L_{md}} \right)^{\frac{\beta(\eta-1)}{\eta}-1} \left(\frac{A_{mf} K_{mf}^{\alpha}}{A_{md} K_{md}^{\alpha}} \right)^{\frac{\eta-1}{\eta}} \qquad (3-42)$$

同样为考察 δ_3 的变化所引起的工资差距的变化，对工资溢价求 δ_3 的导数，得到：

$$\frac{\partial w_m}{\partial \delta_3} = B \frac{(1-\eta) \ln X_{mdf}}{\eta} \left(\tau_3 X_{mdf}^{\delta_3} \right)^{\frac{1-\eta}{\eta}} \left(\frac{L_{mf}}{L_{md}} \right)^{\frac{\beta(\eta-1)}{\eta}-1} \left(\frac{A_{mf} K_{mf}^{\alpha}}{A_{md} K_{md}^{\alpha}} \right)^{\frac{\eta-1}{\eta}} \qquad (3-43)$$

由于 $\eta > 1$，求导结果可以发现 $\partial w_m / \partial \delta_3 < 0$，即上游内资部门受到下游外资部门前向关联效应程度的增加，能够缩小上游两部门间的工资差距。由以上推导可得到如下结论：外商直接投资的前向关联效应和后向关联效应可通过影响上下游内资企业的生产率水平的方式影响到企业工资，进而缩小内外资企业间工资差距。

同理，以上关于垂直溢出效应的假设均基于上下游的外资企业之间不存在垂直技术溢出效应，但若考虑到外资企业之间存在的技术水平的差异以及低技术水平外资企业必然也会受到来自高技术水平的外资企业垂直溢出效应的影响，因此可以进一步放松假设。假定下游最终产品部门的外资企业在使用中间产品时，也会受到来自上游外资企业前向关联效应的影响，受到影响后的技术水平可表示为 $\tau_2 A_f X_{ff}^{\delta_2}$，$X_{ff}$ 表示下游外资企业所使用的上游外资企业的产品；同时，上游的外资企业通过向下游企业提供中间产品会受到来自下游外资企业的技术溢出影响，受影响后的技术水平可表示为 $\tau_3 A_{mf} X_{mff}^{\delta_3}$，$X_{mff}$ 表示上游外资企业提供给下游外资企业的中间产品集。τ_2，δ_2，τ_3 和 δ_3 含义与上文一致。

此时，上下游两部门的生产函数可分别表示为：

$$
\begin{aligned}
Y_d &= \tau_2 A_d X_{df}^{\delta_2} K_d^{\alpha} L_d^{\beta} X_d^{1-\alpha-\beta} \\
Y_f &= \tau_2 A_f X_{ff}^{\delta_2} K_f^{\alpha} L_f^{\beta} X_f^{1-\alpha-\beta} \\
X_{md} &= \tau_3 A_{md} X_{mdf}^{\delta_3} K_{md}^{\alpha} L_{md}^{\beta} \\
X_{mf} &= \tau_3 A_{mf} X_{mff}^{\delta_3} K_{mf}^{\alpha} L_{mf}^{\beta}
\end{aligned}
\qquad (3-44)
$$

对此时的工资溢价分别求 δ_2 和 δ_3 的导数，得到：

$$\frac{\partial w}{\partial \delta_2} = \gamma\rho\ln\left(\frac{X_{ff}}{X_{df}}\right)\left(\frac{X_{ff}}{X_{df}}\right)^{\rho\delta_2}\left(\frac{A_f K_f^{\alpha} L_f^{\beta-1} X_f^{1-\alpha-\beta}}{A_d K_d^{\alpha} L_d^{\beta-1} X_d^{1-\alpha-\beta}}\right)^{\rho} \tag{3-45}$$

$$\frac{\partial w_m}{\partial \delta_3} = B\frac{(\eta-1)}{\eta}\ln\left(\frac{X_{mff}}{X_{mdf}}\right)\left(\frac{X_{mff}}{X_{mdf}^{\delta_3}}\right)^{\delta_3\left(\frac{\eta-1}{\eta}\right)}\left(\frac{L_{mf}}{L_{md}}\right)^{\frac{\beta(\eta-1)}{\eta}-1}\left(\frac{A_{mf}K_{mf}^{\alpha}}{A_{md}K_{md}^{\alpha}}\right)^{\frac{\eta-1}{\eta}} \tag{3-46}$$

根据求导结果可以发现 $\partial w/\partial \delta_2$ 的符号均取决于 $\ln(X_{ff}/X_{df})$，当 $X_{ff} > X_{df}$ 时 $\partial w/\partial \delta_2 > 0$，当 $X_{ff} < X_{df}$ 时 $\partial w/\partial \delta_2 < 0$，即当下游外资企业所使用的上游外资企业产品数量超过下游内资企业所使用的外资产品数量时，前向关联效应通过扩大内外资企业间的技术差距，进而扩大两者之间的工资差距；反之，则反是。$\partial w_m/\partial \delta_3$ 的符号主要取决于 $\ln(X_{mff}/X_{mdf})$，当 $X_{mff} > X_{mdf}$ 时 $\partial w_m/\partial \delta_3 > 0$，当 $X_{mff} < X_{mdf}$ 时 $\partial w_m/\partial \delta_3 < 0$，即当上游外资企业提供给下游外资企业的中间品数量超过上游内资部门提供给外资部门的中间品数量时，中间品交易带来的后向关联效应会扩大上游内外资企业间工资差距；反之，则反是。

因此，我们可以得出，低技术水平的外资企业也会受到来自上游或下游垂直溢出的影响，这有可能导致垂直技术溢出对内外资企业间工资差距的影响程度减弱，甚至改变影响方向。

综上所述，可以发现，外商直接投资进入东道国以后会通过劳动力流动、技术扩散或者中间品交易分别对同产业或上下游企业产生溢出效应。从理论上讲，若是基于外商直接投资企业间无技术溢出的假设，则外商直接投资的水平技术溢出效应和垂直技术溢出效应均会缩小企业间工资差距。若是基于外商直接投资企业间也存在技术溢出的假设，则会更复杂，外商直接投资的技术溢出效应对工资差距的影响还取决于外商直接投资企业技术水平的高低，以及内资企业和低技术水平外资企业的工资增长幅度，这会导致技术溢出对工资差距的影响程度减弱，甚至改变影响方向。

第四章 外商直接投资对我国工资差距影响的分解研究

本书第三章已对外商直接投资对东道国工资差距的影响机制进行了系统的理论分析，从本章开始，我们将利用企业层面的数据，全面、细分地对外商直接投资对中国内外资企业间工资差距的影响进行实证分析。目前，国内外对外商直接投资对东道国企业间工资差距的影响进行了大量的实证研究，但尚未有文献对内外资企业的工资差异在工资分布上的变化进行度量，也很少有文献对内外资企业间的工资差距进行细致的分解测度。本章将使用瓦哈卡—布林德分解和分位数分解对中国内外资企业间的工资差异进行详细分解，以期发现内外资企业间工资决定机制的异同以及在不同的工资分布上工资差异的变化情况。

第一节 外商直接投资进入对中国企业间工资差距影响的测度

一、实证分析的方法

传统的工资差距分解方法包括瓦哈卡—布林德（Oaxaca – Blinder）分解法、科顿（Cotton）分解法、纽马克（Neumark）分解法、布朗（Brown）分解法以及阿普尔顿（Appleton）分解法等，但这些方法都有其各自的研究范围及应用缺陷（葛玉好和赵媛媛，2011）。本节选择夏洛克斯（Shorrocks，1999）提出的基于回归方程的夏普利值分解法对收入差距进行分解分析，该方法在万广华（Wan，2002）的改进下，可用来计算各解释变量对收入差距的贡献率。其基本思想：将回归方程的某一个自变量取样本均值，然后将该变量的均值与其他解释变量的实际值一起代入回归方程，估算出收入及相关的不平等指数，估算出的不平等指数已不包含该变量的影响，原始不平等指数与估算出的不平等指数之差反映了该变量对收入差距的贡献。这种分解方法的优点在于不仅能够弥补很多传统分解方法的不足，还由于其对回归方程并无任何限制，因此可以应用于对任何不平等指数的分解，被认为是更具有一般性的分解方法。

夏普利值分解方法分为两步：第一步应先确定收入的分解方程。在遵循已有文献对收入方程处理的基础上（Shorrocks & Wan，2004），根据理论分析的相关结论和本书的研究目的，笔者确定如下的收入方程：

$$\ln W_{it} = \alpha + \beta_{1t} fcc_{it} + \beta_{2t} dr_{it} + \beta_{3t} exp_{it} + \beta_{4t} clr_{it} + \beta_{5t} pcp_{it} + \beta_{6t} olp_{it}$$
$$+ \beta_{7t} mon_{it} + \beta_{8t} scal_{it} + \beta_{9t} npr_{it} + \beta_{10t} X_i + \varepsilon_{it} \qquad (4-1)$$

其中，W 为企业员工的年平均工资，该变量是用企业的工资总额（应付工资和应付福利费总额）除以企业的从业人数；fcc 为虚拟变量，如果属于外商直接投资企业取值为 1，否则取值为 0，该指标是本书考察的核心变量。其他控制变量：dr 为企业的资产负债率（debt ratio），是企业负债总额与其资产总额的比率，该指标反映了企业的经营活动能力；exp 为企业出口情况（export），是企业出口交货值占其工业销售值的比重，该指标可用来衡量企业出口规模及其对国际市场的依赖程度；clr 为企业的资本劳动比（capital-labor ratio），是企业的资产总额与其就业者人数的比值，该指标反映了单个劳动力所需要的资本配置，可以用来判断企业的类型（劳动密集型或资本密集型）；pcp 为企业的人均利润（per capita profit），用企业的年度净利润总额与企业从业者人数之比表示，该指标可用来评价企业的经济效益状况；olp 是企业的全员劳动生产率（overall labor productivity），用企业的工业增加值与其从业人数的比值表示，该指标可以反映企业的生产技术水平；mon 为虚拟变量，主要用于表示企业是否属于垄断行业，这里的垄断主要指行政性垄断和自然垄断，当企业属于垄断性行业时用 1 表示，当企业所属行业为非垄断性时，用 0 表示[①]；sca 是企业规模（scale），用企业的资产总值表示，该指标可以从资源占用的角度反映企业的经营能力；npr 是企业的新产品比重（new products ratio），用新产品产值与其工业总产值的比重表示，用来反映企业的创新能力；此外，考虑到东中西部地区经济发展水平的不同，此处加入了地区虚拟变量。本章所使用的不平等指标，经过常数项倍乘后，均不会发生变化。因此，共同截距项和时间虚拟变量都不会对收入产生影响，所以分解方程可以同时包含这两项（万广华等，2005）。根据上述的收入决定方程，确定收入分解方程为：

$$W_i = \exp(\alpha) \times \exp(\beta_i X_i) \times \exp(T) \times \exp(u) \qquad (4-2)$$

第二步是根据收入分解方程的回归结果，采用夏普利值对每年的不平等指数进行分解，本书使用联合国世界发展经济研究院（UNU－WIDER）开发的基于夏普利值分解的 Java 程序计算各解释变量对不平等指数的贡献度。

---

① 根据丁启军（2010）的研究，本书将石油和天然气开采业，石油加工、炼焦及核燃料加工业，煤炭开采和洗选业，有色金属矿采选业，烟草制品业，电力、热力的生产和供应业，燃气生产和供应业，水的生产和供应业等归为垄断性行业。

二、实证分析的数据

本书所采用的数据来自国家统计局建立的中国工业企业数据库，本书选取了 1999~2007 年的数据集，参照聂辉华等（2012）对每年的无效观测值进行剔除[①]。为消除价格因素的影响，我们用以 1999 年为基期的居民消费价格指数、按行业分工业品出厂价格指数以及固定资产投资价格指数等指标对相关变量进行了平减[②]，最后得到一个包含 12892 家企业（其中内资 7726 家，外商直接投资 5166 家）的连续样本。

首先需要关注的是主要变量之间可能存在的多重共线性的问题，本书使用皮尔逊（Pearson）方法测算了主要变量间的相关系数（结果如表 4 -1 所示），变量间的相关系数均未超过 0.4，进一步测算的方差膨胀因子介于 1.03~1.41 之间，说明各变量之间并未存在严重的多重共线性问题。表 4 -2 报告了主要变量的描述性统计特征。

表 4 -1 主要变量的皮尔逊相关系数

变量	W	dr	exp	clr	pcp	olp	sca	nrp
W	1							
dr	-0.0797	1						
exp	-0.0087	-0.0736	1					
clr	0.2911	-0.0186	-0.0925	1				
pcp	0.1147	-0.0886	-0.0305	0.0881	1			
olp	0.3051	-0.0595	-0.0811	0.3181	0.2406	1		
sca	0.2105	0.0101	-0.0487	0.2831	0.0157	0.1176	1	
nrp	0.0661	0.0104	-0.017	0.0378	0.0192	0.0201	0.1318	1

资料来源：中国工业企业数据库（1999~2007 年）。

[①] 剔除的样本包括重要指标的观测值有缺失、不满足"规模以上"标准的观测值、不符合会计原则的观测值以及关键指标的极端值。

[②] 由于按行业分工业品出厂价格指数部分行业数据有缺失，笔者这样处理：其他采矿业、农副食品加工业、印刷业和记录媒介的复制、通用设备制造业、废弃资源和废旧材料回收加工业分别用非金属矿采选业、食品制造业、造纸及纸制品业、专用设备制造业、工艺品及其他制造业的同期指数代替。

表 4 - 2 主要变量的描述性统计

变量	样本量	均值	标准差	最小值	最大值
W	116028	17555.26	16282.34	81.27	1478836
fcc	116028	0.41	0.4918	0	1
dr	116028	57.74	38.58	−46.32	4846.23
exp	116028	26.86	39.56	0	104.67
clr	116028	313.58	695.96	0.17	147886.4
pcp	116028	13.44	53.92	−5501.61	2678.385
olp	116028	88.77	196.03	−8801.03	22506.07
mon	116028	0.07	0.25	0	1
sca	116028	80251.62	147725.9	171	2921800
nrp	116028	3.68	14.48	0	100

资料来源: 中国工业企业数据库 (1999~2007 年)。

我们首先利用这 12892 家企业的数据计算了 1999~2007 年内外商直接投资部门间的工资比 W_f/W_d、与之相对应的 η^* 和 η^{**}[①]以及外商直接投资部门实际就业的劳动力占劳动力总量的比重 η,具体结果见表 4-3。表中的数据可以提供这样一个结论: 2004 年开始外商直接投资部门的实际就业比重超过了根据当年内外资企业工资比计算出的劳动力转移效应发生转折的临界值 η^*,换言之,2004 年以后,外商直接投资的劳动力转移效应引起的内外资企业部门间的工资差距已经进入下降阶段。

表 4 - 3 中国 1999~2007 年的内外资企业工资比、外商直接投资企业就业比重

年份	外资企业与内资企业的工资比 W_f/W_d	外商直接投资企业就业人数占比 η	η^*	η^{**}
1999	1.6401	0.3564	0.4182	0.8725
2000	1.6301	0.3752	0.4192	0.8748
2001	1.5146	0.3936	0.4312	0.9020
2002	1.5288	0.4140	0.4297	0.8986
2003	1.4805	0.4307	0.4349	0.9101
2004	1.4237	0.4580	0.4414	0.9237

---

① η^* 和 η^{**} 分别是指上文理论模型中提到的外资部门劳动占比的一阶导和二阶导的临界值。

年份	外资企业与内资企业的 工资比 W_f/W_d	外商直接投资企业 就业人数占比 η	η^*	η^{**}
2005	1.3978	0.4658	0.4444	0.9299
2006	1.3887	0.4733	0.4455	0.9321
2007	1.3456	0.4596	0.4507	0.9423

资料来源：中国工业企业数据库（1999~2007年）。

本书同时测算了1999~2007年12892家企业平均工资的泰尔指数、内外资企业间的泰尔指数及其变化率，具体见表4-4。

表4-4 中国1999~2007年企业工资泰尔指数及变化率

年份	内外资企业间工资 的泰尔指数		全部企业间工资 的泰尔指数		内外资企业间工资泰尔 指数占全部企业间 工资泰尔指数的比重
	实际值	变化率（%）	实际值	变化率（%）	
1999	0.0300	——	0.24115	——	12.44
2000	0.0295	-1.67	0.24052	-0.26	12.27
2001	0.0214	-27.46	0.2344	-2.54	9.13
2002	0.0224	4.67	0.24623	5.05	9.10
2003	0.0192	-14.29	0.22288	-9.48	8.61
2004	0.0156	-18.75	0.21027	-5.66	7.42
2005	0.0140	-10.26	0.20417	-2.90	6.86
2006	0.0134	-4.29	0.20774	1.75	6.45
2007	0.0110	-17.91	0.20977	0.98	5.24
平均值	0.01961	-11.24	0.22413	-1.63	8.61
总变化率		-63.33		-7.05	

资料来源：中国工业企业数据库（1999~2007年）。

表4-4中的数据可以提供这样几点启示：

首先，总体上看，中国企业间存在着显著的工资差异，全部企业平均工资的泰尔指数位于0.2~0.25之间，平均为0.22左右。内外资企业间平均工资的泰尔指数在0.01~0.03之间，平均为0.02。后者占前者的比重在5%~12%之间，平均为8%以上。应该说，全部企业的工资差距中，内外资企业间工资差距的贡献率还是比较显著的，但是从变化趋势上看，其贡献率在下降，这意味其他因素对中国企业间工资差距的影响在增大，对此将在后文做进一步分析。

其次，虽然有所波动，1999~2007 年中国企业整体的工资差距呈现出不断缩小的态势。其原因可能是由于中国劳动力市场供求关系已经发生了结构性改变，从劳动力供给大于需求的状态变成了需求大于供给。一些企业为了积极应对日益加剧的竞争，有效解决"招工难"现象，都采取了提高工资、改善福利待遇等手段，劳动力价格的上涨推动了企业间工资差距的缩小（刘元春，2012）。随后的分解分析将对外商直接投资在工资差距的缩小中所起的作用进行定量测度。

再次，内外资部门间工资的泰尔指数表明，1999 年以后外商直接投资进入引起的中国内外资部门间的工资差距一直在下降，从 1999 年的 0.03 降至 2007 年的 0.011，降低了 60% 以上。表 4-4 中的数据显示，劳动力转移效应引起的中国内外资企业间工资差距从扩大到缩小的转折点发生在 2004 年，这意味着外商直接投资部门的技术溢出效应出现在 2004 年以前。换句话说，外商直接投资部门进入中国后，对内外资部门间工资差距产生影响的劳动力转移效应与技术溢出效应之间的关系属于第三章第一节中分析的第一种情况，即在劳动力转移扩大收入差距的效应尚未达到倒"U"型曲线顶点之前，技术溢出缩小收入差距的效应已经开始发挥作用。我们同时计算了 1998~2013 年中国外商直接投资企业与内资企业的平均工资比（如图 4-1 所示），从图中可以看出中国内外资企业间的工资比总体呈现下降的趋势。平均工资比能在很大程度上反映出外商直接投资企业与内资企业在技术管理等方面的差距，该比值的下降表明外商直接投资企业与内资企业之间的技术差距在不断缩小，而这也能充分说明作为技术差距水平缩小的主要原因之一的技术溢出效应的确已经在发挥着作用。

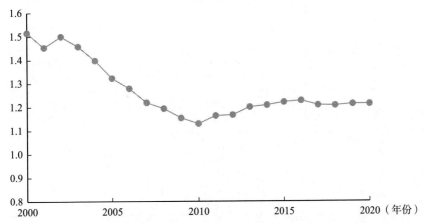

图 4-1　2000~2020 年外商直接投资企业与内资企业间的平均工资比

资料来源：2000~2020 年《中国统计年鉴》。

最后，1999~2007年，内外资企业间平均工资的差距下降了60%，年均下降的速度在10%以上；而全部企业间的平均工资差距下降了7%，年均下降的速度约为1.6%。这表明，在考察期内，中国工业企业间工资差距的下降主要源自内外资企业间的工资差距的缩小。

三、回归及分解结果

（一）工资决定方程的估计结果

为了更有效地对影响工资水平的变量进行估计和分析，本书先对1999~2007年12892家企业的面板数据进行估计，结果如表4-5所示。我们对回归模型进行F检验和豪斯曼检验，检验结果拒绝了混合模型回归和随机效应估计，再进行年度虚拟变量的联合显著性检验，F检验的P值等于0.0000，强烈拒绝"无时间效应"的原假设，因此，应当采用包含时间效应的双向固定效应模型。根据伍德里奇（Wooldridge）检验和瓦尔德（Wald）检验的结果，模型存在显著的异方差和序列相关。为了得到更稳健的结论，此处采用德里斯科尔和克拉伊（Driscoll & Kraay，1998）提出的DKSE的方法对模型进行估计。该方法是将怀特（White）稳健标准差估计扩展到存在异方差、序列相关问题面板数据，其系数估计结果与固定效应模型相同，但标准差已得到修正。

表4-5 工资决定方程的估计结果

变量	双向固定效应	DKSE 估计
fcc	0.0545 *** (3.56)	0.0545 ** (2.98)
dr	-0.0985 ** (-2.50)	-0.0985 (-1.21)
exp	-0.5273 *** (-2.87)	-0.5273 (-0.99)
clr	0.0351 *** (3.56)	0.0351 (1.07)
pcp	0.4072 *** (3.14)	0.4072 *** (2.82)
olp	0.2355 *** (4.78)	0.2355 *** (3.02)

续表

变量	双向固定效应	DKSE 估计
mon	0.1688 *** (2.85)	0.1688 *** (2.94)
sca	0.0282 *** (3.72)	0.0282 ** (3.01)
npr	0.0123 (1.04)	0.0123 (1.17)
中部地区	−0.1491 (−1.24)	−0.1491 *** (−2.61)
西部地区	0.0167 (0.92)	0.0167 (1.71)
常数项	9.1262 *** (5.56)	9.1262 *** (5.41)
伍德里奇检验	594.849 (0.000)	
瓦尔德检验	5300000 (0.000)	
R^2	0.2981	0.2981
Prob > F	(0.000)	(0.000)
样本数	116028	116028

注：* 、** 、*** 分别表示在 10% 、5% 和 1% 的水平上显著。括号内为相应的标准误。

资料来源：中国工业企业数据库（1999～2007 年）。

　　根据表 4 - 5 的估计结果：经过标准差修正后，依然显著的变量是外商直接投资、人均利润、全员劳动生产率、垄断、企业规模和时间虚拟变量。表中的数据可以提供这样几点观察：（1）具体来说，外商直接投资变量修正前在 1% 的统计水平上显著，修正后在 5% 的统计水平上显著，说明外商直接投资的确对中国企业的工资水平有显著的影响，其估计系数为 0.0545，也意味着外商直接投资公司平均比内资公司支付高约 5.60% 的工资，内外资企业间有较明显的工资差距，其具体的影响程度，本书在后文还将做具体测算。（2）在其他控制变量中，资本劳动比、企业新产品的比重、全员劳动生产率、企业的人均利润和企业规模对工资水平的影响为正。资本劳动力比代表了企业中资本与劳动的分配比例，劳均资本越多意味着劳动的边际产出越高，按照新古典理论，劳动力的报酬也就越高；新产品的比重体现了企业创新的活力和能力，在中国各种产品步入全面过剩时代，创新是最核心的竞争力，企业的创新活动和能力越强，效益也就越好，就越有条件提供高工资，但是资本劳动比和新产品比重这两个变量的 DKSE 估计均不显著，说明其并不是工资决定的关键变量；全员劳动生产率代表着企业的技术水平，其越高意味着对劳动力素质的要求越高，提供的工资也就越高；人均利润代表着企业的效益，按照利润分享模型（Kahneman et al.，1986），利润越高的企业越愿意为员工提供高工资，该变量在 DKSE 估计后依然显著，说明企业的利润仍是决定工资水平的关键因素；企业规模对工资水平的正向影响是非常显著的，企业规模越大意味着企业内部的监督、组织、管理、协调等成本越高，按照效率工资理论（Shapiro & Stiglitz，1984），为了降低这些交易费用，规模越大的企业越倾向于向职工支付更高水平的工资。(3) 资产负债率和出口对企业工资的影响为负，企业的资产负债率代表企业的财务状况，资产负债率越高意味着企业的财务状况越差，风险越高，进而也就没有能力和动力为员工提供高工资；出口的影响为负，其原因在于目前中国的出口依旧以劳动力密集型的产品为主，出口优势越强的企业越有能力利用自身在工资谈判中的强势地位支付给企业员工相对更低的工资水平，以维持自身的出口优势（张杰等，2010），但是这两个变量的 DKSE 估计也均不显著，说明其并不是工资决定的关键变量。(4) 与众多实证研究的结果一致，垄断行业企业的平均工资水平远远高于非垄断行业企业，垄断行业企业凭借其从政府得到的优惠，制定垄断价格、获得垄断利润，向员工支付更高水平的工资（夏庆杰，2012）；与经济发展水平一致，中部地区的工资水平低于东部地区，但西部地区的工资水平估计结果略高于东部，我们认为这主要是因为西部地区的样本量较少且均是大型国企，并且其 DKSE 估计结果也并不显著，意味着该变量并不是决定工资水平的关键因素。

为了对每年的工资差距进行分解，我们还需要确定 1999 ~ 2007 年每年的收入估计方程，即对每年截面数据进行回归的，表 4 - 6 报告了截面回归的结果。从截面数据的估计结果来看，相比面板的估计结果，内外资企业间有更大的工资差异，外商直接投资的工资水平平均比内资企业高出约 30%。其他变量的系数符号与面板数据的估计结果基本一致，具体影响此处不再赘述。

表 4 - 6　　　　　　　　　　　工资决定方程的截面估计结果

变量	1999 年	2000 年	2001 年	2002 年	2003 年
fcc	0.3144 *** (3.41)	0.2978 *** (3.72)	0.2915 *** (3.58)	0.2833 *** (3.51)	0.2677 *** (3.35)
dr	-0.1179 *** (-2.62)	-0.1942 *** (-2.71)	-0.0908 *** (-2.93)	-0.0507 *** (-2.86)	-0.0618 *** (-2.73)

续表

变量	1999 年	2000 年	2001 年	2002 年	2003 年
exp	− 0.0714 *** (− 4.12)	− 0.0832 *** (− 4.61)	− 0.1206 *** (− 4.05)	− 0.1184 *** (− 4.02)	− 0.0997 *** (− 4.17)
clr	0.0429 *** (2.69)	0.0367 *** (2.99)	0.0282 *** (2.82)	0.0321 *** (2.95)	0.0431 *** (2.81)
pcp	0.1563 *** (5.02)	0.0171 *** (2.61)	0.1475 *** (4.21)	0.1611 *** (4.72)	0.0669 *** (3.37)
olp	0.5342 *** (2.92)	0.0888 *** (2.60)	0.4545 *** (3.80)	0.4183 *** (3.71)	0.4945 *** (3.21)
mon	0.1206 *** (3.71)	0.1530 *** (3.04)	0.2380 *** (3.69)	0.2357 *** (2.92)	0.2319 *** (3.04)
sca	0.0342 *** (4.11)	0.0396 *** (3.86)	0.0492 *** (3.01)	0.0464 *** (5.11)	0.0295 *** (5.02)
npr	0.0019 *** (2.94)	0.0030 *** (2.68)	0.0025 *** (2.77)	0.0034 *** (2.83)	0.0031 *** (2.89)
中部地区	− 0.3669 *** (− 6.14)	− 0.4001 *** (− 5.24)	− 0.4004 *** (− 4.41)	− 0.3800 *** (− 4.69)	− 0.3738 *** (− 4.34)
西部地区	− 0.2242 *** (− 3.42)	− 0.2216 *** (− 3.56)	− 0.1965 *** (− 4.24)	− 0.2044 *** (− 3.11)	− 0.1802 *** (− 2.92)
常数项	2.1057 *** (7.57)	2.2771 *** (6.61)	2.2761 *** (8.08)	2.2932 *** (9.14)	2.3400 *** (8.24)
R^2	0.2718	0.2605	0.2477	0.2621	0.2643
调整后 R^2	0.2712	0.2599	0.2471	0.2615	0.2637

变量	2004 年	2005 年	2006 年	2007 年
fcc	0.2977 *** (3.05)	0.2902 *** (3.10)	0.3011 *** (3.27)	0.2649 *** (3.96)
dr	− 0.1295 *** (− 2.71)	− 0.1029 *** (− 3.10)	− 0.1215 *** (− 3.63)	− 0.1119 *** (− 3.82)
exp	− 0.1930 *** (− 5.04)	− 0.1593 *** (− 4.78)	− 0.1462 *** (− 4.74)	− 0.1431 *** (− 4.07)
clr	0.0193 *** (2.78)	0.0147 *** (2.92)	0.0121 *** (2.71)	0.0147 *** (2.67)
pcp	0.0114 *** (4.41)	0.0053 *** (4.02)	0.0028 *** (4.98)	0.0038 *** (4.32)

变量	2004 年	2005 年	2006 年	2007 年
olp	0.2693 *** (2.73)	0.3444 *** (3.81)	0.2625 *** (2.99)	0.1364 *** (3.01)
mon	0.2421 *** (3.49)	0.2416 *** (3.21)	0.2854 *** (3.08)	0.1833 *** (2.72)
sca	0.0468 *** (3.89)	0.0470 *** (2.98)	0.0531 *** (2.71)	0.0508 *** (3.07)
npr	0.0033 *** (2.96)	0.0027 *** (2.67)	0.0026 *** (2.90)	0.0019 *** (2.84)
中部地区	-0.3595 *** (-4.70)	-0.3173 *** (-3.87)	-0.3437 *** (-4.15)	-0.3825 *** (-4.68)
西部地区	-0.1651 *** (-3.80)	-0.1720 *** (-3.12)	-0.1360 *** (-4.90)	-0.1799 *** (-4.61)
常数项	2.5590 *** (7.09)	2.6247 *** (9.24)	2.7556 *** (6.05)	2.8926 *** (10.21)
R^2	0.2706	0.2417	0.2397	0.2274
调整后 R^2	0.27	0.241	0.2391	0.2268

注：*、**、*** 分别表示在 10%、5% 和 1% 的水平上显著。括号内为相应的标准误。
资料来源：中国工业企业数据库（1999 ~ 2007 年）。

（二）对企业间工资差距的分解结果

根据截面数据收入分解方程的回归结果，采用夏普利值对 1999 ~ 2007 年每年的基尼系数和泰尔指数进行分解，两种指标的分解结果不尽相同，但差别不大，说明分解结果具有良好的稳健性。模型对不平等指数的总解释度大多维持在 50% ~ 60%，说明模型具有较高的可信度，分解结果见表 4 - 7。

表 4 - 7 　　　　　　　　1999 ~ 2007 年企业工资差距的分解结果

变量	1999 年		2000 年		2001 年	
	基尼系数	泰尔指数 - L	基尼系数	泰尔指数 - L	基尼系数	泰尔指数 - L
dr	2.14	0.67	3.98	1.07	1.69	0.41
exp	0.53	-0.01	0.64	0.07	1.53	0.49
clr	17.56	20.14	15.14	20.12	13.24	21.73

续表

变量	1999 年		2000 年		2001 年	
	基尼系数	泰尔指数 – L	基尼系数	泰尔指数 – L	基尼系数	泰尔指数 – L
pcp	3.03	2.83	4.88	7.56	4.98	10.79
olp	4.48	6.45	0.97	2.12	5.16	11.93
mon	0.74	0.74	1.04	0.97	1.97	1.56
fcc	17.11	8.05	15.71	6.79	14.07	4.98
sca	2.24	2.18	2.85	3.07	3.90	3.29
npr	0.71	0.22	1.30	0.35	1.04	0.30
地区	9.69	4.11	10.06	4.05	9.28	0.96
总解释度	58.22	45.38	56.59	46.19	56.84	56.45

变量	2002 年		2003 年		2004 年	
	基尼系数	泰尔指数 – L	基尼系数	泰尔指数 – L	基尼系数	泰尔指数 – L
dr	12.86	5.59	1.10	0.38	2.65	0.78
exp	1.00	−0.29	1.31	0.46	2.70	0.89
clr	14.58	25.43	19.12	23.38	10.29	16.80
pcp	5.36	9.38	2.74	7.95	3.94	5.24
olp	4.80	10.67	6.55	15.22	3.35	5.04
mon	1.88	1.76	1.86	1.01	2.22	2.37
fcc	13.12	7.89	12.60	7.21	12.95	4.85
sca	3.54	3.32	2.62	2.06	4.92	5.30
npr	1.31	0.47	1.69	3.01	1.63	0.64
地区	8.26	3.78	8.88	4.55	8.13	3.27
总解释度	66.71	67.99	58.48	65.23	52.78	45.18

变量	2005 年		2006 年		2007 年	
	基尼系数	泰尔指数 – L	基尼系数	泰尔指数 – L	基尼系数	泰尔指数 – L
dr	2.08	0.61	2.57	0.46	2.16	0.57
exp	2.20	0.33	1.89	0.26	1.72	0.36
clr	7.70	10.50	7.06	10.83	8.68	13.66
pcp	1.96	2.58	1.89	2.02	2.14	1.05
olp	4.62	4.60	6.39	9.11	2.46	5.82
mon	2.17	1.66	2.59	1.20	2.45	1.30

变量	2005 年		2006 年		2007 年	
	基尼系数	泰尔指数 – L	基尼系数	泰尔指数 – L	基尼系数	泰尔指数 – L
fcc	13. 34	5. 30	13. 55	5. 41	11. 73	4. 98
sca	5. 38	4. 04	6. 56	4. 14	7. 23	4. 99
npr	1. 63	0. 70	1. 47	0. 48	1. 10	0. 40
地区	7. 68	3. 32	7. 33	3. 12	8. 83	4. 09
总解释度	48. 76	33. 62	51. 30	37. 04	48. 51	37. 22

资料来源：中国工业企业数据库（1999～2007 年）。

从表 4 – 7 中可以看出，本节所考察的 11 个变量对企业间工资差距的贡献率及其排序均发生了很大变化，这主要是由于本节所用数据覆盖的年份是 1999～2007 年，这期间中国一方面正经历着经济结构和经济体制快速转型，另一方面经历了亚洲金融危机、加入世界贸易组织等重大事件，由此使得各种经济变量、因素都在发生着巨大的变化。但总体而言，各个变量对企业间工资差距影响的变动趋势并未发生太大变化。具体到外商直接投资对企业工资差距的具体贡献而言，可以得到如下几点观察：（1）在考察期内外商直接投资对企业间工资差距的影响还是比较显著的，基尼系数的分解结果显示，外商直接投资对企业间工资差距的贡献度为 11%～17%；泰尔指数的分解结果显示其贡献度在 5%～8%，这一结果与表 4 – 4 中估算的结果差距不大。在考察的 11 个变量中，外商直接投资对企业间工资差距的贡献度排在第二位，仅次于资本劳动比的贡献。（2）从趋势上看，外商直接投资对企业间工资差距的贡献率表现为逐年下降的趋势，基尼系数的分解结果显示其贡献率从 1999 年的 17.11% 下降到 2007 年的 11.73%，下降了约 6 个百分点；泰尔指数的分解结果显示其贡献率从 8.05% 降至 4.98%，下降了约 3 个百分点。（3）对于这种下降的趋势，最直接的原因就是在考察期内受劳动力转移效应和技术溢出效应的双重影响，中国内外资企业间的工资差距在逐步下降，其间下降了 60% 以上。进一步的原因在于：一方面，2004 年以后外商直接投资的劳动力转移效应引起的内外资企业间的工资差距已经进入下降阶段，这意味着随着外商直接投资吸收劳动力规模的增加，内外资企业间的工资差距将会进一步降低；另一方面，中国从改革开放初期到 1999 年已经有近 20 年利用外商直接投资的历史，受外商直接投资企业技术溢出效应的影响，再加上各领域市场竞争的加剧，企业自主创新的活动和动力也在提升，内资企业的管理水平、技术水平也有了很大程度的提上，内外资企业间在管理和技术方面的差距在逐步缩小，因而两者之间的工资水平不断缩小。综合这两方面的因素，考察期内，外商直接投资对中国企业间总体工资差距的贡献率也在缩小。

就其他控制变量而言：（1）资本劳动比始终是对企业间工资差距贡献度最大的变量。基尼系数的分解结果显示，其贡献率在 13% ~ 20%；泰尔指数的分解结果显示，其贡献率在 8% ~ 17%。这意味着企业中资本和劳动的比例关系依然是决定工资水平进而决定企业间工资差距的最主要的因素。从趋势上看，其贡献率在下降。（2）总体上看，区域经济发展不平衡对企业间工资差距的贡献排在第三位，这反映了中国要素市场的发育依然不熟，劳动力流动的区域障碍始终存在（陈钊，2010）。（3）在考察期内，企业平均规模对企业间工资差距的贡献度一直在增大，其中基尼系数的分结果显示，其贡献度从 1999 年 2.24% 增加到 2007 年的 7.23%；泰尔指数的分解结果显示，其贡献率从 2.18% 增加到 4.99%，相对于小企业，大企业有能力提供更高的工资及优越的工资环境来吸引高素质的人才。不同规模企业之间的工资差距有越来越大的趋势说明规模经济越来越成为影响企业间工资差距的扩大的主要因素；而代表企业技术水平的全员劳动生产率对工资差距的贡献度一直不突出，这意味着企业间技术的差距是工资差距的影响因素之一，但不是主要原因。（4）与已有的研究明显不同，也与前面收入方程的估计结果不太一样，行政性垄断和自然垄断对企业间工资差距的贡献度很小，其中基尼系数的分解结果显示其为企业工资差距的 1% ~ 2.5%，泰尔指数的分解结果显示其贡献率在 1% ~ 2%。究其原因主要是本书所用的数据来源于中国工业企业数据库，所包含的样本企业大部分属于制造业，而中国的垄断行业多集中于非制造业，因此样本数据中包含的垄断企业很少，由此导致测度结果中垄断对企业间工资差距的贡献率不高。（5）出口对企业间工资差距的贡献并不高，意味着随着中国开放深度和广度的不断加大，出口给企业带来的"工资红利"已慢慢消失；新产品的比重对企业间工资差距的贡献率一直维持在较低的水平，原因可能是创新型企业在考察的样本中所占比重比较小，但这也意味着中国工业企业的创新意识和创新能力还有很大改进的空间；人均利润差异对工资差距所起的作用越来越小，意味着企业有可能通过挤占职工工资来获得更高的利润，这从侧面进一步检验了中国企业存在着"利润侵蚀工资"的事实。

第二节　基于工企数据的内外资企业间工资差距的分解分析

上一节利用夏普利分解的方法，定量测度了内外资企业间工资的差距，本节进一步使用核密度估计法、瓦哈卡—布林德分解的方法和分位数回归的方法，定量测度中国内外资企业间工资差距。

一、数据分析及研究方法

(一) 数据分析

本节所使用的数据依然是上一节得到的 1999 ~ 2007 年包含 12892 家企业 (其中内资 7726 家，外商直接投资 5166 家) 的平衡面板。工资估计方程以及解释变量也均与上一节相同，此处不再赘述。首先分两个时间段对内外资企业的企业特征进行统计比较，具体如表 4 - 8 所示。

表 4 - 8　　　　　　　　内资企业与外商直接投资企业的企业特征

变量	1999 ~ 2003 年		2004 ~ 2007 年	
	内资企业	外商直接投资企业	内资企业	外商直接投资企业
dr	62. 41	50. 85	63. 13	50. 18
exp	10. 47	50. 16	10. 62	50. 66
clr	198. 66	340. 22	351. 92	431. 66
pcp	7. 74	14. 46	15. 91	18. 86
olp	50. 46	81. 34	115. 34	128. 64
mon	0. 10	0. 014	0. 10	0. 013
sca	62226. 97	69154. 13	96422. 04	103287. 4
nrp	3. 71	2. 61	4. 58	3. 64

资料来源：中国工业企业数据库 (1999 ~ 2007 年)。

从表 4 - 8 中可以看出，两种类型的企业间存在着明显的特征差异，平均而言，外商直接投资企业比内资企业拥有更大的企业规模，更高的人均利润、资本密集度和生产率，以及更低的资产负债率，这些指标充分说明了外商直接投资企业的综合经营能力和经济获利能力均优于内资企业。外商直接投资企业产品出口的比重远远高于内资企业，这主要是由于大多数外商直接投资进入中国的主要动机是利用廉价的劳动力和原材料将其作为主要的出口基地。内资企业处于垄断行业的概率远远高于外商直接投资企业，本书所使用的数据来自制造业，垄断行业以资源型垄断为主，由于进入壁垒很高，外商直接投资很难进入这种被国有资本掌控的传统自然资源开采业。但内资企业的新产品比重稍高于外商直接投资企业，但一般认为外商直接投资在新产品的创新效率上更具有优势 (吴延兵，2012)，我们认为当外商直接投资刚进入中国，大多数内资企业均处于模仿阶段，此时的外商直接投资创新水平远远高于内资企业，但随着经济水平的不断提高及竞争的加剧，为吸引消费者和扩大需求，内资企业加大了自身的技术创新水平，而外商直接投资企业由于其本身大多居于行业的制高点，关键技术的内部化转移与依赖反而弱化了企业技术创新的可能（王华等，2010）。

核密度估计法（kernel density estimation）可以在不知道数据分布的先验知识以及不附加任何假定的情况下，通过规则区域中的点密度的空间变化来研究其数据的分布特征。图 4 – 2 显示的是内外资企业的对数工资分别在 1999~2003 年以及 2004~2007 年两个时期的核密度估计，从图中可以更好地看到工资分布及其动态演进过程。首先，内资企业与外商直接投资企业的工资分布形状十分相似，两个时期外商直接投资企业工资曲线整体位置均靠右且峰度低于内资企业，说明内资企业的工资低于外商直接投资企业且相对更加集中在低水平区间，内外资企业间有着明显的工资差距。其次，内外资企业各自的核密度曲线随着时间的推移均向工资水平更高的方向发生了平移，说明这两种类型企业的工资水平随着时间的变化都是在不断提高。

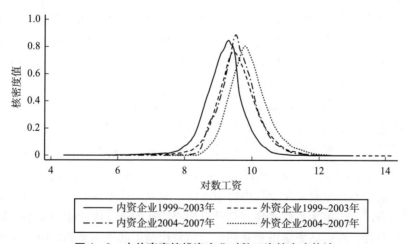

图 4 – 2　内外商直接投资企业对数工资核密度估计

数据来源：中国工业企业数据库（1999~2007 年）。

（二）分位数回归

考虑到最小二乘法估计结果仅是平均意义上的，且容易受到极端值的影响，本节首先使用分位数回归的方法来分别估计各企业特征变量对内外资企业工资水平的影响。传统的线性回归只对条件均值进行估值，而分位数回归的方法不仅关注解释变量的条件均值水平，还能够估计出条件分布在各分位点的函数，给出被解释变量更加完整的条件分布特征。分位数回归的基本想法由科恩克和巴塞特

（Koenker & Bassett，1978）首先提出，与普通最小二乘法不同的是，分位数回归是根据被解释变量的条件分布来拟合自变量的线性函数，将残差绝对值的加权平均作为最小化目标函数，不仅消除了极端值的影响，更为稳健（蒋为和黄玖立，2014），还可以对不同分布位置上的企业工资受各特征变量影响的情况进行更详细的说明。

假设条件分布 y/x 的第 τ 个分位数 $y_{\tau}(x)$ 是 x 的线性函数，即：

$$y_{\tau}(x_i) = x_i'\beta_{\tau} \tag{4-3}$$

通过上式可求出第 τ 个分位数回归方程系数 $\hat{\beta}_{\tau}$：

$$\hat{\beta}_{\tau} = \underset{\beta_{\tau} \in R^k}{\mathrm{argmin}} \left\{ \sum_{i \in (i \mid y_i \geq x_i'\beta_{\tau})} \tau \mid y_i - x_i'\beta_{\tau} \mid + \sum_{i \in (i \mid y_i \geq x_i'\beta_{\tau})} (1-\tau) \mid y_i - x_i'\beta_{\tau} \mid \right\}$$

$$\tag{4-4}$$

（三）瓦哈卡—布林德分解和分位数分解

瓦哈卡—布林德（Oaxaca & Blinder，1973）在回归方程的基础上将两个不同组群的收入差异分解为可解释部分和不可解释部分。可解释部分称为特征差异，是由群体中个体的特征禀赋差异造成的，不可解释部分称为系数差异或者禀赋的回报差异，一般是由于制度、歧视等不可测的因素导致的。该方法最早是应用于性别工资差异的研究，现在已经被广泛地应用于劳动力市场上不同群组间收入差异的研究。用公式表示为：

$$D = \ln\overline{w}_f - \ln\overline{w}_d = [\overline{x}_f - \overline{x}_d]\hat{\beta}_d + [\hat{\beta}_f - \hat{\beta}_d]\overline{x}_f \tag{4-5}$$

其中，D 在本节中表示内外资企业间的平均工资差异，下标 f 和 d 分别表示外商直接投资企业和内资企业，$\ln\overline{w}$ 表示对数工资，$\overline{x}$ 表示企业工资决定方程的解释变量，$\hat{\beta}$ 表示最小二乘法估计的企业特征报酬率向量。等式右边第一项为特征差异，是外商直接投资企业和内资企业由于企业特征不同带来的差异，是市场作用的结果；第二项为系数差异，是具有相同特征的企业由于报酬率不同体现在工资上的差异，可以认为是由企业制度、运营机制等其他不可测的因素导致的。

瓦哈卡—布林德分解所关注的也只是均值差异，为了弥补瓦哈卡—布林德方法无法分解不同分位点上的工资差距的缺陷，本节还使用了分位数分解方法对内外资企业工资的条件分布进行分解。分位数分解的方法有多个版本，本书使用的是应用最广泛的反事实工资分布方法（M－M法）。该方法是由马查多和马塔（Machado & Mata，2005）提出，在条件分位回归估计工资条件分布的基础上搭配自体重复抽样，通过构造反事实的工资分布，并与实际的工资分布进行比较。与瓦哈卡－布林德分解类似，同时考虑了部门特征分布差异和特征报酬率的不同对工资差异的影响，将群组之间的工资差异分解为特征差异和系数差异。具体来说，先从 U[0, 1] 均匀分布抽取一个随机样本，再利用概率积分变换定理和条件分位函数与总体分位函数的一致性，生成带有协变量的工资边际密度函数，用于构造所需的反事实工资分布（郭继强等，2011）。

二、分位数回归结果

表4-9显示的是根据内外资企业的工资决定方程所得出的，1999~2007年内资企业和外商直接投资企业的分位数面板回归结果，此处选择了有代表性的0.1、0.25、0.5、0.75和0.9作为分位点。实证结果表明，不论是内资企业还是外商直接投资企业，随着分位数的增大，R^2值也在变大，这说明工资方程对处于高分位数的企业工资解释度更高，在75%和90%两个高分位数，所有的解释变量均在1%的统计水平上显著。尽管在不同的分位数下各变量的回归结果大体一致，但个别变量也存在着明显的差异。

表4-9　　　　　　　　内外资企业工资决定方程的分位数回归结果

变量	0.1		0.25		0.5		0.75		0.9	
	内资企业	外商直接投资企业	内资企业	外商直接投资企业	内资企业	外商直接投资企业	内资企业	外商直接投资企业	内资企业	外商直接投资企业
dr	−0.209 *** (−2.86)	−0.061 *** (−2.90)	−0.183 *** (−2.74)	−0.100 *** (−2.95)	−0.166 *** (−2.84)	−0.097 *** (−2.81)	−0.155 *** (−2.94)	−0.052 *** (−2.82)	−0.169 *** (−2.93)	−0.015 * (−2.34)
exp	0.412 *** (3.90)	−1.031 *** (−4.58)	0.443 *** (2.97)	−1.324 *** (−3.34)	0.036 (0.85)	−1.549 *** (−3.71)	−0.554 *** (−2.99)	−1.927 *** (−3.78)	−1.180 *** (−4.02)	−2.159 *** (−5.91)
clr	0.767 *** (2.87)	0.144 *** (2.91)	0.188 *** (3.04)	0.208 *** (2.83)	0.270 *** (2.94)	0.303 *** (3.51)	0.404 *** (2.90)	0.370 *** (2.81)	0.508 *** (2.92)	0.456 *** (2.99)
pcp	0.017 (1.23)	1.261 *** (4.76)	−0.004 (1.12)	1.523 *** (4.53)	0.063 (1.02)	1.635 *** (3.89)	0.319 *** (3.22)	0.950 *** (4.07)	0.395 *** (3.82)	0.302 *** (2.97)
olp	−0.032 (−0.85)	0.844 *** (3.62)	−0.2954 * (−1.71)	1.1755 *** (5.28)	0.4154 *** (4.34)	3.723 *** (3.50)	3.209 *** (4.23)	10.292 *** (6.02)	8.666 *** (5.12)	16.090 *** (3.29)
mon	0.265 *** (2.75)	−0.005 (−0.81)	0.247 *** (2.97)	−0.037 (−0.79)	0.222 *** (2.93)	−0.117 *** (−2.81)	0.205 *** (2.92)	−0.165 *** (−2.76)	0.148 *** (2.85)	−0.100 *** (−2.95)
fcc	0.441 *** (3.06)	0.407 *** (2.99)	0.396 *** (3.54)	0.397 *** (3.11)	0.429 *** (3.33)	0.342 *** (3.29)	0.434 ** (1.99)	0.246 *** (2.98)	0.340 *** (3.40)	0.108 *** (2.95)
sca	0.366 *** (2.68)	0.171 *** (2.71)	0.285 *** (2.77)	0.210 *** (3.02)	0.218 *** (2.89)	0.213 *** (2.84)	0.240 *** (2.91)	0.205 *** (2.93)	0.212 *** (2.80)	0.243 *** (2.79)
中部地区	−0.390 *** (−5.05)	−0.380 *** (−4.18)	−0.392 *** (−4.22)	−0.383 *** (−5.35)	−0.356 *** (−3.12)	−0.385 *** (−3.03)	−0.298 *** (−3.57)	−0.335 *** (−3.03)	−0.294 *** (−4.41)	−0.319 *** (−4.35)
西部地区	−0.180 *** (−2.82)	−0.179 *** (−2.98)	−0.174 *** (−2.88)	−0.218 *** (−2.84)	−0.177 *** (−2.78)	−0.268 *** (−2.75)	−0.159 *** (−2.88)	−0.274 *** (−2.74)	−0.187 *** (−2.79)	−0.251 *** (−2.94)

变量	0.1		0.25		0.5		0.75		0.9	
	内资企业	外商直接投资企业	内资企业	外商直接投资企业	内资企业	外商直接投资企业	内资企业	外商直接投资企业	内资企业	外商直接投资企业
常数项	8.534 *** (7.41)	8.763 *** (8.04)	8.826 *** (9.41)	9.136 *** (10.05)	9.094 *** (6.88)	9.449 *** (7.89)	9.324 *** (5.97)	9.709 *** (8.42)	9.573 *** (9.13)	9.952 *** (8.68)
R^2	0.153	0.1142	0.1717	0.1369	0.1832	0.1734	0.1988	0.2137	0.2113	0.247
样本数	68492	47536	68492	47536	68492	47536	68492	47536	68492	47536

注：* 、** 、*** 分别表示在 10% 、5% 和 1% 的水平上显著。括号内为相应的标准误。
资料来源：中国工业企业数据库（1999 ~ 2007 年）。

具体来说，内资企业的资本劳动比在 10% 分位数和 90% 分位数的回归系数为正且明显高于其他分位数，意味着位于工资分布两端的内资企业工资更易受资本劳动比的影响，而对外商直接投资企业而言资本劳动比的系数则随着分位数的变大而增大，这说明对于能够提供高水平工资的外商直接投资企业来说，资本劳动比对工资的影响作用更大。具体分析，位于工资分布 10% 分位数的内资企业的工资水平受资本劳动比的影响最大，这是由于处于该分位数的企业大多是属于以吸引廉价劳动力为主的劳动力密集型产业，人均资本稍有提高必然会促使劳动边际产出大幅度提高，因此对工资的提升作用很明显。而位于工资分布 90% 分位数的内资企业和外商直接投资企业大多生产的产品以资本密集型产品为主，资本劳动比的增加很可能是资本取代劳动的结果，这会带来生产率的快速增长，并进一步促进工资的快速提升。

人均利润的回归系数在内资企业低分位数上为正但均不显著，而在 75% 和 90% 两个高分位数的系数不仅显著且系数值也明显增大，与内资企业相反的是随着分位数的增大，外商直接投资企业人均利润的回归系数不断减小，也就是"利润侵蚀工资"的现象在提供较低工资水平的内资企业和较高工资水平的外商直接投资企业比较严重，利润的提高对这两种类型企业工资水平的增长影响不大。

出口对工资水平较低的内资企业影响显著为正。对于这类企业来说，出口带来的利润租金可以在企业与劳动者之间分享，但随着分位数超过 50% ，出口的回归系数急剧下降甚至变成负值，意味着对工资水平较高的内资企业而言，出口的增长不但不会促进工资的提高反而还会引起工资的下降。与之类似的是，外商直接投资企业的出口对工资的影响在五个分位数上均显著为负，且随着分位数的增大，其系数的绝对值也在不断增大。我们认为对于工资水平较高的内资企业和外商直接投资企业而言，生产率和资本的密集度都具有较高的水平，出口的商品多为技术密集型或资本密集型，也不需要压低工资水平来提供出口竞争力，因此出口对这些企业的影响不大，而工资水平较低的内资企业出口的商品多为劳动密集型，因此出口对这类企业的工资水平有较显著的正向影响。

全劳动生产率对内外资企业的工资水平均有显著的影响，且系数值均随着分位数的增大而变大。这与预期的结果一致，一般来说愿意且能够提供高水平工资的企业，不管是内资企业还是外商直接投资企业，高技能劳动者所占的比例都比较高，由于高技能劳动力具有较高的工资谈判能力，高低生产率的企业之间存在着不同的工资契约形式，因此越是工资高的企业，生产率与工资的同步性也就越强（杨继东和江艇，2012）。

是否处于垄断行业对内资企业的工资水平有着显著为正的影响，中国垄断行业的明显特征是以行政垄断为主，行政垄断背后意味着政府的干预、控制和保护，在中国现行的分配体制下，垄断收益和垄断利润大部分转变成员工的收入和福利，因而位于垄断行业的内资企业能够提供比其他企业更高的工资。但随着分位数的增加，内资企业垄断行业的回归系数值不断减小，意味着是否处于垄断行业对位于工资分布顶端的内资企业工资水平的影响远远小于位于工资分布低端的内资企业，这是由于相对于没有从体制、机制等方面形成招揽优秀人才良好环境的垄断行业，处于竞争行业的内资企业在决定提供较高工资水平时，劳动者的人力资本应该是最关键的决定因素，因此，垄断行业的工资水平虽然依旧相对较高，但对工资水平处于高分位数企业的影响程度大大减弱。是否处于垄断行业对外商直接投资企业工资水平的影响为负，且10%和25%两个低分位数的系数不显著。这说明处于垄断行业的外商直接投资企业的工资水平要低于处于竞争行业的外商直接投资企业，这可能是由于对于一些传统垄断行业，如石油加工、炼焦及核燃料加工业以及黑色、有色金属冶炼及压延加工业，外商直接投资进入的门槛较高且在行业中所占的比重极低，获得自然资源开采权和勘探权的成本极高，不仅很难与国企竞争，与其他处在竞争行业的外商直接投资企业相比竞争优势也很低，很难给职工提供较高的工资。

不论是内资企业还是外商直接投资企业，资产负债率在所有分位数上的系数均显著为负，资产负债率代表企业的财务状况，资产负债率越高意味着企业的财务状况越差、风险越高，进而也就没有能力和动力为员工提供高工资。尤其是这两种类型的企业中位于工资分布低端的企业，其资产负债率回归系数的绝对值要高于其他工资水平居于高分位数的企业，意味着工资水平越低的企业，负债水平对劳动者薪资的影响越大。以东部地区为参照组，中部地区和西部地区对企业工资的影响均显著为负，且系数的大小变化不大。由于中国地区经济发展的不平衡，中西部地区的经济发展水平明显滞后于东部地区，再加上投资环境、市场环境以及政策因素的影响，导致企业的整体效益不高，工资水平必然低于东部地区。

企业规模对内外资企业工资水平的影响均为正，企业规模越大则越有可能利用规模经济的优势引进先进技术、吸纳高素质的劳动力，提供给员工相对较高的工资。内资企业各个分位数的回归系数变化不大，但外商直接投资企业随着分位数的增大，企业规模的回归系数不断减小，在90%分位数上的系数值远远小于其他低分位数以及同工资水平的内资企业，该结果说明企业规模对处于工资分布顶端的外商直接投资企业的工资水平影响较小。这可能是由于处于分布顶端的外商直接投资企业其自身的规模本身就比较大，因此规模的增大对工资的影响不明显。

新产品比重在内外资企业各个分位数的回归系数也都显著为正，但有趣的是随着分位数的增大，新产品比重对内外资企业工资水平的影响程度是相反的，内资企业低分位数的回归系数要高于高分位数，而外商直接投资企业高分位数的回归系数要明显高于低分位数。对外商直接投资企业的回归结果很容易解释，工资水平较高的外商直接投资企业大多具有较高的科研和创新能力，也愿意提供较高的工资来鼓励创新。关于新产品的比重对工资水平较低的内资企业的工资水平也具有较大的影响，我们认为位于工资分布底端的企业大多以劳动力密集型的低端制造业为主，生产的产品技术含量低且商品的同质化现象严重，产品创新成为吸引消费者、抢占市场最重要的手段之一，新产品创新比重的提高在增加企业整体效益的同时也会带来工资水平的大幅度提升。

三、具体的分解结果

（一）瓦哈卡—布林德分解结果

表4-10显示了使用瓦哈卡—布林德方法对外商直接投资部门与内资部门间的工资差异进行分解的结果。从表中可以看出，内外资企业间存在着非常显著的工资差异，但呈现出不断缩小的态势，1999年内外资部门间的工资差异最大为0.453，也就是说外商直接投资部门的工资水平平均比内资企业高出57.3%，2007年两部门间的差异值降至0.259，外商直接投资部门的平均工资水平比内资企业高出29.56%。对于内外资企业间工资差距不断缩小的态势，我们认为，一方面，进入21世纪以来，中国的劳动力市场由于受到产业结构的转型升级以及人口增长模式与结构的改变等因素的影响，劳动力的供求关系已发生根本性的变化，原本提供较低工资水平的内资企业不得不提高其工资水平来吸引劳动力；另一方面，随着中国整体经济发展水平的不断提高和市场竞争的日益加剧，内资企业的技术水平和管理水平均相较之前有了大幅度的提升，内外资企业在生产效率、生产规模和利润水平等方面的差距逐渐缩小，进而缩小了工资间的差距。在

考察期的初始阶段，单纯由企业特征的差异所引起的工资差距占总差距的比重约有20%，2000年最高达到27.59%，但随后该比重不断下降，2007年降至 -8.88%。这一方面表明内资企业综合实力的提高使得内外商直接投资企业在资本投放、规模和利润等方面的差距越来越小，甚至反超外商直接投资企业；另一方面也说明两种类型的企业间特征变量的不同并不是导致内外商直接投资企业间工资差距过大的主要原因。

表4－10　　　1999～2007年内外资企业的瓦哈卡—布林德分解结果

变量	1999 年				2000 年			
	差异值	比例	特征差异比例	系数差异比例	差异值	比例	特征差异比例	系数差异比例
dr	0.080	17.61	3.00	14.61	0.128	30.02	5.19	25.00
exp	-0.060	-13.18	-7.37	-5.81	-0.072	-16.94	-6.37	-10.61
clr	0.106	23.40	11.13	12.27	0.064	15.07	14.39	0.71
pcp	0.015	3.31	0.31	3.00	0.021	5.01	2.83	2.12
olp	-0.004	-0.94	4.42	-5.36	0.008	1.93	0.71	1.18
mon	-0.022	-4.79	-2.25	-2.54	-0.021	-4.90	-2.83	-2.12
area	0.026	5.74	13.07	-7.33	0.031	7.38	13.68	-6.37
sca	-0.018	-3.98	0.68	-4.66	-0.010	-2.33	0.71	-3.07
npr	-0.005	-1.19	-0.46	-0.73	-0.005	-1.11	-0.71	-0.47
常数项	0.335	74.02	0.00	74.02	0.280	65.86		66.04
总计	0.453	100	22.52	77.40	0.424	100	27.59	72.41
变量	2001 年				2002 年			
	差异值	比例	特征差异比例	系数差异比例	差异值	比例	特征差异比例	系数差异比例
dr	0.139	37.27	2.95	34.32	0.089	24.45	1.92	22.53
exp	-0.088	-23.59	-10.99	-12.60	-0.107	-29.40	-11.54	-17.86
clr	0.033	8.85	11.26	-2.41	0.021	5.77	11.54	-5.77
pcp	0.024	6.43	2.68	3.75	0.017	4.67	3.85	0.82
olp	0.031	8.32	3.49	4.83	0.027	7.42	3.57	3.85
mon	-0.026	-6.97	-5.09	-1.88	-0.026	-7.14	-5.22	-1.92
area	0.040	10.73	14.75	-4.02	0.035	9.62	15.11	-5.49
sca	-0.009	-2.42	0.80	-3.22	-0.003	-0.83	0.82	-1.65

续表

变量	2001 年				2002 年			
	差异值	比例	特征差异比例	系数差异比例	差异值	比例	特征差异比例	系数差异比例
npr	−0.008	−2.14	−0.80	−1.34	−0.007	−1.92	−1.37	−0.55
常数项	0.237	63.54		63.54	0.318	87.36	0.00	87.36
总计	0.373	100	19.03	80.97	0.364	100.00	18.68	81.32

变量	2003 年				2004 年			
	差异值	比例	特征差异比例	系数差异比例	差异值	比例	特征差异比例	系数差异比例
dr	0.143	40.37	2.10	38.27	0.049	15.41	5.45	9.96
exp	−0.116	−32.92	−12.06	−20.86	−0.126	−39.80	−23.06	−16.74
clr	0.037	10.51	9.69	0.82	0.019	5.96	6.00	−0.04
pcp	0.017	4.70	3.15	1.55	0.030	9.39	2.47	6.92
olp	0.023	6.38	4.00	2.38	0.038	12.00	1.53	10.47
mon	−0.027	−7.68	−5.72	−1.96	−0.026	−8.10	−6.27	−1.83
area	0.009	2.54	14.70	−12.16	0.012	3.82	15.05	−11.23
sca	−0.014	−4.05	0.67	−4.72	−0.006	−2.05	1.28	−3.33
npr	−0.008	−2.13	−1.14	−0.99	−0.005	−1.51	−1.06	−0.45
常数项	0.291	82.31	0.00	82.31	0.332	105.11	0.00	105.11
总计	0.353	100.00	15.30	84.70	0.316	100.00	1.27	98.73

变量	2005 年				2006 年			
	差异值	比例	特征差异比例	系数差异比例	差异值	比例	特征差异比例	系数差异比例
dr	0.023	7.46	4.42	3.04	0.0364	11.84	5.34	6.50
exp	−0.103	−33.78	−19.83	−13.95	−0.066	−21.54	−14.30	−7.24
clr	0.003	0.92	4.49	−3.57	0.0241	7.82	5.31	2.51
pcp	0.025	8.21	0.80	7.41	0.0132	4.29	0.05	4.24
olp	0.023	7.55	2.06	5.49	0.0259	8.43	0.60	7.83
mon	−0.024	−7.81	−6.51	−1.30	−0.028	−9.10	−7.03	−2.07
area	0.042	13.93	15.06	−1.13	−0.001	−0.39	13.04	−13.43
sca	−0.001	−0.25	1.05	−1.30	−0.000	−0.08	0.78	−0.86
npr	−0.004	−1.28	−0.77	−0.51	−0.007	−2.22	−1.10	−1.12

续表

变量	2005 年				2006 年			
	差异值	比例	特征差异比例	系数差异比例	差异值	比例	特征差异比例	系数差异比例
常数项	0.320	105.08	0.00	105.08	0.310	100.96	0.00	100.96
总计	0.305	100.00	0.66	99.34	0.308	100	−2.68	97.32

变量	2007 年			
	差异值	比例	特征差异比例	系数差异比例
dr	0.048	18.65	6.20	12.45
exp	−0.096	−37.14	−24.60	−12.54
clr	−0.030	−11.49	0.37	−11.86
pcp	0.035	13.61	0.11	13.50
olp	0.011	4.31	1.50	2.81
mon	−0.031	−11.79	−9.65	−2.14
area	0.040	15.42	17.05	−1.63
sca	0.026	10.08	1.44	8.64
npr	−0.007	−2.73	−1.37	−1.36
常数项	0.262	101.01	0.00	101.01
总计	0.259	100.00	−8.88	108.88

资料来源：中国工业企业数据库（1999～2007 年）。

　　具体到各分解变量，资产负债率是影响内外商直接投资工资差距的最主要变量，由资产负债比引起的工资差异在总差异中所占的比重在绝大多数年份中一直居于所有考察变量的首位，2003 年达到最大值 40.37%，而其中系数差异所占的比例远远高于特征差异，这说明外商直接投资企业与内资企业的资产负债率原本并无太大差别，但外商直接投资企业同样的负债率能带来更高的回报率。一般来说，债权人与股东之间的代理成本是影响企业资产负债比率最大的因素（Jensen & Meckling，1976），代理成本包括监督成本、约束成本和剩余损失。对外商直接投资企业来说，跨国经营面临的语言、文化、法律制度等方面的差异会产生更高的监督成本和约束成本，因而国外债权人对代理人监督的严格程度会远远高于国内企业（张珈铭，2009），这也就解释了为什么外商直接投资企业的资产负债率可以带来远高于内资企业的回报率。

　　在考察期的初始阶段，资本劳动比所引起的工资差异在内外资企业工资总差异中也占有较高的比重，1999 年达到 23.4%，而其中特征差异的比重占到

11.3%，这说明在这一阶段外商直接投资企业相比内资企业拥有更高的资本劳动比。根据已有研究，工资是衡量资本劳动比这一要素禀赋结构的最主要指标（俞炜华和秦波涛，2006）。但随着内资企业资本投入的不断增加，内外资企业间资本劳动比的差距不断缩小，2007年甚至变成负值，这说明内资企业资本密集度已渐渐赶上甚至超过外商直接投资企业，该变量对内外资企业间工资差距的贡献率由正变成负。

出口引起的工资差异在内外资工资总差异中占有很大的比重，且特征差异和系数差异所占的比值都比较大，但均为负值。这一方面反映出随着中国加入WTO和开放程度的不断提高，再加上外商直接投资企业带来的出口示范效应、竞争效应等等因素均促进了中国内资企业出口倾向表现出不断上升的趋势，甚至超越外商直接投资企业；另一方面，出口倾向较高的内资企业愿意为员工支付较高的工资这一结论也与已有的大多数研究结果相一致，即出口企业有能力为其员工支付更高水平的工资（Bernard & Jensen，2004）。

人均利润引起的工资差异在内外资企业工资总差异中所占比重呈现出上升的趋势，由1999年的3.31%升至2007年的13.61%，具体主要是由系数差异的快速上涨引起的，而特征差异则出现了略微下降，这意味着内外资企业间的人均利润在数值上已差别不大，但外商直接投资企业人均利润的回报率表现在工资上则远远高于内资企业。根据利润分享模型，企业的利润越高越愿意为其员工提供较高工资（Kahneman et al.，1986），内资企业人均利润较高而工资报酬率相对较低则说明，中国企业"利润侵蚀工资"的现象仍比较严重。

地区因素对内外资企业工资差异的贡献度也比较大，考察期内所引起的差异占总差异的比重平均约为8%。地区的特征差异所占的比重远高于系数差异，这主要是由于中国东部沿海地区经济发展水平高、基础设施良好、交通便利、自然环境适宜以及为外商直接投资提供的优惠财税等优异条件吸引了绝大多数外商直接投资企业落户。

由全员劳动生产率引起的工资差异波动稍大，平均值约为6%，前期特征差异所占的比重稍高，后期系数差异所占的比重稍高。特征差异的下降表明随着经济的发展和市场竞争的加剧，中国内资企业不断加大对自身的研发投入再加上外商直接投资企业对内资企业的技术溢出效应的作用，内资企业的生产率水平日益提高，内外资企业间的技术差距明显缩小。系数特征的上升则说明内资企业生产率水平的提高未能充分体现在工资上，因此外商直接投资部门生产率水平的回报率体现在工资水平上会高于内资企业。

与出口一样，垄断因素对内外资企业工资差距的贡献也为负，意味着该变量具有缩小内外资企业工资差距的作用，且影响程度不断提高，2007年数值升至11.79%。具体来看，垄断对工资差异的影响作用主要是由特征差异引起的，说明内资企业处于垄断行业的比例远高于外商直接投资企业，这主要是由于较高的进入壁垒使得外商直接投资很难进入一些垄断行业，而位于垄断行业的内资企业则大多为大企业或国有企业，根据有效工资理论，由于大企业内部的信息不对称程度较高，企业需支付更高的工资来激励员工以降低监督成本。

企业规模和新产品比重两个变量对内外资企业间的工资差异影响作用不大且均为负，特征差异和系数差异也相差无几，即总体来说，内外资企业在企业规模和新产品比重上表现相当，且内资企业更胜一筹，对内外国资企业间的工资差距具有些许缩小的作用。

（二）分位数分解结果

表 4 – 11 显示的是 1999 ~ 2007 年内外资企业工资差异的分位数分解结果。从整体来看，内外资企业间工资在各个分位数上的总差异随着时间的推移呈现出逐渐变小的态势，这个结果与瓦哈卡—布林德分解的结果相一致，内外资企业间的工资差距的确是在不断缩小，但差异值依然明显较高，如 2007 年各个分位数平均来说，外商直接投资企业的工资水平大约高出内资企业 30% 左右。从整个收入分布区间来看，在考察期的初始阶段，内外资企业间工资的总差异随着分位数的增大而增大，也就是低分位数上的总差异要小于高分位数，如 1999 年，10% 分位数的总差异为 0.372，90% 分位数上的总差异为 0.593。随着时间的推移，虽然各分位数的差异值都在减小，但高分位数的差异值减小的幅度更大，从 2006 年开始，位于 10% 分位数的总差异值已超过 90% 分位数。说明位于工资分布顶端的内外资企业间工资差距的大幅度缩小是造成两种类型企业间工资总差异缩小的主要原因。这是由于处在工资分布顶端的内资企业或者实力雄厚或者处于产业链的高端或者以高新产业为主，随着经济的发展和竞争的加剧，它们的规模、资金、研发、管理、营销等方面与同等水平外商直接投资企业的差距越来越小，工资水平也在不断提高以吸引高素质的人才，因此与外商直接投资企业间的工资差异越来越小。

表 4 – 11　　　　1999 ~ 2007 年内外商直接投资企业的分位数分解结果

分位数	1999 年			2000 年			2001 年		
	总差异	特征差异比例	系数差异比例	总差异	特征差异比例	系数差异比例	总差异	特征差异比例	系数差异比例
0.1	0.372	32.26	67.74	0.388	42.01	57.99	0.353	41.64	58.36
0.25	0.393	30.53	69.47	0.369	43.63	56.10	0.320	48.13	51.88
0.5	0.420	33.33	66.90	0.368	42.12	57.88	0.312	42.63	57.37

1999 年				2000 年			2001 年		
分位数	总差异	特征差异比例	系数差异比例	总差异	特征差异比例	系数差异比例	总差异	特征差异比例	系数差异比例
0.75	0.487	35.32	44.15	0.427	40.98	59.02	0.376	38.03	61.70
0.9	0.593	48.06	51.94	0.529	50.85	49.15	0.473	48.20	51.80

2002 年				2003 年			2004 年		
分位数	总差异	特征差异比例	系数差异比例	总差异	特征差异比例	系数差异比例	总差异	特征差异比例	系数差异比例
0.1	0.317	53.94	46.06	0.349	50.43	49.57	0.257	40.86	59.14
0.25	0.296	48.99	51.01	0.295	47.12	52.88	0.270	35.93	64.44
0.5	0.301	36.88	63.12	0.281	43.06	56.94	0.296	18.24	81.76
0.75	0.373	31.37	68.63	0.354	30.23	69.77	0.331	8.46	91.84
0.9	0.474	39.87	60.13	0.432	39.81	60.19	0.368	19.02	81.25

2005 年				2006 年			2007 年		
分位数	总差异	特征差异比例	系数差异比例	总差异	特征差异比例	系数差异比例	总差异	特征差异比例	系数差异比例
0.1	0.280	41.07	58.93	0.320	26.56	73.13	0.295	49.49	50.51
0.25	0.256	34.38	65.63	0.281	24.91	75.09	0.274	37.23	62.77
0.5	0.287	15.68	84.32	0.270	9.63	90.37	0.245	17.55	82.45
0.75	0.311	3.86	96.14	0.281	−7.47	107.47	0.271	0.00	100.00
0.9	0.330	9.70	90.30	0.311	−12.22	112.22	0.288	−5.21	105.21

资料来源：中国工业企业数据库（1999~2007 年）。

就特征差异在总差异中所占的比重而言，10% 和 25% 两个低分位数的特征差异所占的比重随着时间的推移虽有些许波动，但整体呈现出增大的趋势，而 50% 、75% 和 90% 三个高分位数特征差异的比重则是不断缩小，甚至出现了负值。这个结果说明在工资分布的底端内外资企业间由于企业特征差异引起的工资差异依然占有相当大的比重且在增大，而在工资分布的高端，单从企业特征来看这两种类型企业已相差无几。正如上文所提，处在工资分布高分位数的内资企业整体实力已与同等水平的外商直接投资企业相当。至于为什么位于工资分布低端的内资企业与外商直接投资企业之间的特征差异在不断增大，我们认为随着中国产业结构的调整升级和本土企业软硬实力的提升，粗放型的低端外商直接投资企业已难以为继，迫使低端外商直接投资企业不断加大资本投入、科研投入以增强自身的竞争力，对于以劳动力密集型产品为主的低端内资企业很难与具有资本和技术优势的外商直接投资企业相抗衡。

与特征差异相反，高分位数的系数差异在总差异中所占的比重大幅度上升，这说明处在高分位数的外商直接投资企业虽在企业特征方面表现相当，但优异的企业制度、高水平的管理以及良好的人才引进机制使得外商直接投资企业具有更高的整体效益水平，而这种效益必然会在工资水平上有所体现，这也是造成内外资企业高分位数工资差异的主要原因。考察期内 10% 和 25% 的两个低分位数的系数差异在总差异值所占的比重并未发生明显的变化。

第三节　基于上市公司数据的内外资企业间工资差距的分解分析

上一节使用瓦哈卡—布林德分解的方法和分位数回归分解的方法，基于工业企业数据库定量测度中国内外资企业间工资差距。工业企业数据库在样本数量、统计指标等方面具有显著的优势，但由于其考察期较早，从 2007 年至今我国的经济发展形势发生了很大的变化，因此该数据在时效性方面有一定的劣势。为此，本节使用更具时效性、时间序列更长的上市公司数据重新对我国内外资企业间工资差距进行分解，以考察工资差距是否会随着经济发展阶段的变化而变化，主要的影响因素是否也会随之变化。

一、数据分析

本节选取 2000～2020 年中国沪深两市 A 股上市公司作为研究样本，数据均来自 CSMAR 数据库和 WIND 数据库。将所有企业按所有制性质划分为内资企业和外资企业两类。划分方法同时根据研究需要进一步对样本进行了如下处理：（1）剔除金融业、农、林、牧、渔业等报表结构与其他行业有较大差异的样本，仅保留工业行业的样本；（2）为保证数据质量和估计结果的稳健，剔除缺失值严重的样本；（3）剔除亏损巨大、财务状况异常、有退市风险的特别处理（ST）和特别转让（PT）的上市公司样本；（4）为降低极端值对参数估计的影响，根据变量的分布情况图，对工资在 1% 和 99% 分位进行了 winsor 处理。最终获得 38564 个样本观测值。

回归模型设定依然沿用公式（4-1），W 为被解释变量，是企业员工的年平均工资，该变量采用企业的应付职工薪酬与企业从业人数之比来表示。主要解释变量和控制变量包括：fcc 为虚拟变量，外资企业取值为 1，否则取值 0，该指标是核心解释变量。控制变量包括：tfp 为企业的全要素生产率，反映企业的综合生产水平，本书采用 OP 法来进行计算；dr 为资产负债率，是企业负债总额与资产总额的比率，反映企业经营活动的能力；clr 为企业的资本劳动比，是企业的资产总额与从业者人数的比值，反映了单个劳动力所需要的资本配置，可以用来判断企业的类型（劳动密集型或资本密集型）；roa 为总资产净利润率，采用净利润与总资产平均余额的比值表示，该指标可用来评价企业的经济效益状况；sca 是企业规模，用企业的资产总值的对数表示，该指标可以从资源占用的角度反映企业的经营能力；capint 是企业的资本密集度，采用固定资产与总资产的比值表示，反映企业现有资产的真实情况；TobinQ 是企业的托宾 Q 值，反映了企业的投资水平；cashflow 为企业现金流量比率，采用经营活动产生的现金流量净额与总资产的比值表示，反映企业的财务弹性；fa 为公司成立年限，用当年年份减公司成立年份再加一后取对数表示。表 4 - 12 显示了主要变量的特征描述性统计。

表 4 - 12 主要变量的描述性统计

变量	样本量	平均值	标准差	最小值	最大值
W	38564	9.227	1.148	5.195	11.946
fcc	38564	0.448	0.497	0	1
tfp	38564	6.997	0.961	4.897	9.49
dr	38564	0.435	0.201	0.053	0.875
clr	38564	14.339	1.027	12.275	17.584
roa	38564	0.041	0.061	-0.219	0.212
sca	38564	21.934	1.279	19.632	25.936
capint	38564	0.237	0.171	0.002	0.727
TobinQ	38564	1.873	1.179	0	7.915
cashflow	38564	0.048	0.072	-0.175	0.247
fa	38564	2.691	0.466	1.099	3.466

资料来源：作者根据 2012~2020 年的 CSMAR 数据库和 WIND 数据库的数据整理估计。

二、回归及分解结果

（一）工资决定方程的估计结果

表 4 - 13 为使用上市公司数据进行逐步回归的结果，可以发现在逐步加入控制变量的过程中，核心解释变量 fcc 的估计系数一直保持在 1% 的显著性水平上正向显著，说明外资企业的工资水平要高于内资企业，在加入行业、省份和年份

固定效应之后显著性依然保持不变，与使用工企数据作为研究对象得出的结论一致。

表4－13　　　　　　　　　　工资决定方程的估计结果

变量	(1)	(2)	(3)	(4)	(5)	(6)	(7)	(8)	(9)	(10)
fcc	0.219 *** (0.012)	0.351 *** (0.011)	0.279 *** (0.011)	0.253 *** (0.010)	0.253 *** (0.010)	0.256 *** (0.010)	0.230 *** (0.010)	0.233 *** (0.010)	0.236 *** (0.010)	0.057 *** (0.011)
tfp		0.497 *** (0.006)	0.557 *** (0.006)	0.338 *** (0.006)	0.320 *** (0.007)	0.308 *** (0.008)	0.282 *** (0.009)	0.284 *** (0.008)	0.265 *** (0.008)	0.250 *** (0.009)
dr			−0.821 *** (0.029)	−0.794 *** (0.027)	−0.682 *** (0.031)	−0.696 *** (0.031)	−0.676 *** (0.031)	−0.620 *** (0.031)	−0.565 *** (0.031)	−0.205 *** (0.032)
clr				0.403 *** (0.006)	0.410 *** (0.006)	0.409 *** (0.006)	0.396 *** (0.006)	0.394 *** (0.006)	0.408 *** (0.006)	0.402 *** (0.006)
roa					0.735 *** (0.092)	0.733 *** (0.092)	0.705 *** (0.092)	0.435 *** (0.092)	−0.186 * (0.095)	0.703 *** (0.094)
sca						0.014 ** (0.006)	0.033 *** (0.006)	0.060 *** (0.006)	0.055 *** (0.006)	−0.024 *** (0.007)
capint							−0.408 *** (0.031)	−0.338 *** (0.031)	−0.551 *** (0.033)	−0.152 *** (0.038)
TobinQ								0.112 *** (0.004)	0.103 *** (0.004)	0.065 *** (0.005)
cashflow									1.704 *** (0.077)	1.209 *** (0.075)
fa										0.046 *** (0.015)
_cons	9.129 *** (0.008)	5.594 *** (0.040)	5.560 *** (0.040)	1.314 *** (0.069)	1.265 *** (0.069)	1.062 *** (0.110)	1.126 *** (0.110)	0.298 *** (0.114)	0.316 *** (0.113)	1.902 *** (0.153)
N	38564	38564	38564	38564	38564	38564	38564	38564	38564	38564
R^2	0.009	0.179	0.196	0.293	0.294	0.294	0.297	0.309	0.318	0.397
行业效应	NO	NO	NO	NO	NO	NO	NO	NO	NO	YES
省份效应	NO	NO	NO	NO	NO	NO	NO	NO	NO	YES
年份效应	NO	NO	NO	NO	NO	NO	NO	NO	NO	YES

注：*、**、***分别表示在10%、5%和1%的水平上显著。括号内为相应的标准误。
资料来源：作者根据2012～2020年的CSMAR数据库和WIND数据库的数据整理估计。

（二）分位数回归结果

基于内外资企业的工资决定方程，表4－14报告了对内外资企业2000～2020年工资水平进行分位数回归的结果。此处选择了有代表性的0.1、0.25、0.5、0.75和0.9作为分位点。实证结果表明，不论是内资企业还是外商直接投资企业，随着分位数的增大，R^2值也在变大，这说明工资方程对处于高分位数的企业工资解释度更高。0.75和0.9两个高分位数上，大多数解释变量均在1%的统计水平上显著。尽管在不同的分位数下各变量的回归结果大体一致，但个别变量也存在着明显的差异。

表4－14 分位数回归结果

变量	0.1		0.25		0.5		0.75		0.9	
	内资企业	外商直接投资企业	内资企业	外商直接投资企业	内资企业	外商直接投资企业	内资企业	外商直接投资企业	内资企业	外商直接投资企业
tfp	0.210 *** (0.032)	0.205 *** (0.023)	0.261 *** (0.018)	0.204 *** (0.015)	0.251 *** (0.013)	0.231 *** (0.012)	0.260 *** (0.011)	0.258 *** (0.012)	0.281 *** (0.013)	0.252 *** (0.016)
dr	−1.098 *** (0.116)	−0.230 *** (0.075)	−0.972 *** (0.064)	−0.394 *** (0.048)	−0.836 *** (0.046)	−0.322 *** (0.039)	−0.663 *** (0.040)	−0.202 *** (0.039)	−0.476 *** (0.045)	0.008 (0.051)
clr	0.337 *** (0.022)	0.295 *** (0.016)	0.350 *** (0.012)	0.326 *** (0.011)	0.443 *** (0.009)	0.366 *** (0.009)	0.492 *** (0.008)	0.415 *** (0.009)	0.489 *** (0.009)	0.460 *** (0.011)
zl	0.060 *** (0.019)	0.154 *** (0.013)	0.060 *** (0.011)	0.144 *** (0.008)	0.046 *** (0.008)	0.126 *** (0.007)	0.026 *** (0.007)	0.107 *** (0.007)	0.019 ** (0.008)	0.091 *** (0.009)
sca	0.135 *** (0.025)	0.046 ** (0.019)	0.041 *** (0.014)	0.014 (0.012)	−0.001 (0.010)	−0.050 *** (0.010)	−0.036 *** (0.009)	−0.105 *** (0.010)	−0.041 *** (0.010)	−0.108 *** (0.013)
capint	−0.770 *** (0.121)	−0.165 * (0.099)	−0.806 *** (0.066)	−0.318 *** (0.064)	−0.645 *** (0.048)	−0.500 *** (0.052)	−0.419 *** (0.042)	−0.584 *** (0.052)	−0.146 *** (0.047)	−0.758 *** (0.068)
TobinQ	0.058 *** (0.020)	0.068 *** (0.011)	0.070 *** (0.011)	0.073 *** (0.007)	0.061 *** (0.008)	0.078 *** (0.006)	0.075 *** (0.007)	0.080 *** (0.006)	0.085 *** (0.008)	0.094 *** (0.007)
cashflow	1.433 *** (0.301)	2.278 *** (0.190)	1.476 *** (0.165)	2.190 *** (0.123)	1.742 *** (0.120)	2.170 *** (0.100)	1.524 *** (0.104)	1.820 *** (0.100)	1.187 *** (0.118)	1.813 *** (0.130)
fa	0.247 *** (0.044)	0.395 *** (0.031)	0.350 *** (0.024)	0.350 *** (0.020)	0.303 *** (0.018)	0.308 *** (0.016)	0.249 *** (0.015)	0.291 *** (0.016)	0.180 *** (0.017)	0.198 *** (0.021)
常数项	−1.702 *** (0.443)	0.426 (0.344)	0.312 (0.242)	1.424 *** (0.223)	0.690 *** (0.177)	2.691 *** (0.181)	1.274 *** (0.153)	3.481 *** (0.181)	1.733 *** (0.173)	3.523 *** (0.236)

变量	0.1		0.25		0.5		0.75		0.9	
	内资企业	外商直接投资企业	内资企业	外商直接投资企业	内资企业	外商直接投资企业	内资企业	外商直接投资企业	内资企业	外商直接投资企业
R^2	0.1285	0.1799	0.1727	0.1889	0.2084	0.1965	0.2457	0.2089	0.2888	0.2283
N	21300	17264	21300	17264	21300	17264	21300	17264	21300	17264

注：*、**、***分别表示在10%、5%和1%水平上显著。括号内为相应的标准误。

资料来源：作者根据2012~2020年的CSMAR数据库和WIND数据库整理估计。

全要素生产率对内外资企业的工资水平均有显著的正向影响，分别在90%和75%的高分位数上取得最大值。这与预期的结果一致，全要素生产率是衡量企业高质量发展的综合性指标，较高的全要素生产率说明企业有着更强的竞争力，位于高分位数水平的企业拥有更先进的生产设备和更优质的人力资本以及完善的企业薪酬激励制度，因此全要素生产率的提高必然会使得员工获得更好的工资待遇。

不论是内资企业还是外商直接投资企业，资产负债率的系数大多数显著为负。资产负债率代表企业的财务状况，资产负债率越高意味着企业的财务风险越高，为员工支付高薪酬的能力越弱。位于工资分布较低端的内外资企业的资产负债率回归系数的绝对值要高于其他工资水平居于高分位数的企业，意味着工资水平越低的企业，负债水平对劳动者薪资的影响越大。而外资企业在90%分位数水平上资产负债率的系数不显著，说明注重研发且拥有核心竞争技术的外资企业拥有更多的资金基础能够承担更大的财务风险，因此这类企业的负债不会对企业员工的薪酬造成显著的影响，企业增加的负债有可能是投入对新兴技术与产品的研发，而不会影响到员工的薪酬。

外商直接投资企业的资本劳动比的回归系数随着分位数的提高而增大，内资企业也呈现出高分位数系数大于低分位数系数的规律，这表明位于较高工资水平企业的工资更易受资本劳动比的影响。位于工资分布高分位数的企业大多生产的产品以资本密集型产品为主，技术的进步以及资本的增加会逐渐取代劳动，因而导致资本劳动比的增加，这会带来生产率的快速增长，并进一步促进工资的快速提升。

企业创新水平对内外资企业的员工薪酬都起到了正向的促进作用，企业创新能力的提升可以充分吸收新技术更新带来的红利，最大程度促进资本、技术以及知识的积累，生产效率提升的同时又为科技创新提供了更多的资金保障，从而提高员工的薪酬待遇。随着分位数水平的提高，企业创新对员工薪酬的促进作用也在逐渐减弱，高分位数水平的企业创新能力大多较强，生产方式也逐步由要素依赖转变为技术依赖，企业能够以更少的成本产出更多的产品，而资金用于维护生产设备的比例会不断上升，从而对员工薪酬提升的比例有所降低。

企业规模对内外资企业工资水平的影响在低分位数水平上显著为正，随着分位数水平的提高企业规模对收入的影响逐渐减弱，外商直接投资企业在50%分位数以后为负值，内资企业在75%分位数以后为负值。该结果说明企业规模的扩大对处于工资分布中高端的企业的工资水平有拉低的趋势，这可能是由于处于分布中高端的企业其自身的规模本身就比较大，因此扩大规模所需开支的比重更高，从而减少对员工薪酬的开支。

资本密集度的系数均为负值，大多数在1%的水平上显著，对内资企业工资水平贡献度的绝对值随着分位数的提高先增加后减小，外资企业则持续增加。由于资本密集度反映了固定资产占总资产的比例情况，因此固定资产比例的增多必然会对员工薪酬造成挤占，但从内外资不同企业类型来看，位于高分位数的内资企业固定资产挤占员工薪酬的比例缩小，由于内资企业有一部分为国有垄断企业，这部分企业能够得到政府部门更多的扶持，因此一些资本密集型的中上游内资企业在扩大固定资产的同时还能够保证员工的工资少受挤占。而外资企业的融资渠道大多来源于社会层面，更愿意把拥有的资本更多投入到生产设备之中，因此随着工资分位数水平的提高，固定资本对员工薪酬的挤占也会越明显。

托宾 Q 值是企业的资产的市场价值与其重置价值之比，托宾 Q 值的增大意味着企业有更高的投资回报率。托宾 Q 值的回归系数均为正向显著，其中外资企业 Q 值的系数随着分位数水平的提高而增大，高分位数的外资企业可能对精密昂贵生产设备的需求更高因此随着 Q 值的提升，内资企业托宾 Q 值的系数也在90%的分位数上取得最大值。工资分布位于高端的企业投资力度往往更大，企业若能获得较高的投资回报率必然会更加注重对于员工薪酬的提升。

现金流量比例反映了企业资金的实际流动情况，系数值均在1%的显著性水平上为正，外商直接投资企业的回归系数呈现递减的趋势，内资企业的回归系数也在90%的分位数水平上取得最小值。这表明工资分布处于高分位数的企业资产流动性提高对工资的提升程度要弱于中低分位数水平的企业，这是由于位于分布高端的企业现金流量更大，但也会面临着更大的风险，因此企业会更倾向存留部分资金来应对风险，所以对员工薪酬提高的比例会相对降低。

内外资企业成立年限对员工薪酬都有显著的正向影响，内资企业的系数在25%分位数水平上有最大值，而后呈现递减的规律，外资企业的系数随着分位数的提高而减小。这说明收入水平较低的企业更容易受到成立年限的影响，企业成立的年限越长，薪酬制度相对更为完善，存在着"水涨船高"的收入情况。而收入水平较高的企业往往是一些高科技产业，这类企业更加看重员工的创新能力，员工薪酬也大多与其个人贡献程度相关，因此受到成立年限的影响就会较弱。

（三）瓦哈卡—布林德分解结果

表 4 -15 为使用瓦哈卡—布林德法对外商直接投资企业与内资企业间的工资差异进行分解的结果。从表中可以看出，内外资企业间存在着非常显著的工资差异，2000～2005 年内外资部门间的工资差异最大为 0.186，也就是说外商直接投资部门的工资水平平均比内资企业高出 18.6%。随着内外资企业工业差距的不断缩小，内资企业的工资水平实现反超 2006～2010 年差异值为负向最大值 -0.108，内资企业的总体工资水平超越外资企业 10.8%，在 2011～2015 年差距为 -0.058，2015～2020 年为 -0.007。对于内外资企业间工资差距由逐渐缩小到超越的趋势，笔者认为一方面随着中国产业结构的转型升级以及劳动力供求关系的转变，原本以劳动密集型为主的低工资企业逐步走向资本密集型，因此员工的整体技术水平有了新的提升，再加上外资企业长期以来用高薪来吸引人才的竞争环境，内资企业也对员工的整体薪酬进行了提升；另一方面，随着中国整体经济发展水平的提升以及新兴技术领域的不断突破，内资企业有了更多先进技术的应用，同时也有了更为完善的管理体系，因此在生产效率以及企业规模等方面与外资企业的差距在逐渐缩小，从而缩小了工资间的差距。在考察期的初始阶段，单纯由企业特征的差异所引起的工资差距的比例约为 -30%，随着观察期的增加而增大，在 2016～2020 年达到最大值 1175%，这表明虽然内资企业员工的工资收入不断提升甚至超越外资企业，但企业综合实力与外资企业还存在一定差距。

表 4 -15　　　　　　　　　　瓦哈卡—布林德分解结果

变量	2000～2005 年				2006～2010 年			
	差异值	比例	特征差异比例	系数差异比例	差异值	比例	特征差异比例	系数差异比例
tfp	-0.136	-72.90	-55.91	-16.99	0.381	-352.50	82.69	-435.19
dr	-0.047	-25.13	0.56	-25.70	0.147	-135.83	-21.02	-114.81
clr	-0.202	-108.61	-0.54	-108.06	-0.271	250.93	107.41	143.52
roa	-0.039	-21.17	-0.80	-20.38	-0.021	19.26	-25.83	45.09
sca	-2.232	-1199.73	25.00	-1224.73	-1.553	1437.69	12.69	1425.00
capint	0.338	181.72	11.29	170.43	0.201	-186.39	-9.54	-176.85
TobinQ	-0.062	-33.15	-4.38	-28.76	0.129	-119.81	-7.77	-112.04
cashflow	-0.010	-5.22	-7.53	2.31	0.035	-31.94	18.15	-50.09
fa	0.099	53.04	1.05	51.99	0.376	-348.33	12.78	-361.11

续表

变量	2000～2005 年				2006～2010 年			
	差异值	比例	特征差异比例	系数差异比例	差异值	比例	特征差异比例	系数差异比例
常数项	2.476	1331.18	0.00	1331.18	0.467	-432.41	0.00	-432.41
总计	0.186	100	-31.26	131.29	-0.108	100	169.55	-68.89

变量	2011～2015 年				2016～2020 年			
	差异值	比例	特征差异比例	系数差异比例	差异值	比例	特征差异比例	系数差异比例
tfp	-0.160	277.16	174.74	102.42	0.183	-2625.00	823.28	-3448.28
dr	0.276	-477.16	-79.24	-397.92	0.230	-3308.91	-262.93	-3045.98
clr	-0.472	816.96	169.90	647.06	-0.785	11277.30	1133.62	10143.68
roa	0.021	-36.76	-20.24	-16.52	-0.004	51.44	-18.39	69.83
sca	-0.085	146.54	77.16	69.38	-1.115	16022.99	160.92	15862.07
capint	0.021	-35.67	-19.72	-15.95	0.029	-415.23	-636.49	221.26
TobinQ	0.078	-135.47	-33.56	-101.90	0.076	-1086.21	-152.30	-933.91
cashflow	0.025	-43.49	9.45	-52.94	0.009	-123.13	125.43	-248.56
fa	-0.024	42.15	32.53	9.62	0.111	-1592.60	2.23	-1594.83
常数项	0.263	-455.02	0.00	-455.02	1.260	-18103.45	0.00	-18103.45
总计	-0.058	100	311.00	-211.78	-0.007	100	1175.36	-1078.16

资料来源：作者根据 2012～2020 年的 CSMAR 数据库和 WIND 数据库整理估计。

在考察的初期阶段，企业全要素生产率的特征差异比例为 -55%，随着时间的推移，特征差异比例转为正且不断变大，2016～2020 年达到最大值。特征差异的比例也远高于系数差异，这表明考察期间外资企业拥有比内资企业更高的全要素生产率，外资企业在市场竞争中积累的优势依然存在，许多新兴技术的核心领域仍然把控在外资企业内部，内资企业在规模总量上有所超越，但在生产阶段的全要素生产率仍是外资企业占据领先地位。特征系数呈现负向增加的趋势，表明内资企业全要素生产率的提高能够在工资上有所体现，但在 2011～2015 年考察期内系数差异比例为负值，这可能是由于 2010 年国务院出台了《关于进一步做好利用外资工作的若干意见》，提出要进一步扩大开放，鼓励外资企业的进一步发展，全面提高利用外资水平。由于政策的出台和落实需要一定的时间，因此在政策出台后的五年期间外资企业全要素生产率的回报率体现在工资水平上有所回升。

　　资产负债率在影响内外资企业工资差距中占有很大的比重，且特征差异和系数差异所占的比例都比较大，其中系数差异所占的比例远远高于特征差异，但均为负值。这说明外商直接投资企业与内资企业的资产负债率原本并无太大差别，随着考察期的延续，内资企业直接投资企业同样的负债率能带来更高的回报率。由于外商直接投资企业的负债多为国际货币，很容易受到国际汇率市场波动的影响，而内资企业大多负债为国内人民币，在国内市场的流动更为方便快速，同时外资企业还面临着跨国经营的语言、文化、法律制度等方面的差异，从而产生更多的额外支出，因此外商直接投资企业资产负债率的回报率要低于内资企业。

　　企业的资本劳动比引起工资差异的比重随着考察期的延长而增加，特征差异比例的初始值为最小值 -0.54%，这表明在考察期初期内外资企业的资本劳动比无太大差异但内资企业资本劳动比的回报率要高于外资企业，而之后的结果表明随着资本投入规模的不断增加，外资企业资本劳动比的回报率以及投资规模超越了内资企业。外资企业资本密集度的不断提高表明了其生产的转型速度更快，用技术设备替代劳动的比例在不断上升，而内资企业的研发速度相对较慢，因此资本密集度的回报率相较外资企业更低。

　　由总资产净利润率引起工资差异的波动的较大，波动规律与系数差异比例的变化相一致，特征差异则一直为负且进入到第二个考察期之后的波动较小，在2006~2010年取得最小值为 -25.83%。由于企业的利润越高，越容易给员工提供更高的薪资待遇，因此特征差异由初期的 -0.80% 到第二期变为 -25.83%，企业工资差异也由正转为负，说明随着市场规模的扩大，内资企业的利润率逐步超越外资企业，平均工资水平也超越外资企业，而第三期和第四期总资产净利润率的数值有所下降，工资的差异也随之缩小。

　　企业规模的特征差异与系数差异比例相差很大，这表明外资企业的企业规模回报率远高于内资企业，同时在考察期的最后阶段特征差异与系数差异的比例都得到最大值，企业规模引起的工资差异在内外资企业工资总差异中所占比重也达到最大值，这主要是由系数差异的快速上涨引起的，也说明了外资企业在资本积累的过程中企业规模得到了高质量的扩张，同时具有更高的生产效率。

　　由资本密集度引起内外资企业的工资差异大多为负值，这表明内资企业的资本密集度已经超越外商直接投资企业，才使得该变量对内外资企业间工资差距的贡献率由正变成负。究其原因，可能是近些年内资企业在产业结构升级的过程中加大了对固定资本的投入，这导致特征差异的比例出现不断减小的结果，固定资本比例的上升必然会提高对员工技术能力的要求，因此内资企业的员工薪酬也随之不断上升，导致内外企业间工资差距的不断缩小。

　　由托宾 Q 值与现金流量比率引起内外资企业的工资差异均为负值且均在最后一期取得最小值，但区别在于托宾 Q 值特征差异比例一直减小，系数差异比例也呈现变小的趋势，而现金流量比率的差异为负值前期是由特征差异造成的，后期则是由系数差异造成的。这表明在国内大市场中，内资企业的市场价值不断提升，因此也会更倾向于融资去购买更多设备进行投资，这与前文提到的固定资本比重的不断上升的结论相一致。内资企业拥有更多的资金必然会促使现金流量比率的提高，通过系数差异比例不断减小的规律也可以发现内资企业的现金流量的回报率在不断增加，逐步超越外商直接投资企业。

公司成立年限的特征差异比例均为正数，相对波动较小，但系数差异比例分别在第二个考察期和最后一个考察期内为负值且在最后一期的差异最大。这表明内资企业成立年限的回报率很高，这也符合国内市场的基本情况，在整体规模不变的情况下增加回报率，或是规模增加回报率也随之增加，这是当前内资企业不断进行技术革新的结果，因此企业成立年限更长的公司要不断进行深入研发与创新，实现更进一步的规模经济。

第五章 外商直接投资劳动力转移效应的实证研究

第四章我们采用多种分解方法，对中国内外资企业间的工资差异进行详细分解。本章将在第三章第二节理论分析的基础上，主要从行业和地区的层面研究外商直接投资是如何通过劳动力转移效应对企业间的工资差距产生影响的。

第一节 基于行业层面的劳动力转移效应的实证估计

一、基于中国企业数据库的实证研究

(一) 数据及典型事实分析

本节使用的数据首先来自中国企业数据库，将企业层面的数据分类汇总成三位数行业层面的数据，具体的数据整理方法第四章已有详细说明，此处不再赘述。使用行业内外商直接投资企业与内资企业就业人数的比值（lnL）测度劳动力从内资企业向外商直接投资企业转移的情况，用行业内外商直接投资企业的资产投入总和（lnfscal）测度行业外商直接投资的流入情况，用行业内外商直接投资企业与内资企业平均工资的比值（lnw）来测度内外资企业间的工资差距，这三个指标是本章构建的联立方程组的核心变量，其他控制变量除了两个方程都包含的外商直接投资企业与内资企业的生产总值之比（y）、技术差距之比（A）、外商直接投资企业的出口倾向（fexport）等，劳动力转移估计方程还包括外商直接投资企业的新产品比重（fnew）、外商直接投资企业的人均利润率（fpcp）、外商直接投资企业的资本与劳动比（folp），工资不平等的估计方程的解释变量还包括内资企业的平均规模（dscal）以及是否属于垄断行业（mon）。

在对 1999～2007 年的三分位数行业进行匹配后，为便于比较，表 5-1 列出了 35 个二位数行业在 1999 年、2003 年和 2007 年内外资企业的平均就业人数。就总体均值看，内资企业的平均雇佣人数呈现出不断下降的趋势，从 1999 年的

364 人降到 2003 年的 341 人，再到 2007 年的 270 人，9 年间平均减少的就业岗位约有 100 个。而外商直接投资企业的平均雇佣人数从 1999 年的 275 人增加到 2003 年的 311 人，再到 2007 年的 413 人，9 年间平均增加的就业岗位约为 150 个。在 1999 年，35 个行业中有 25 个行业的内资企业的平均就业规模超过外商直接投资企业，约占行业数的 71%，而到 2007 年只有三个行业的内资企业的平均就业规模超过外商直接投资企业，所占比例不到 1%。单是从均值来看，说明劳动的确有从内资企业向外商直接投资企业转移的趋势，外商直接投资企业不仅吸收了大量的从内资企业转移过来的劳动力，还创造了更多的就业岗来吸收剩余劳动力。

表 5-1　　　　行业内外商直接投资企业与内资企业平均就业人数变化　　　单位：人

行业	1999 年		2003 年		2007 年	
	内资企业	外商直接投资企业	内资企业	外商直接投资企业	内资企业	外商直接投资企业
非金属矿采选业	753	225	462	230	256	322
农副食品加工业	251	240	190	244	335	363
食品制造业	281	249	267	240	277	314
饮料制造业	390	363	378	396	537	178
烟草制品业	459	305	549	335	75	345
纺织业	424	372	497	415	294	436
纺织服装、鞋、帽制造业	490	733	429	785	199	536
皮革、毛皮、羽毛（绒）及其制品业	247	402	225	488	280	416
木材加工及木、竹、藤、制品业	350	160	216	265	243	464
家具制造业	233	236	261	387	199	550
造纸及纸制品业	302	252	391	298	279	263
印刷业和记录媒介的复制	257	98	228	211	211	260
文教体育用品制造业	366	432	405	607	277	383
石油加工、炼焦及核燃料加工业	515	63	480	395	201	1429
化学原料及化学制品制造业	356	152	336	149	333	507
医药制造业	263	196	269	231	310	434
化学纤维制造业	490	187	583	260	201	285
橡胶制品业	342	442	372	373	300	413

续表

行业	1999 年		2003 年		2007 年	
	内资企业	外商直接投资企业	内资企业	外商直接投资企业	内资企业	外商直接投资企业
塑料制品业	256	219	277	236	223	346
非金属矿物制品业	359	231	354	276	291	363
黑色金属冶炼及压延加工业	461	214	306	231	411	405
有色金属冶炼及压延加工业	290	145	239	239	251	514
金属制品业	233	199	212	283	265	351
通用设备制造业	465	196	312	222	287	367
专用设备制造业	468	193	348	240	326	448
交通运输设备制造业	481	248	584	257	283	329
通信设备及其他电子设备制造业	367	327	384	543	219	372
仪器仪表及办公用机械制造业	274	414	348	389	352	366
工艺品及其他制造业	270	171	252	364	197	421
废弃资源和废旧材料回收加工业	263	438	20	77	170	322
电力、热力的生产和供应业	434	159	440	171	344	345
水的生产和供应业	277	527	282	100	212	359
均值	364	275	341	311	270	413

资料来源：笔者根据 1999~2007 年的中国工业企业数据库整理。

随后，笔者又计算了 144 个三分位行业在 1999~2007 年平均的 lnfscal、lnL、lnw，即外商直接投资的进入程度、外商直接投资企业与内资企业的就业人数比以及外商直接投资企业与内资企业的工资比。先后以 lnfscal 为横坐标、lnL 为纵坐标，以及 lnL 为横坐标、lnw 为纵坐标画出两两关系的散点图，并简单拟合出相应的回归线，如图 5-1 和图 5-2 所示。从图 5-1 可以看出，拟合趋势线的斜率为正，说明引资的数量越多、外商直接投资进入的程度越深，行业内外商直接投资企业就业的劳动力总数相对内资企业就越多，直观上来看外商直接投资企业的进入促进了劳动力从内资企业向外商直接投资企业的转移。图 5-2 中拟合趋势线的斜率为负，也就是说行业内外商直接投资企业与内资企业的就业人数之比越高，内外资企业间的工资差距就越低，与我们第三章第一节中的理论模型的推导结果相一致。但这只是简单的回归拟合，还需更严格的实证计量分析，以进一步证实我们的结论。

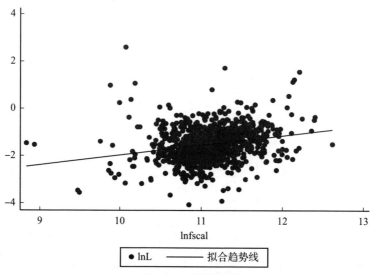

图5-1　行业引资程度与劳动力转移关系

资料来源：笔者根据 1999~2007 年的中国工业企业数据库整理。

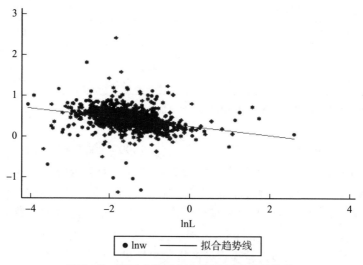

图5-2　劳动力转移与内外资工资差距关系

资料来源：笔者根据 1999~2007 年的中国工业企业数据库整理。

（二）联立方程组的估计结果

根据联立方程组识别的阶条件和秩条件，可判断本书所构建的联立方程组属于过度识别，传统的估计联立方程组的方法主要有两类：第一类是"单一方程估计法"，即二阶段最小二乘法（2SLS）；第二类是"系统估计法"即三阶段最小二乘法（3SLS）。由于使用的是面板数据，为了消除截面维度上的特定差异，应加入截面固定效应以反映工资差异的行业特性（邵敏和包群，2010）。表5-2报告了分别使用二阶段最小二乘法和三阶段最小二乘法对方程组联立估计的结果，从结果可以看出单一方程法和系统估计法对模型的估计结果十分相似，但由于3SLS估计的有效性要高于2SLS，本书选择3SLS的结果作为我们展开分析的主要依据。

表 5 - 2   联立方程组的估计结果

变量	劳动力转移方程的估计结果		变量	工资不平等方程的估计结果	
	2SLS	3SLS		2SLS	3SLS
lnw	1.152 *** (2.89)	1.246 *** (2.84)	lnL	-0.271 *** (-3.37)	-0.271 *** (-3.38)
lnfscal	0.140 * (1.81)	0.136 * (1.22)	lnfscal	0.021 *** (3.18)	0.021 *** (3.19)
lny	0.860 *** (31.8)	0.862 *** (31.95)	lny	0.021 *** (3.01)	0.021 *** (3.02)
lnA	-0.240 *** (-3.86)	-0.237 *** (-3.86)	lnA	0.032 *** (2.81)	0.032 *** (2.81)
fexport	0.015 *** (5.99)	0.0154 *** (6.05)	fexport	0.002 (0.27)	0.003 (0.27)
fnew	0.781 (1.36)	1.628 *** (2.94)	lndscal	-0.091 *** (-3.84)	-0.091 *** (-3.86)
fpcp	-0.001 *** (-3.92)	-0.002 *** (-3.78)	mon	-0.001 (0.001)	-0.001 (0.002)
folp	0.037 *** (2.8)	0.030 ** (2.34)	_cons	0.227 (0.82)	0.227 (0.82)
_cons	-1.662 *** (-3.49)	-1.753 *** (-3.72)			
R^2	0.492	0.4504		0.201	0.201
样本数	1296	1296		1296	1296

注：*、**、*** 分别表示在10%、5%和1%的水平上显著。括号内为相应的t值。
资料来源：根据1999~2007年的中国工业企业数据库整理。

　　由 F 统计值的 p 值都为 0 可知两个方程均很显著，整体拟合程度较高。根据表 5-2 的估计结果，两个估计方程的绝大多数变量的回归系数都通过了显著性检验，且核心变量的系数符号与预期一致，说明在外商直接投资流入的过程中确实存在着由于劳动的转移引起的内外资企业间工资差距缩小的机制。劳动力转移方程的估计结果显示，衡量外商直接投资的进入程度这一变量的估计系数在 10% 的水平上显著为正表明，随着外商直接投资在行业内的不断增加，劳动力逐渐从内资部门向外商直接投资部门流入，这一方面是由于资本存量增加导致所需劳动力的数量增加；另一方面外商直接投资企业与内资企业现有的工资差距及预期的工资差距吸引了大量的劳动力从内资企业转向外商直接投资企业，这一结论从工资差距对劳动力流向外商直接投资企业的影响显著为正也可以得到验证，外商直接投资企业与内资企业间的工资差距越大，流入外商直接投资企业的劳动力数量越多。

　　从控制变量来看，其回归系数也与预期基本吻合。劳动力转移方程的估计结果显示，外商直接投资与内资的生产总值之比（y）的系数在 1% 的水平上显著为正。外商直接投资的生产总值占比越高，意味着外商直接投资进入程度越加深，外商直接投资规模越大，所需劳动力也越多，因此劳动力逐渐从内资部门向外商直接投资部门流入。技术差距之比（A）的系数在 1% 的水平上显著为负，即随着外商直接投资的进入带来技术和要素的升级，导致内资企业与外资企业之间的技术差距扩大，流入外资企业的技术门槛提升，在一定程度上抑制了劳动力从内资企业向外资企业的流动。外商直接投资企业的出口倾向（fexport）的系数在 1% 的水平上显著为正，即企业对国际市场的依赖程度越高，有利于促进劳动力逐渐从内资部门向外商直接投资部门流入。其原因在于目前我国外商直接投资企业的出口依旧以劳动密集型的产品为主，对于劳动力的需求缺口始终较大，出口优势越强的企业越需要吸纳更多的劳动力，因而提供的工作岗位与机会相对较多，吸引了劳动力逐渐从内资部门向外商直接投资部门流入。外商直接投资企业的新产品比重（fnew）的系数在 1% 的水平上显著为正，这可能是由于外商直接投资企业的创新活动和能力越强，效益也就越好，就越有条件提供高工资，促使劳动力逐渐从内资部门向外商直接投资部门流入。外商直接投资企业的人均利润率（fpcp）的系数在 1% 的水平上显著为负，说明随着外商直接投资企业利润率的提高不利于吸纳内资企业的劳动力。其原因可能来自两个方面：一是人均利润高的企业可能存在着资本替代劳动的现象，同时人均高利润可能意味着劳动力较高的工作强度，这都不利于吸引劳动力流入；二是较高的人均利润也可能说明外资企业存在着通过挤占员工工资来获得更高利润的"利润侵蚀工资"现象，这将阻碍劳动力向外资部门的进一步流入，这一结果与现有研究的结论一致。外商直接投资企业的资本与劳动比（folp）的系数在 5% 的水平上显著为正，劳均资本越多意味着劳动的边际产出越高，劳动力的报酬也就越高，因而容易吸纳劳动力向外商直接投资部门流入。

工资不平等方程的估计结果显示，劳动力转移的回归系数在1%的水平上显著为负，即随着劳动力从内资企业向外商直接投资企业的流动，外商直接投资企业与内资企业的工资差距在不断缩小。劳动力的转移相对外商直接投资企业来说是一个劳动力供给不断增加的过程，这必然会导致劳动力价格的降低。而对内资企业来说，劳动力的流失意味着其面临着竞争程度不断加剧的劳动力市场，不得不提高相应的工资水平以留住或吸引劳动力，因而两种类型企业间劳动力价格的差异会不断缩小。

工资不平等方程控制变量的回归系数也与预期基本吻合。其中，外商直接投资与内资的生产总值之比（y）的系数在1%的水平上显著为正。外商直接投资生产总值占比提升意味着外商直接投资企业规模越大，需要吸纳更多劳动力，为此外商直接投资企业需要提高工资，使劳动力向外商直接投资企业转移，因而导致两种企业间劳动力价格的差异不断扩大。技术差距之比（A）的系数在1%的水平上显著为正，外商直接投资企业技术水平越高，意味着对劳动力技能素质的要求越高，提供的工资也就越高，因而两种企业间劳动力价格的差异会不断扩大。内资企业的平均规模（dscal）的系数在1%的水平上显著为负，即内资企业的规模越大，两类企业间的工资差距越小。这是因为，随着内资企业规模的扩大，其自主创新能力逐渐增强，管理水平、技术水平也随之提升，内外资企业在管理和技术等方面的差距逐渐缩小，进而工资差距也越来越小。此外，外商直接投资企业的出口倾向（fexport）估计系数为正，但并不显著，这表明，随着我国开放程度的不断加大，出口带来的"工资红利"正在逐渐消失。企业属于垄断行业（mon）对工资不平等的影响为负，但估计系数同样不显著，这说明其并非工资差距的决定性因素。究其原因，可能是本书中使用的工业企业数据库中的样本大部分属于制造业，而我国的垄断行业大多集中于非制造业，样本中属于垄断行业的样本较少，进而导致估计结果并不显著。

由于本书的研究重点是关注外商直接投资对工资差距的影响，劳动力转移作为作用的途径，根据第三章理论分析中的公式（3-26）和公式（3-27），可得到各主要变量影响工资差距的弹性系数。

$$\ln\left(\frac{W_{jft}}{W_{jdt}}\right) = \frac{\alpha_0 + \beta_0}{1 - \alpha_4\beta_4} + \frac{\beta_1 + \alpha_1\beta_4}{1 - \alpha_4\beta_4}\ln\left(\frac{Y_{jft}}{Y_{jdt}}\right) + \frac{\beta_2 + \alpha_2\beta_4}{1 - \alpha_4\beta_4}\ln\left(\frac{A_{jft}}{A_{jdt}}\right) + \frac{\beta_3 + \alpha_3\beta_4}{1 - \alpha_4\beta_4}\ln K_{jft}$$

$$+ \frac{\beta_4\phi_{jt}}{1 - \alpha_4\beta_4}X_{jt} + \frac{\varphi_{jt}}{1 - \alpha_4\beta_4}T_{jt} + \eta_{jt} \qquad (5-1)$$

根据公式（5-1）可求出各预定变量影响内外资企业间工资差距的弹性系数，如表5-3所示。外商直接投资对内外资企业间工资差距影响的弹性系数为

－0.016，也就是说从整体来看，在考察期内随着行业内外商直接投资的提升，其所引起的劳动力转移效应会促进企业间工资差距的缩小。至于其他控制变量，外商直接投资企业的生产总值与内资企业的生产总值之比、外商直接投资企业出口倾向的提高、外商直接投资企业利润率的提高等对工资差距的影响弹性均为负值，这些指标值的增大都会促进外商直接投资企业与内资企业间工资差距的缩小。而外商直接投资企业相对内资企业技术水平的提高、自身新产品比重和资本与劳动比的增加会扩大内外资企业间的工资差距。

表 5 - 3　　　　　　　　　　各变量对工资差距影响的弹性系数

变量	弹性系数	变量	弹性系数	变量	弹性系数
lny	－ 0.022	lnA	0.074	lnfscal	－ 0.016
fexport	－ 0.002	fnew	0.592	fpcp	－ 001
folp	0.028	lndscal	0.019	mon	－ 0.001

资料来源：笔者根据 1999 ~ 2007 年的中国工业企业数据库计算。

二、基于上市公司数据的实证研究

（一）数据及典型事实分析

考虑到数据的时效性，本部分内容继续使用上市公司数据对行业层面的劳动力转移效应进行重新估计。上市公司的数据与上文一致来源于 CSMAR 数据库和 WIND 数据库。核心变量的构建方式与上文相同，其他控制变量除了两个方程都包含的外商直接投资企业与内资企业的全要素生产率之比（tfp）、现金流量之比（lnfscal），劳动力转移估计方程还包括外商直接投资企业的资产回报率（froa）、外商直接投资企业的资本与劳动比（folp），工资不平等的估计方程的解释变量还包括内资企业的平均规模（dscal）以及内资企业的企业年龄（dage）。

以 2017 ~ 2020 年数据为例，在对行业进行匹配后，表 5 - 4 列出了 66 个行业内外资企业的平均就业人数。就总体均值看，内外资企业的平均雇佣人数都呈现上升的趋势，内资企业从 2017 年 14959 人上升到 2020 年的 14978 人，提高了 0.13%，外资企业从 2017 年的 3276 人提高到 2020 年的 4106 人，提高了 25.34%。从均值来看，可以发现 2017 ~ 2020 年间外资企业雇佣人数的上升比例大于内资企业，说明与使用工业企业数据的研究结果一致，整体上劳动力存在从内资企业向外商直接投资企业转移的趋势。

表5-4　　　　　　行业内外商直接投资企业与内资企业平均就业人数变化

行业	内资企业				外商直接投资企业			
	2017 年	2018 年	2019 年	2020 年	2017 年	2018 年	2019 年	2020 年
农业	10087	7889	7310	7800	1167	1263	1258	1529
林业	291	281	272	262	831	706	1127	1060
畜牧业	8175	8896	13879	31803	10223	10222	10452	10977
渔业	2001	2007	1833	1838	2418	2569	2789	3317
煤炭开采和洗选业	28403	27808	26353	26335	6330	15296	19423	27678
石油和天然气开采业	470261	449883	431465	408034	3990	3351	3452	3131
黑色金属矿采选业	1641	1696	1795	1631	3693	3465	3458	3328
有色金属矿采选业	8497	8525	8371	9363	1192	1669	2028	2286
开采辅助活动	8733	9034	24895	24767	1278	1516	1895	1655
农副食品加工业	7215	7774	7448	10329	6438	6774	7135	9087
食品制造业	5582	6235	6313	6684	2351	2808	2848	3336
酒、饮料和精制茶制造业	7580	7909	8457	8351	2261	2648	2825	2766
纺织业	4278	4834	4527	4259	5055	4962	6522	5904
纺织服装、服饰业	10974	10325	7794	6773	4504	4422	4364	4025
皮革、毛皮、羽毛及其制品和制鞋业	4364	4104	3780	2948	4056	4026	3722	3596
木材加工及木、竹、藤、棕、草制品业	2047	2107	2237	2254	1507	2491	2687	2077
家具制造业	3511	4518	4935	6491	5223	5972	6377	7366
造纸及纸制品业	3686	4135	4085	4152	3967	4326	4437	4278
印刷和记录媒介复制业	1900	1806	1927	1848	1699	1942	1976	2149
文教、工美、体育和娱乐用品制造业	1396	1402	1439	1356	2250	1972	2147	2381
石油加工、炼焦及核燃料加工业	4082	3858	4586	4624	3717	3807	3527	3544
化学原料及化学制品制造业	4616	5300	5299	5911	1778	1819	1907	2001
医药制造业	4158	4265	4434	4596	2703	2732	2848	2840
化学纤维制造业	4677	6134	6830	7450	4328	5372	6303	6643
橡胶和塑料制品业	5013	4919	4939	5079	2151	2176	2240	2518
非金属矿物制品业	7732	7932	8020	8133	2537	2695	2961	3425
黑色金属冶炼及压延加工业	18374	17797	17863	17635	5527	6318	6224	5985
有色金属冶炼和压延加工业	7894	8065	8223	8441	2588	2780	3162	3276

续表

行业	内资企业				外商直接投资企业			
	2017 年	2018 年	2019 年	2020 年	2017 年	2018 年	2019 年	2020 年
金属制品业	5782	6025	6427	6541	5713	6067	5634	6108
通用设备制造业	4924	5203	5259	5535	1844	1911	1920	2056
专用设备制造业	4055	4581	4799	4896	1922	2110	2282	2574
汽车制造业	13771	14959	11201	11844	7857	7590	7461	7663
运输设备制造业	18126	17112	16197	17111	2226	2152	2087	2160
电气机械和器材制造业	7221	6920	6861	6937	4271	4448	4825	5061
计算机、通信和其他电子设备制造业	7365	10168	10245	11240	4013	4228	4647	4934
仪器仪表制造业	2234	2132	1919	1853	1440	1517	1578	1597
其他制造业	3101	2512	2484	2337	2311	2368	2217	2401
废弃资源综合利用业	2456	2704	2847	2916	4793	4761	4944	5054
电力、热力生产和供应业	5357	5743	5846	6090	1311	1291	1231	1150
燃气生产和供应业	2952	2786	2923	2874	1586	1883	1786	1944
土木工程建筑业	44449	46483	47933	51874	1887	2181	2929	2948
建筑装饰和其他建筑业	2718	3349	3202	3203	2858	3398	3265	3172
批发业	3562	3948	4207	4475	1808	2074	3454	3929
零售业	7715	7751	7709	7908	13037	14325	15634	17240
铁路运输业	47928	48022	47255	46540	1153	1120	1136	1122
道路运输业	3713	3635	3578	3488	6342	5579	5303	4814
水上运输业	6493	7480	7744	7911	1550	1549	1510	1578
航空运输业	34412	35839	37807	37508	6430	6337	7180	7502
装卸搬运和运输代理业	3286	3438	3242	3304	415	861	1060	1181
仓储业	2241	2372	2236	2725	1512	1353	1343	1342
住宿业	14950	15506	14431	12087	102	114	109	98
电信、广播电视和卫星传输服务	28173	27899	27662	26901	4268	3608	3437	2894
互联网和相关服务	1141	1104	1106	1433	2515	2340	2325	2053
软件和信息技术服务业	3789	4239	4396	4702	2037	2228	2323	2469
房地产业	4219	5032	6351	6941	4516	5226	5320	5215
租赁业	800	818	652	612	235	284	514	691
商务服务业	4554	6381	5711	5946	2307	2101	1993	1738
专业技术服务业	2177	2254	2299	2475	1957	2083	2294	2341

行业	内资企业				外商直接投资企业			
	2017 年	2018 年	2019 年	2020 年	2017 年	2018 年	2019 年	2020 年
生态保护和环境治理业	10163	10286	11117	9638	1736	2320	5005	6561
公共设施管理业	3639	3745	3537	3920	2431	4854	2258	1819
教育	5048	5926	7171	5383	5256	9516	9226	7718
卫生	16732	21132	20274	19534	10622	10285	10626	11454
新闻和出版业	5099	5041	5576	5360	1279	1475	1354	1326
广播、电视、电影和影视录音制作业	2475	2385	2314	2149	3198	3406	3102	3258
文化艺术业	522	396	396	334	984	954	1437	1306
综合	2813	3009	2856	2846	761	473	483	398
均值	14959	14966	14956	14978	3276	3643	3869	4106

资料来源：作者据 2017～2020 年的 CSMAR 数据库和 WIND 数据库整理。

（二）联立方程组的估计结果

表 5 - 5 报告了联立方程组的估计结果，两个估计方程的绝大多数变量的回归系数都通过了显著性检验，且核心变量的系数符号均与预期一致，这表明在外商直接投资流入的过程中确实存在着由于劳动转移引起内外资企业间工资差距缩小的机制。劳动力转移方程的估计结果显示，衡量外商直接投资的进入程度这一变量的估计系数在 1% 的水平上显著为正，这表明随着外商直接投资在行业内的不断增加，劳动力逐渐从内资部门向外商直接投资部门流入。工资不平等方程的估计结果显示，内外资企业劳动力转移变量的系数显著为负，这表明随着劳动力由内资企业向外资企业的转移，内外资企业劳动力的工资差距不断缩小。

表 5 - 5　　　　　　　　　　联立方程组的估计结果

变量	劳动力转移方程的估计结果	变量	工资差距方程的估计结果
lnw	- 2. 833 *** （ - 6. 19）	lnL	- 0. 009 * （ - 1. 69）
lnfscal	0. 029 *** （3. 90）	lnfscal	0. 001 * （1. 83）
tfp	0. 993 ** （2. 27）	tfp	0. 598 *** （14. 11）
clashflow	0. 007 * （1. 75）	clashflow	0. 001 （1. 13）

续表

变量	劳动力转移方程的估计结果	变量	工资差距方程的估计结果
froa	−0.499 (−0.54)	dscal	−0.026 *** (−3.44)
folp	−0.192 *** (−4.43)	dage	0.008 (0.71)
_cons	4.999 *** (9.79)	_cons	1.000 *** (5.66)
R²	0.6762	R²	0.6372
样本数	588	样本数	588

注：*、**、*** 分别表示在 10%、5% 和 1% 的水平上显著。括号内为相应的 t 值。
资料来源：作者根据 2000～2020 年的 CSMAR 数据库和 WIND 数据库整理估计。

　　劳动力转移方程的回归结果表明，外资企业与内资企业的全要素生产率之比（tfp）的回归系数显著为正，全要素生产率是企业生产效率的综合指标，外资企业全要素生产率的相对提高必然是由于其生产规模、生产效率、员工待遇等一系列指标提升造成的，因此对劳动力的需求也更多，这就吸引大量劳动力的流入。外资企业与内资企业现金流量之比（clashflow）的回归系数显著为正，现金流量水平反映了企业的财务实力，财务实力越雄厚的企业越能够承担一些额外的成本，所以该指标值越大说明外资企业有能力为员工提供比较充裕的各项保障，从而能够促进劳动力由内资企业向外资企业的转移。外商直接投资企业资产回报率（froa）的回归系数在劳动力转移方程中不显著，表明其不是影响劳动力转移的主要因素。外商直接投资企业资本与劳动比（folp）的回归系数显著为负，这表明外资企业资本劳动比的提升促进了劳动力由外企企业向内资企业流动。究其原因，可能是随着外商直接投资的进入，部分以劳动密集型为主导的外资企业逐步转型为资本或技术密集型，即技术水平的提高改变了生产结构，从而导致部分员工被技术所取代，因此这部分劳动力会选择去劳动力需求更大的内资企业工作，从而造成了劳动力的流动。

　　工资不平等方程的回归结果表明，外资企业与内资企业全要素生产率之比（tfp）的回归系数显著为正，该比值的提高扩大了内外资企业间的工资差距，全要素生产率的上升意味着企业生产效率的提高，外资企业通过提高生产技术水平来优化生产环节，技术提升的过程需要员工的技能投入，随着企业平均技能水平的提升，也拉高了平均工资水平，从而扩大了内外资企业间的收入差距。外资企业与内资企业的现金流量之比（clashflow）的回归系数不显著，说明现金流量之比不是影响工资差距的主要因素。内资企业的平均规模（dscal）的回归系数显著为负，这表明随着内资企业平均规模的扩大内外资企业间的工资差距会不断缩小。近些年内资企业一直在不断创新和发展，一些内资企业已经从劳动密集型转化为技术密集型，实现了生产技术的提升。而企业规模作为创新升级的基础条件，为技术改革提供了尝试的空间。随着内资企业平均规模的不断提升，各种新型设备更多地应用到生产之中，从而打破原有的技术壁垒，实现自主研发的新突破，内资企业生产效率的不断提高也必然会提升员工的薪酬待遇，进一步缩小内外资企业间的工资差距。内资企业的企业年龄（dage）的回归系数不显著，说明企业年龄不是影响工资差距的主要因素。

综合上述分析结果，分别使用工业企业数据库和上市公司数据基于行业层面数据考察外商直接投资对劳动力从内资企业向外资企业转移和内外资企业间的工资差距的影响，主要结论为：（1）外商直接投资的劳动力转移效应有利于缩小行业内内外资企业间的工资差距。基于工企 144 个行业以及上市公司 66 个行业的简单拟合结果发现，引资的数量越多、外商直接投资进入的程度越深，行业内外商直接投资企业就业的劳动力总数相对内资企业就越多，而行业内外商直接投资企业与内资企业的就业人数之比越高，内外资企业间的工资差距就越低。（2）根据联立方程组的估计结果，劳动力转移方程的估计结果显示，随着外商直接投资流入的系数显著为正，即随着外商直接投资进入程度不断加深，劳动力逐渐从内资部门向外商直接投资部门流入。（3）工资不平等方程的估计结果显示，劳动力转移的回归系数在 1% 的水平上显著为负，即随着劳动力从内资企业向外商直接投资企业的流动，外商直接投资企业与内资企业的工资差距在不断缩小。对联立方程组的整合可以得到各变量对工资差距影响的弹性系数，外商直接投资流入程度对工资差距影响的弹性系数为负，换而言之，从整体看在考察期内随着行业内外商直接投资引入量的提升，外商直接投资进入所引起的劳动力转移效应会促进企业间工资差距的缩小。

第二节 劳动力转移效应基于地区层面的估计结果

上一节本书从行业的层面对外商直接投资的劳动力转移效应对内外资企业间的工资差距的影响进行了估计，本节将主要从地区层面着手，分析外商直接投资的劳动力转移效应对地区内外商直接投资企业与内资企业间工资差距的影响。

一、基于中国企业数据库的实证研究

（一）数据及典型事实分析

中国工业企业数据库涵盖了除去港澳台之外的 31 个省、自治区和直辖市，

本书根据国家统计局的划分办法，将北京、天津、河北、辽宁、上海、江苏、浙江、福建、山东、广东和海南 11 个省份划分为东部地区；将山西、内蒙古、吉林、黑龙江、安徽、江西、河南、湖北、湖南、广西 10 个省份划分为中部地区；将重庆、四川、贵州、云南、西藏、陕西、甘肃、青海、宁夏、新疆 10 个省份划分为西部地区。表 5 - 6 列出了 31 个省份外商直接投资企业和内资企业的平均就业人数的变化情况。

表 5 - 6　　　　各地区外商直接投资企业与内资企业平均就业人数变化

地区		1999 年		2003 年		2007 年	
		内资企业	外商直接投资企业	内资企业	外商直接投资企业	内资企业	外商直接投资企业
东部	北京	224	248	254	240	126	197
	天津	215	232	202	257	139	214
	河北	310	240	349	276	200	273
	辽宁	412	245	379	262	189	226
	上海	205	182	171	242	139	285
	江苏	281	244	226	287	125	232
	浙江	212	229	178	254	157	243
	福建	234	285	172	333	185	345
	山东	403	327	378	322	211	287
	广东	236	348	200	436	189	295
	海南	224	177	193	197	235	283
	均值	269	251	246	282	172	262
中部	山西	420	347	506	457	302	416
	内蒙古	521	392	438	408	127	207
	吉林	483	257	456	329	231	338
	黑龙江	601	317	527	414	119	228
	安徽	340	260	364	305	156	333
	江西	298	245	310	377	169	261
	河南	317	233	352	290	172	250
	湖北	323	217	317	311	163	252
	湖南	364	246	265	274	172	419
	广西	298	278	283	340	197	283
	均值	397	279	382	351	181	299

续表

地区		1999 年		2003 年		2007 年	
		内资企业	外商直接投资企业	内资企业	外商直接投资企业	内资企业	外商直接投资企业
西部	重庆	460	265	378	365	186	293
	四川	425	263	376	285	190	270
	贵州	295	277	310	253	228	226
	云南	330	188	344	185	229	212
	西藏	91	112	86	56	204	438
	陕西	475	230	462	241	254	279
	甘肃	302	366	268	376	218	253
	青海	300	159	363	136	215	313
	宁夏	432	478	554	426	218	301
	新疆	289	172	321	195	210	172
	均值	340	251	346	252	215	276

资料来源：根据 1999～2007 年的中国工业企业数据库整理。

根据表中的数据，我们有以下几点发现：（1）从整体来看，与行业层面的结果类似，内资企业的平均雇佣规模在下降，而外商直接投资企业的平均雇佣规模在上升。1999 年有 22 个省份的内资企业平均就业人数超过外商直接投资企业，占到全部 31 个省份的 70% 左右，到 2007 年该比值下降到 1%，只有 3 个省份内资企业的平均就业规模超过外商直接投资企业。（2）就内资企业就业规模下降的比例而言，东部地区下降了 36%，中部地区下降了 54%，西部地区下降了 37%，中部地区下降的比例最高。中西部内资企业的平均雇佣人数一直高于东部地区，这是由于东部地区的经济发展水平较高，与中西部地区之间有较大的经济发展梯度，其内部聚集的产业多是建立在资源禀赋和区位优势的基础上，良好的经济运营环境和投融资环境吸引了绝大多数的资本密集型以及技术密集型企业的进驻，而相比之下，在土地、能源和工资方面具备明显成本优势的中西部地区则主要受到劳动力密集型企业的青睐，而劳动密集型企业的就业规模一般要高于技术或资本密集型的非劳动力密集型企业。（3）就外商直接投资企业就业规模上升的比例来说，东、中、西部地区分别上升了 4%、7% 和 10%，中西部地区外商直接投资就业规模的上升高于东部地区，一方面是随着西部大开发、中部崛起等一系列区域发展战略的实施，中西部的投资环境和硬件设施日益完善，所具备的投资潜力逐渐吸引了越来越多的外商直接投资进驻；另一方面，东部地区劳动力的需求旺盛造成了劳动力市场的价格不断上升，而中西部地区丰裕的剩余劳动力及低廉的劳动价格吸引了部分劳动力密集型的外商直接投资企业从东部地区向中西部地区转移。

　　与研究行业的过程类似，我们也计算了 31 个省份在 1999～2007 年平均的 lnfscal、lnL 和 lnw，即外商直接投资的进入程度、外商直接投资与内资的就业人数比以及外商直接投资与内资的平均工资比。先后以 lnfscal 为横坐标、lnL 为纵坐标，以及 lnL 为横坐标、lnw 为纵坐标画出两两关系的散点图，并简单拟合出相应的回归线，如图 5 - 3 和图 5 - 4 所示。图 5 - 3 中的拟合曲线的斜率为正，说明若某一地区外商直接投资进入的程度越深，外商直接投资企业与内资企业的就业人数之比就越高，意味着劳动力从内资部门转移到了外资部门。图 5 - 4 的斜率为负，说明若地区内外商直接投资企业的就业人数与内资企业的就业之比越高，内外资企业间的工资差距就越小，劳动力从内资部门向外商直接投资部门转移的过程有利于工资差距的缩小。

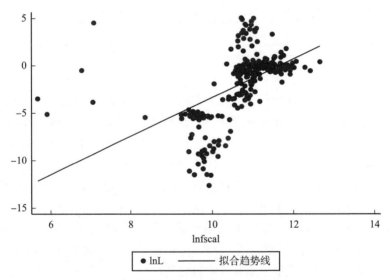

图 5 - 3　地区引资程度与劳动力转移关系

资料来源：根据 1999～2007 年的中国工业企业数据库整理。

（二）联立方程组的估计结果

　　运用第三章第二节构建的联立方程组，即公式（3 - 26）和公式（3 - 27）对地区层面外商直接投资的劳动力转移效应对内外资企业间工资差距的影响进行估计。被解释变量分别为地区内外商直接投资企业就业人数与内资企业的就业人

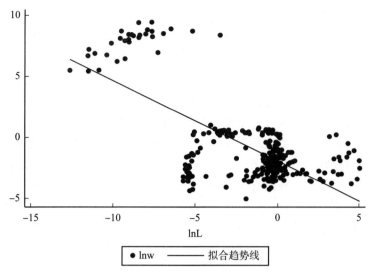

图 5 - 4 劳动力转移与内外资工资差距关系

资料来源：根据 1999 ~ 2007 年的中国工业企业数据库整理。

数之比（用来衡量劳动力转移），以及地区内外商直接投资企业与内资企业的平均工资比（用来度量内外资企业间的工资差距）。所用到的解释变量包括：外商直接投资企业的总产值（fscal）、外商直接投资企业与内资企业的工业增加值之比（y）、外商直接投资企业与内资企业的技术差距之比（A）、外商直接投资企业的平均出口倾向（fexport）、外商直接投资企业的新产品在总销售中占的比重（fnew）、外商直接投资企业的平均人均利润（fpcp）、外商直接投资企业的销售值在总销售值中所占的比重（fsale）。

　　表 5 - 7 和表 5 - 8 分别显示了从地区层面使用联立方程组对外商直接投资的劳动力转移效应和工资差距方程进行估计的结果。由于二阶段最小二乘法忽略了不同方程扰动项之间可能存在的相关性，而三阶段最小二乘法对联立方程组同时进行估计是最有效率的，因此表中只列出了使用三阶段最小二乘法进行估计的结果。为显示出地区发展差异的影响，在给出了全样本的估计结果的同时，进一步分东、中、西三个地区对联立方程组进行了估计。各个方程 F 统计值的 p 值都为 0，说明估计方程均具有较高的显著性。但西部地区两个估计方程的回归系数的显著性普遍不高，说明本书建立的联立方程组并不能对西部地区内外资间的工资差距进行很好的解释，因此其回归结果仅作参考。从全样本整体的估计结果来看，劳动力转移估计方程中外商直接投资流入的系数显著为正，意味着地区内外商直接投资流入程度的加深，促进了劳动力从内资企业向外商直接投资企业的转移，工资差距估计方程中，劳动力转移的系数显著为负，说明外商直接投资流入引起的劳动力转移效应有利于促进内外资企业间工资差距的缩小。对分样本数据

来说，东部地区和西部地区的劳动力转移方程的估计结果中外商直接投资的系数为正，但不显著，而中部地区的外商直接投资流入系数则显著为负，这说明外商直接投资引起的劳动力从内资企业向外商直接投资企业的转移在东部和西部地区并不明显，而对于中部地区来说，外商直接投资的增加不仅不会促进劳动力从外商直接投资企业转移到内资企业，甚至还会引起反向的流动，即从内资企业转移到外商直接投资企业。这可能是由于东部地区经济发展水平比较高，劳动力成本的增幅也相对较大，导致大量的企业从东部地区转移到中西部。而相对于西部，经济环境相对较好的中部地区会成为首选，在转移的过程中，规模和数量更庞大的内资企业肯定会超过外商直接投资企业的流入量，因而会表现出内资企业的总劳动量超过外商直接投资企业。这就解释了为什么对全样本而言劳动力从内资转向外商直接投资企业的效应显著，但中部地区内资的劳动力转移效应则不显著。对于西部地区来说，内资企业和外商直接投资企业的转移量都还相对较小，劳动力转移效应不显著。

表 5 - 7 劳动力转移方程的估计结果

变量	全样本	东部地区	中部地区	西部地区
lnw	− 0. 783 *** (− 3. 84)	− 0. 959 *** (− 6. 11)	− 0. 615 *** (− 7. 04)	− 1. 348 * (− 1. 46)
Lnfscal	0. 302 *** (4. 09)	0. 064 (0. 62)	− 0. 568 *** (− 2. 89)	0. 375 (0. 48)
lny	0. 174 * (1. 81)	0. 580 *** (8. 26)	0. 566 *** (8. 42)	− 0. 630 (− 0. 38)
lnA	− 0. 772 *** (− 7. 26)	− 0. 869 *** (− 9. 45)	− 0. 962 *** (− 12. 52)	0. 116 (0. 08)
fexport	0. 004 (0. 26)	0. 018 (1. 48)	0. 014 (1. 13)	0. 014 (0. 16)
fnew	− 0. 004 (− 0. 42)	0. 0198 *** (2. 7)	− 0. 011 * (− 1. 91)	− 0. 020 (− 0. 14)
lnfpcp	0. 732 *** (3. 81)	0. 711 *** (6. 54)	1. 186 *** (10. 74)	− 0. 259 (− 0. 08)
_cons	− 8. 528 *** (− 6. 75)	− 3. 09 (− 1. 57)	4. 738 (1. 51)	− 9. 941 (− 0. 88)
R^2	0. 7658	0. 9334	0. 934	0. 7362
样本数	255	97	85	73

注：* 、** 、*** 分别表示在 10% 、5% 和 1% 的水平上显著。括号内为相应的 t 值。
资料来源：根据 1999 ~ 2007 年的中国工业企业数据库整理。

表 5 - 8　　　　　　　　　　　　工资差距方程的估计结果

变量	全样本	东部地区	中部地区	西部地区
lnL	- 0. 420 *** (- 3. 1)	- 0. 085 * (- 0. 48)	0. 188 (0. 71)	- 0. 873 *** (- 3. 34)
lnfscal	0. 100 (0. 95)	- 0. 519 *** (- 3. 55)	- 1. 977 *** (- 5. 07)	0. 287 (1. 13)
lny	0. 590 ** (2. 00)	2. 311 *** (2. 88)	2. 769 *** (4. 05)	- 0. 435 (- 1. 15)
lnA	- 0. 159 *** (- 5. 13)	0. 022 (0. 24)	0. 136 (1. 02)	- 0. 174 (- 1. 13)
lnfsale	- 0. 586 *** (- 2. 77)	- 1. 531 *** (- 2. 74)	- 1. 765 *** (- 3. 74)	0. 095 (0. 33)
fexport	0. 005 (0. 29)	0. 027 (1. 56)	0. 015 (0. 49)	0. 017 (0. 41)
_cons	- 3. 256 * (- 1. 78)	9. 310 *** (3. 45)	31. 760 *** (4. 81)	- 8. 015 ** (- 2. 99)
R^2	0. 4833	0. 5731	0. 5864	0. 5426
样本数	255	97	85	73

注：*、**、***分别表示在10%、5%和1%的水平上显著。括号内为相应的t值。
资料来源：根据1999~2007年的中国工业企业数据库整理。

　　由于西部地区估计方程的回归系数显著性普遍不高，解释力不强，因此下面重点对东部和中部地区样本的控制变量回归结果进行说明。外商直接投资企业与内资企业的工业增加值之比（y）的系数在全样本回归中显著为正，即整体上促进了劳动力从内资企业向外商直接投资企业的转移。在分样本回归中，该系数在东部和中部地区的回归结果显著为正，这意味着在东部和中部地区，外商直接投资企业与内资企业的工业增加值之比越高，有利于促进劳动力从内资企业向外商直接投资企业的转移。外商直接投资企业与内资企业的工业增加值之比越高意味着其在工业生产领域竞争力越强，从而吸引劳动力向外商直接投资企业流动。外商直接投资企业与内资企业的技术差距之比（A）的系数在全样本回归中显著为负，即整体上阻碍了劳动力向外商直接投资企业的转移，在分样本回归中，该系数在东部和中部地区的回归结果同样显著为负，即外商直接投资企业与内资企业的技术差距越大，阻碍了劳动力从内资企业向外商直接投资企业的转移。外商直接投资企业的平均出口倾向（fexport）回归系数无论是在全样本还是各个地区中均不显著，并非劳动力转移的主要因素。外商直接投资企业的新产品在总销售中所占比重（fnew）在全样本回归中系数不显著，但在分样本回归中该系数在东部地区回归系数显著为正，而在中部地区的回归结果显著为负。在经济较为发达的东部地区，新产品在总销售中占的比重越高，企业创新能力越强，效益也就可能越好，越有能力提供高水平工资，同时东部地区的劳动力素质相对较高，更能满足企业对于创新型人才的需求，因而劳动力向外商直接投资企业流动的倾向更高。而中部地区在高端人才的教育培养、科技创新成果、经济发展贡献率等方面都存在着不足，限制了中部地区对先进技术的消化吸收，存在岗位与劳动力素质结构性不匹配的问题，因而不利于向外资企业流动。外商直接投资企业的平均人均利润（fpcp）在全样本回归中系数显著为正，即促进了劳动力向外商直接投资企业的流入，在分样本回归中，该系数在东部和中部地区样本的回归结果同样显著为正。人均利润代表企业的效益，利润越高的企业越有能力为员工提供高工资，因而促进了劳动力向外商直接投资企业的流动。外商直接投资企业的销售额在总销售额中所占的比重（fsale）在全样本回归中系数显著为正，在分样本回归中，该系数在东部和中部地区的回归结果同样显著为正。这是因为外商直接投资企业的销售值在总销售值中所占的比重越高意味着其在市场中所占份额越大，企业拥有定价话语权，效益也可能越好，因此促进了劳动力向外商直接投资企业的流动。

全样本工资差距估计方程的回归结果表明，劳动力转移的系数显著为负，即劳动力从内资企业向外商直接投资企业的转移有利于缩小内外资企业间的工资差距。从分样本数据的回归结果来看，东部地区和西部地区劳动力从内资企业向外商直接投资企业的转移也均会引起内外资企业间工资差距的缩小，但中部地区的劳动力转移会扩大收入差距，笔者认为对中部地区来说，内资企业的数量以及就业人数远远高于外商直接投资企业，而被外商直接投资企业高工资吸引过去的劳动力大多是高技能劳动者，高技能劳动力的工资水平远高于普通劳动力，因此少量劳动力的转移不仅不会缩小工资间的差距反而会引起工资差距的扩大。但根据劳动力方程的估计结果，中部地区外商直接投资的流入并不会引起劳动力从内资企业向外商直接投资企业的转移，反而会引起反向流动，因此综合两个方程的估计结果，中部地区外商直接投资的流入程度的加深依然会引起内外资企业间工资差距的缩小。

与上文类似，由于西部地区估计方程的回归系数显著性普遍不高，因此下面重点对东部和中部地区的回归结果进行说明。外商直接投资企业与内资企业的工业增加值之比（y）的系数在全样本回归中显著为正，即扩大了工资差距。在分样本回归中，该系数在东部和中部地区的回归结果显著为正，即在东部和中部地区，外商直接投资企业与内资企业的工业增加值之比越高，引起内资企业与外商直接投资企业间工资差距扩大。外商直接投资企业与内资企业的工业增加值之比越高意味着其在工业生产领域竞争力越强，越能够提供高水平工资，从而扩大了内外资企业间的工资差距。外商直接投资企业与内资企业的技术差距之比（A）的系数在全样本回归中不显著，在分样本回归中，该系数在东部、中部和西部地区的回归结果也均不显著。一方面可能是由于外商直接投资企业技术水平越高其劳动生产率越高，提供的工资也就越高，这使内外资企业的工资差距扩大；但另一方面，技术水平越高也意味着资本对劳动的替代效应越明显，因而导致外商直接投资企业技能劳动力工资下降，缩小了内外资企业的工资差距。在这两种机制的影响下最终表现出对工资差距的影响不显著。外商直接投资企业的平均出口倾向（fexport）回归系数不显著，非劳动力转移的主要因素。外商直接投资企业的销售额在总销售额中所占的比重（fsale）在全样本回归中显著为负，在分样本回归中，该系数在东部和中部地区的回归结果同样显著为负，缩小了工资差距。外商直接投资企业的销售值在总销售值中所占的比重越高意味着其在市场中所占份额越大，其对于劳动力的需求也越大，但随着劳动力向外商直接投资企业转移，劳动力的供给增加必然导致价格的降低，因而两种企业间劳动力价格的差异会不断缩小。

为研究外商直接投资流入对各地区内外资企业间工资不平等的影响，还需根据公式（5-1）求出各预定变量影响内外资企业间工资差距的弹性系数，结果如表5-9所示。从表中可以看出，从全样本的估计结果来看外商直接投资流入规模的扩大对工资差距影响的弹性系数为负，说明外商直接投资通过劳动力转移效应确实有利于缩小内外资企业间的工资差距。分地区来看，东部地区和中部地区的外商直接投资流入规模的扩大可缩小内外资企业间工资的差距。西部地区外商直接投资流入会扩大内外资企业间的工资差距。一方面是由于西部地区的劳动力转移方程和工资差距估计方程的估计系数均不显著、解释力度很低；另一方面对经济发展尚处于起步阶段的西部地区来说，对外商直接投资的引入也处于初级阶段，根据我们第三章理论模型的推导结果，劳动力转移的初级阶段是一个引致工资差距不断扩大的过程。其他的核心变量的符号均与预期一致，相比内资企业，外商直接投资企业的产出越高、生产率水平越高越会引致内外资企业间工资差距的扩大。

表5-9　　　　　　　　各预定变量对工资差距影响的弹性系数

变量	全样本	东部地区	中部地区	西部地区
lny	0.771	2.463	2.578	-0.649
lnA	0.247	0.105	0.040	1.535
lnfscal	-0.039	-0.571	-1.869	0.226

变量	全样本	东部地区	中部地区	西部地区
fexport	0.005	0.027	0.016	− 0.026
fnew	0.003	0.002	0.002	− 0.098
lnfpcp	− 0.459	− 0.066	0.200	− 1.277
lnfsale	− 0.873	− 1.667	− 1.583	− 0.537

资料来源：根据 1999～2007 年的中国工业企业数据库整理。

其他的解释变量与行业层面结果不一致的是，外商直接投资企业的出口倾向越高会引起内外资企业间工资差距的扩大，这可能是出口倾向较高的外商直接投资企业大多分布于东部沿海省份，充裕的资本投入需要大量的劳动力与之相配套，而劳动力短缺的问题在东部沿海省份日益凸显和紧迫，在这种境况下，有着雄厚资本实力的外商直接投资企业相比其竞争对手内资企业，有能力以较高的工资水平来吸引劳动力。第八章我们将对外商直接投资出口企业的工资问题进行详细论证。外商直接投资行业新产品比重的提升不利于吸引劳动力的从内资企业向外商直接投资企业转移，这主要由技术壁垒所导致，所以也不利于工资差距的缩小。外商直接投资企业销售值的提升意味着技术溢出的增加，技术溢出对工资差距的缩小作用将在下一章进行详细论述。

二、基于上市公司的实证研究

（一）数据及典型事实分析

本部分内容通过整合 CSMAR 数据库和 WIND 数据库涵盖的除去港澳台之外的 31 个省、自治区和直辖市的上市公司数据，依旧延续前文的划分办法，将省份分为东部地区、中部地区和西部地区。表 5 - 10 列出了 31 个省份外商直接投资企业和内资企业 2012～2020 年平均就业人数的变化情况。

表 5 - 10　　　各地区外商直接投资企业与内资企业平均就业人数变化

地区		2012 年		2013 年		2014 年		2015 年		2016 年	
		内资企业	外商直接投资企业	内资企业	外商直接投资企业	内资企业	外商直接投资企业	内资企业	外商直接投资企业	内资企业	外商直接投资企业
东部	北京	29608	1881	30189	2094	29706	2003	29812	2010	30048	2279
	天津	4653	1768	2846	2107	3889	2098	3549	2321	4283	2480

续表

地区		2012 年		2013 年		2014 年		2015 年		2016 年	
		内资企业	外商直接投资企业	内资企业	外商直接投资企业	内资企业	外商直接投资企业	内资企业	外商直接投资企业	内资企业	外商直接投资企业
东部	河北	9885	5576	9473	6556	9416	6442	8745	5772	9034	6954
	辽宁	6516	1046	6122	1424	6760	1226	7605	1245	7980	2097
	上海	6532	2384	8354	2485	8614	3079	8930	2848	10162	2552
	江苏	3186	1974	2901	2117	2913	2221	3445	2446	3465	2471
	浙江	3118	2702	3352	2855	3507	2846	3829	2786	3910	2884
	福建	4478	3107	4681	3602	4611	3979	4730	4070	4444	3965
	山东	8010	3623	7370	3626	7859	3912	7240	4166	7029	4706
	广东	7190	3056	7420	3884	7937	3967	8032	4273	8704	4236
	海南	11461	1373	12416	1301	9411	1550	8708	2053	7300	2421
	均值	8604	2590	8647	2914	8602	3029	8602	3090	8760	3368
中部	山西	18830	3310	17202	2732	15241	2752	14499	2675	16505	2997
	内蒙古	11042	1408	11194	1602	11443	1871	11342	2301	11509	2019
	吉林	4176	1225	4112	1652	3889	1821	3776	1820	3852	1690
	黑龙江	7095	1132	7082	1241	5392	1791	7090	1848	6466	1658
	安徽	7254	2739	7133	2790	7379	3106	7276	2912	6753	6603
	江西	8711	4261	8667	3617	8454	4030	7448	3571	6906	4057
	河南	10971	3602	11485	3995	11812	4125	10622	3723	10536	3846
	湖北	4311	1490	4946	1480	4964	1385	5274	1672	5960	1698
	湖南	4826	2079	4807	2122	4627	2136	5008	4591	4834	4677
	广西	3578	1411	3734	1548	3237	1677	3379	1490	3405	1852
	均值	8080	2266	8036	2278	7644	2469	7571	2660	7673	3110
西部	重庆	4806	3322	5157	3407	5062	3889	5058	3295	4992	4081
	四川	6302	5442	5912	5520	5915	5071	5821	4552	5253	3847
	贵州	6681	2456	6498	2789	6492	2770	6606	2987	6440	3561
	云南	5212	2047	5195	1548	5274	4177	4904	4601	4628	4133
	西藏	2729	1160	2593	1233	2670	1302	2703	1602	2628	1238
	陕西	4685	2037	4546	2286	8176	2110	8342	2576	6895	3786
	甘肃	4266	2197	4518	2306	4674	2543	4166	3174	3962	3406

续表

地区		2012 年		2013 年		2014 年		2015 年		2016 年	
		内资企业	外商直接投资企业	内资企业	外商直接投资企业	内资企业	外商直接投资企业	内资企业	外商直接投资企业	内资企业	外商直接投资企业
西部	青海	6470	2892	5516	2951	6016	3235	5337	3989	5485	4184
	宁夏	2919	3121	2722	3987	3179	3543	3337	3173	2579	3439
	新疆	2966	2412	3501	2534	3541	3601	3347	3890	3286	2963
	均值	4704	2709	4616	2856	5100	3224	4962	3384	4615	3464

地区		2017 年		2018 年		2019 年		2020 年	
		内资企业	外商直接投资企业	内资企业	外商直接投资企业	内资企业	外商直接投资企业	内资企业	外商直接投资企业
东部	北京	27845	2324	28105	2381	27822	2392	28164	2520
	天津	4752	2329	4562	2295	4996	2316	5217	2421
	河北	9152	6713	9507	6218	9544	6514	11248	6421
	辽宁	7568	1870	7573	1985	8141	1859	7975	2035
	上海	10103	2318	10690	3129	8954	3083	9423	3059
	江苏	3773	2402	4214	2657	4386	3010	4714	3169
	浙江	4027	2823	4642	2969	4947	3100	5063	3286
	福建	4162	3618	4447	4534	4504	4751	5062	5478
	山东	6753	4328	7141	4563	7258	4936	7279	5248
	广东	8344	4238	10782	4398	11037	4536	11880	4773
	海南	6387	2396	6879	2729	7391	2323	3923	2347
	均值	8442	3214	8958	3442	8998	3529	9086	3705
中部	山西	15281	3136	14488	3424	13950	3361	13782	2462
	内蒙古	11515	1888	11723	2185	12046	2587	11850	2511
	吉林	3910	1739	4057	1837	4616	1791	5712	1935
	黑龙江	6435	1736	6592	1868	6495	1686	6396	1762
	安徽	6851	6683	8019	7286	7985	6882	8039	7399
	江西	6821	3872	6477	3677	6913	3678	8091	3750
	河南	10840	3038	11200	3945	11392	4096	13187	4308
	湖北	6426	2376	6983	2409	7767	3786	7666	3809
	湖南	4207	4379	4816	4330	5169	5352	5294	5798
	广西	3482	2095	4029	2503	4375	2186	5010	2258
	均值	7577	3094	7838	3346	8071	3541	8503	3599

续表

地区		2017 年		2018 年		2019 年		2020 年	
		内资企业	外商直接投资企业	内资企业	外商直接投资企业	内资企业	外商直接投资企业	内资企业	外商直接投资企业
西部	重庆	5391	4381	5164	5056	5331	5140	5736	5295
	四川	4936	3533	4906	3772	5235	4066	5053	4276
	贵州	6830	3373	6695	3641	6929	3377	7249	3489
	云南	4552	14647	4747	12512	4840	13880	4923	14186
	西藏	2529	1012	2778	966	2708	1241	2718	1310
	陕西	6455	3715	6641	3745	6507	4358	7591	5499
	甘肃	4403	3596	4669	3764	4342	4459	4205	4065
	青海	4903	3790	4916	3829	2478	3579	2230	3997
	宁夏	1983	2174	1928	2050	1900	2044	2206	2002
	新疆	5463	2742	5003	2829	5025	2968	5036	3055
	均值	4744	4296	4745	4216	4530	4511	4695	4717

资料来源：作者据 2012～2020 年的 CSMAR 数据库和 WIND 数据库整理。

根据表 5－10 的数据统计，有以下几点发现：（1）从整体来看，内外资企业的平均雇佣规模均在上升，但外商直接投资企业的就业规模上升比例要大于内资企业。（2）就内资企业就业规模变化的比例而言，东部地区上升了 5.6%，中部地区上升 5.2% 了，西部地区下降了 0.2%，中东部地区呈现上升趋势，而西部地区就业规模出现下降。党的十八大以来，城镇化进程不断向前推进，人口流动日益活跃，2020 年我国流动人口比例到达了 26.6%，而人口的主要流向是沿海、沿江地区及中部内地城区集聚，东部地区人口出现持续增加的趋势。人口的流入为中部和东部地区内资企业的发展提供了源源不断的动力，2012 年以来，东部和中部地区内资企业的就业人数一直高于西部地区，这与东部和中部地区经济的发展水平较高息息相关，虽然西部地区一直都在着力发展特色产业，也出台了许多人才引进政策和开办了一些劳动密集型企业，但西部地区的经济发展水平依然较中东部落后，城市配套以及基础设施等建设水平较低，这些因素可能是西部地区内资企业的就业规模出现下降趋势的主要原因。（3）就外商直接投资企业就业规模上升的比例来说，东、中、西部地区分别上升了 45%、59% 和 74%，中西部外商直接投资就业规模的上升高于东部地区。东部地区由于地理位置的优势，外资企业入驻的时间较早，因此发展体系较为完善，外资企业中资本和技术密集型企业占比较大，因此在产业结构更为完善和产出更为高效的东部地区外资企业的就业规模提升比例较低。中西部地区的外资企业投资环境建设得较晚，但软硬件设施日益完善，许多外资企业更是看中了中国西部地区未来的发展大趋势和市场的潜力，所以吸引了外资企业的入驻，带动了就业规模的提升。

(二) 联立方程组的估计结果

使用上文构建的联立方程组来估计地区层面外商直接投资的劳动力转移效应对内外资企业间工资差距的影响。被解释变量分别为地区内外商直接投资企业就业人数与内资企业的就业人数之比（lnL），用来衡量劳动力转移，以及地区内外商直接投资企业与内资企的平均工资比（lnw），用来度量内外资企业间的工资差距。核心变量和其他控制变量的构建方式均与上文相同。

表 5 - 11 和表 5 - 12 分别显示了从地区层面使 OLS 对外商直接投资的劳动力转移效应对内外资企业间工资差距的影响进行估计的结果。结果包含全样本的估计结果以及东、中、西三个地区的估计结果。从全样本整体的估计结果来看，劳动力转移估计方程中外商直接投资流入的系数显著为正，意味着随着地区内外商直接投资流入程度的加深，劳动力逐渐从内资企业向外商直接投资企业转移，工资差距估计方程中，劳动力转移的系数显著为负，说明外商直接投资流入引起的劳动力转移效应有利于促进内外资企业间工资差距的缩小。对分样本数据来说，东部地区和西部地区的劳动力转移方程的估计结果中外商直接投资的系数显著为正，而中部地区的外商直接投资流入系数为负，但是不显著。这说明外商直接投资引起的劳动力从外资企业向内资企业的转移在中部地区并不明显，而对于东部和西部地区来说，外商直接投资的增加促进了劳动力从内资企业转移到外资企业。这可能是由于东部地区经济发展水平较高，企业对于新技术的学习能力更强，在外商直接投资不断进入的过程中带来了国外的先进技术，同时使用更高的报酬吸引员工也有助于外资企业生产效率的提高以及对于人才的吸纳。这对于内资企业而言是机遇和挑战并存，但内资企业在学习和进行结构升级的过程中存在着一定的时间滞后性。所以在外商直接投资进入东部地区企业的过程中，会存在许多内资企业的员工为追求更高的劳动报酬而向外资企业转移的现象。而对于西部地区而言，由于经济发展水平相对落后、企业员工的薪酬相对较低，因此会吸引一些占地面积较大的劳动密集型企业入驻西部地区，随着外商直接投资的增加，劳动密集型外资企业的数量会进一步上升。西部地区外资企业的规模逐渐扩大，会不断增加对劳动力数量的需求，较高的薪酬可能会造成西部地区企业的劳动力由内资企业向外资企业进一步的转移。

表 5 – 11　　　　　　　　　　　　　　劳动力转移方程的估计结果

变量	全样本	东部地区	中部地区	西部地区
lnw	− 1.495 ** (− 2.54)	− 1.691 ** (− 1.99)	− 1.778 ** (− 2.30)	− 1.532 (− 1.04)
lnfscal	0.013 * (1.82)	0.015 * (1.93)	− 0.011 (− 1.31)	0.050 *** (3.36)
tfp	1.476 ** (2.49)	4.1611 *** (6.75)	− 0.076 (− 0.09)	2.635 * (1.78)
clashflow	− 0.001 (− 1.04)	0.088 ** (2.29)	0.020 (1.42)	− 0.001 (− 0.08)
froa	− 1.051 (− 1.15)	− 1.518 (− 1.54)	3.337 *** (2.93)	− 5.683 ** (− 2.59)
folp	− 0.997 *** (− 11.43)	− 0.566 *** (− 4.97)	− 0.444 *** (− 6.57)	− 0.767 *** (− 4.89)
_cons	14.527 *** (9.54)	6.338 ** (2.37)	8.371 *** (5.57)	11.556 *** (3.48)
R^2	0.7852	0.6266	0.5437	0.6189
样本数	279	99	90	90

注：*、**、*** 分别表示在 10%、5% 和 1% 的水平上显著。括号内为相应的 t 值。
资料来源：笔者根据 2012 ~ 2020 年的 CSMAR 数据库和 WIND 数据库整理估计。

表 5 – 12　　　　　　　　　　　　　　工资差距方程的估计结果

变量	全样本	东部地区	中部地区	西部地区
lnL	− 0.010 * (− 1.83)	− 0.040 *** (− 2.85)	− 0.013 (− 0.68)	− 0.004 (− 0.49)
lnfscal	− 0.002 * (− 1.78)	− 0.006 *** (− 4.33)	− 0.004 ** (− 2.58)	− 0.003 * (− 1.92)
tfp	0.453 *** (7.97)	0.036 (0.27)	0.460 *** (3.92)	− 0.643 *** (− 6.11)
clashflow	− 0.001 (− 0.26)	0.003 (0.46)	− 0.003 (− 1.07)	0.000 (0.76)
dscal	− 0.001 (− 0.13)	− 0.038 *** (− 3.05)	− 0.002 (− 0.20)	− 0.009 (− 0.46)
dage	− 0.144 *** (− 4.87)	− 0.182 *** (− 5.01)	− 0.068 (− 1.01)	0.056 (1.32)

续表

变量	全样本	东部地区	中部地区	西部地区
_cons	1.008 *** (4.83)	2.360 *** (5.72)	0.853 ** (2.30)	1.692 *** (4.01)
R^2	0.3065	0.3963	0.3779	0.3889
样本数	279	99	90	90

注：*、**、***分别表示在10%、5%和1%的水平上显著。括号内为相应的 t 值。
资料来源：笔者根据2012~2020年的 CSMAR 数据库和 WIND 数据库整理估计。

外商直接投资企业与内资企业的全要素生产率之比（tfp）的系数在全样本回归中显著为正，即整体上促进了劳动力从内资企业向外商直接投资企业的转移。在分样本回归中，该系数在东部和西部地区的回归结果显著为正，这意味着在东部和西部地区，外商直接投资企业与内资企业的全要素生产率之比越高，越有利于促进劳动力从内资企业向外商直接投资企业的转移。该指标值越高意味着企业在生产领域的竞争力越强，从而吸引劳动力向外资企业流动。外商直接投资企业与内资企业的现金流量之比（clashflow）仅在东部地区的回归结果中显著为正，在全样本和其他地区的回归结果中不显著，这表明现金流量之比不是影响劳动力转移的主要因素。外商直接投资企业资产回报率（froa）的影响仅在中部和西部地区的回归中显著，且一个为正一个为负，这表明中部地区外资企业资产回报率的提高促进了劳动力向外资企业的转移，而西部地区则抑制了劳动力的转移。究其原因，可能是西部地区外商直接投资的不断流入加快了产业技术的升级，提升了企业生产效率，因此会对企业员工产生一定的"挤出效应"，即部分岗位会逐渐被技术替代，而西部地区的内资企业是以劳动密集型为主导，因此对劳动力数量的需求要大于外资企业，从而造成劳动力向内资企业的流动。中部地区的企业配套更为完善、劳动力素质更高，在技术升级的过程中会产生"规模效应"，从而吸引更多的高科技人才加入企业。外商直接投资企业的资本与劳动比（folp）在全样本以及各地区的分样本回归结果中均显著为负，即外资企业资本劳动比的提高促进了劳动力向内资企业的转移。随着外商直接投资的不断进入，固定资产占比的增加意味着外资企业资本密集程度进一步提高，可能导致对于劳动力的需求会不断降低，因此会造成劳动力向内资企业的流动。

全样本的工资差距估计方程的回归结果表明，劳动力转移的系数显著为负，说明劳动力从内资企业向外商直接投资企业的转移的确有利于内外资企业间工资差距的缩小。从分样本数据的回归结果来看，系数均为负，但仅有东部地区的回归系数显著，西部和中部地区的回归系数均不显著。外商直接投资企业与内资企业的全要素生产率之比（tfp）的系数在全样本以及中部地区的回归中显著为正，即扩大了工资差距，但在西部地区的回归结果中显著为负。究其原因，可能是全要素生产率的提高也会导致工资水平的提升，这会导致内外资企业工资差距的进一步加大。而在西部地区外资企业全要素生产率的提高可能会引发技术对劳动的替代效应，因而导致外商直接投资企业中低技能劳动力工资下降，缩小了内外资企业的工资差距。外商直接投资企业与内资企业的现金流量之比（clashflow）在全样本和其他地区的回归结果中不显著，这表明现金流量之比不是影响工资差距的主要因素。内资企业的平均规模（dscal）的回归系数为负且仅在东部地区的回归结果中显著，即内资企业的平均规模越大，内外资企业的工资差距越小。内资企业规模的不断扩大得益于新技术的产生和生产效率的提高，随着近些年国家对于企业科技创新扶持力度的加大，内资企业的创新活力不断激发，这必然伴随着综合效益的提升和员工薪酬的提高，从而缩小了内外资企业工资的差距。内资企业的企业年龄（dage）仅在全样本回归和东部企业的回归结果中显著为负，这表明随着内资企业年龄的增加，内外资企业间的工资差距越小。一般企业在成立初期缺乏市场的认可，会投入较多的资金进行市场开拓，因此工资水平可能较低，随着企业成立年限的增加，其产品线会更加成熟，知名度也随之提升，效益的提升也会使员工的薪酬待遇更好，因此有助于缩小内外资企业间的工资差距。

综合上述分析结果，基于地区层面的工业企业数据库和上市公司数据的估计结果均显示：（1）外商直接投资的劳动力转移效应有利于缩小地区内的内外资企业间的工资差距。对31个省份数据的简单拟合发现，某一地区外商直接投资越多，外商直接投资企业与内资企业的就业人数之比就越高，意味着劳动力从内资部门转移到了外资部门。而地区内外商直接投资企业的就业人数与内资企业的就业人数之比越高，内外资企业间的工资差距就越小。（2）根据联立方程组的估计结果，从全样本整体来看，劳动力转移估计方程中外商直接投资流入的系数显著为正，说明外商直接投资流入促进了劳动力从内资企业向外商直接投资企业的转移，工资差距估计方程中，劳动力转移的系数显著为负，说明外商直接投资引起的劳动力转移效应有利于促进内外资企业间工资差距的缩小。（3）分地区来看，外商直接投资流入引起的劳动力从内资企业向外商直接投资企业的转移主要发生在东部和西部地区，而对于中部地区来说，外商直接投资流入的增加不仅不会促进劳动力从外商直接投资企业转移到内资企业，甚至还会引起反向的流动，即从外商直接投资企业流入内资企业。（4）东部地区和西部地区劳动力从内资企业向外商直接投资企业的转移也均会引起内外资企业间工资差距的缩小，只有中部地区的劳动力转移会扩大收入差距，但根据劳动力方程的估计结果，中部地区外商直接投资的流入并不会引起劳动力从内资企业向外商直接投资企业的转移，反而会引致反向流动，因此综合两个方程的估计结果，中部地区外商直接投资的增加依然会引起内外资企业间工资差距的缩小。（5）但从弹性系数来看，全样本的估计结果显示，外商直接投资通过劳动力转移效应确实有利于缩小内外资企业间的工资差距。东部地区和中部地区的外商直接投资流入规模的扩大也可缩小工资间的差距，但西部地区外商直接投资流入会扩大内外资企业间的工资差距。

第六章 外资的技术溢出效应对工资差距的影响

本书第三章的理论模型已详细阐明了外商直接投资带来的技术溢出效应对东道国工资差距的影响机理，本章首先从内外资企业技术差距的角度出发，通过构建门槛回归模型对我国外商直接投资企业发挥技术外溢的作用"门槛条件"进行测算；其次，基于门槛回归的结果，观察不同的技术溢出水平对工资水平的影响；最后，分析技术溢出效应对行业内部内外资企业间工资差距的影响以及对行业间工资差距的贡献度。

第一节 技术差距对外资技术溢出的门槛回归分析

外商直接投资企业技术溢出的前提条件是内外资企业间存在着技术差异，即外资企业的技术水平要高于内资企业。而技术溢出方和接受方之间技术差距的大小也决定着技术溢出的程度。

一、实证模型构建

借鉴已有研究技术溢出的文献（Girma et al, 1999；Wei & Liu, 2006；亓鹏等，2009），构建企业的柯布—道格拉斯生产函数：

$$Y_{ijt} = A_{ijt}K_{ijt}^{\alpha}L_{ijt}^{\beta} \tag{6-1}$$

其中，i、j 和 t 分别表示企业、三位数行业和年份，Y、K 和 L 分别表示产业增加值、生产过程中投入的资本和劳动，A 为全要素生产率，α 和 β 分别表示资本和劳动的产出弹性。假定规模报酬不变，即 α + β = 1，式（6-1）两边取对数形式后得到：

$$\ln(Y_{ijt}) = \ln A_{ijt} + \alpha \ln K_{ijt} + \beta \ln L_{ijt} \tag{6-2}$$

为估计内外资企业间的技术差距，假定企业的全要素生产率是由下式决定：

$$\ln(A_{ijt}) = \gamma FSP_{ijt} + X_{ijt} + \varepsilon_{ijt} \tag{6-3}$$

FSP_{ijt} 是表示企业是否为外商直接投资企业的虚拟变量，根据施霍尔姆（Sjlholm，1999），若企业为外商直接投资企业则 $FSP_{ijt} = 1$，否则为 0；X_{ijt} 表示其他一些影响企业技术水平的控制变量；ε 为随机扰动项。γ 表示外资与内资企业间的技术差距，若将 FSP_{ijt} 替换为表示外资占比的变量 FDI，γ 可以解释外商直接投资企业的技术溢出效应。若该系数值为负，则说明外资的进入对内资企业技术的提高具有抑制作用；若系数值为正，则说明外资的进入促进了内资企业的技术进步。本节主要考察的是行业内部内外资企业的技术差距对行业内外资技术溢出的影响，因此需在公式（6-3）的基础上加入行业内外资技术差距 μ 和行业内外资技术溢出 FDI 的交互项，此外，还需加入反映行业特征的解释变量，得到反映行业内技术差距影响行业技术溢出的估计模型如下：

$$\ln(A_{jt}) = \gamma FDI_{jt} + \eta FDI_{jt} \cdot \mu_{jt} + \delta X_{jt} + D_{jt} + \varepsilon_{jt} \qquad (6-4)$$

二、门槛回归模型估计的基本框架

已有研究在考察外商直接投资技术溢出的门槛效应时，通常采用的方法主要有分组检验法、交互项模型法以及门槛回归法三种。分组检验法是通过对数据的观察人为地将样本进行分割，再分别进行回归，该方法很难客观地给出准确的门槛值，更难以反映出解释变量对被解释变量的影响情况。交互法是在线性回归的基础上添加交互项，并通过观察交互项的估计系数来分析两者的相互作用，该方法的缺点是既无法验证门槛值的准确性也无法对门槛效应进行显著性检验，其结果并不可靠。汉森（Hansen，2000）提出了"自举法"（bootstrap）获得渐进分布的想法，即"门槛（门限）回归"（threshold regression），通过严格的统计推断对门槛值进行参数估计与假设检验。

根据汉森的建议（Hansen，2000），假设样本数据为 $\{y_i, x_i, q_i\}_{i=1}^n$，其中 y_i 是被解释变量，x_i 是解释变量，q_i 是用来对样本进行划分的"门槛变量"，q_i 是解释变量 x_i 的一部分。门槛的回归模型可表示为：

$$\begin{cases} y_i = \beta_1' x_i + \varepsilon_i, & q_i \leq \gamma \\ y_i = \beta_2' x_i + \varepsilon_i, & q_i > \gamma \end{cases} \qquad (6-5)$$

上式中，γ 为待估计的门槛值，解释变量 x_i 为外生变量，扰动项 ε 为独立同分布，本节使用的是面板数据的门槛回归，因此，x_i 不包含被解释变量 y_i 的滞后项，不是动态面板。该分段函数可以合并写为：

$$y_i = \beta_1' \underbrace{x_i \cdot 1(q_i \leq \gamma)}_{= z_{i1}} + \beta_2' \underbrace{x_i \cdot 1(q_i > \gamma)}_{= z_{i2}} + \varepsilon_i \qquad (6-6)$$

其中，$1(\cdot)$ 为示性函数，若括号内的表达式为真，则取值为 1，若表达式为假，则取值为 0。由于该式无法写成（β_1，β_2，γ）的线性函数形式，因此是个非线性回归，应使用非线性最小二乘法（OLS），即最小化残差平方和来估计。

通常分两步来最小化残差平方和。具体来说，第一步给定 γ 的取值，使用最小二乘法来估计此时的 $\hat{\beta}_1(\gamma)$ 和 $\hat{\beta}_2(\gamma)$，并计算此时的残差平方和 $SSR(\gamma)$；第二步调整 γ 使得 $SSR(\gamma)$ 最小化。由于示性函数 $1(q_i \leq \gamma)$ 和 $1(q_i > \gamma)$ 只能取 0 和 1，因而是 γ 的阶梯函数，$SSR(\gamma)$ 也是 γ 的阶梯函数，升降点是 $\{q_i\}_{i=1}^n$ 的不重叠观测值。只需考虑 γ 取 n 个值即可，即 $\gamma \in \{q_1, q_2, \cdots, q_n\}$。$SSR(\gamma)$ 最小化后得到最后的参数估计量为 $(\hat{\beta}_1(\hat{\gamma}), \hat{\beta}_2(\hat{\gamma}), \hat{\gamma})$。

在特定条件下，汉森导出了 $\hat{\gamma}$ 的大样本渐进分布，并构造了 $\hat{\gamma}$ 的置信区间，并对原假设"$H_0 : \gamma = \gamma_0$"进行似然比检验，汉森提出使用的似然比（LM）统计量为 $F \equiv [SSR^* - SSR(\hat{\gamma})]/\hat{\delta}^2$。

对于是否存在门槛效应，可以对原假设"$H_0 : \beta_1 = \beta_2$"进行检验，如果原假设成立，则不存在门槛效应。如果拒绝"$H_0 : \beta_1 = \beta_2$"，则认为存在门槛效应，再使用 LM 统计量对"$H_0 : \gamma = \gamma_0$"进行检验。在"$H_0 : \gamma = \gamma_0$"成立的情况下，可以直接算出 $LM(\gamma)$ 的临界值，进而可以计算出 γ 的置信区间。往往在现实问题的研究中存在着多个结构突变点，即存在多个门槛值，当确定一个门槛值之后，可基于同样的原理再进行两个或两个以上的门槛值检验，以确定是否有其他门槛值的存在。

在汉森门槛回归的基础上，借鉴吉尔玛（Girma，2005）、王华等（2012）和何兴强等（2014）的技术溢出门槛回归模型的方法，在方程（6 - 4）的基础上构建了包含多个门槛值的行业内技术差距对技术溢出影响的门槛回归模型，具体如下：

$$\ln TFP_{it}^D = \theta \ln FDI_{it} + \eta_1 \ln FDI_{it} \cdot I_1(\mu_{it} \leq \lambda_1)$$
$$+ \eta_2 \ln FDI_{it} \cdot I_2(\lambda_1 < \mu_{it} \leq \lambda_2) + \cdots + \delta X_{it}^D + \varepsilon_{it} \qquad (6 - 7)$$

上式中，$I(\cdot)$ 表示技术差距相对应的虚拟区间，i 表示行业，t 表示年份，TFP 是行业内的内资企业的平均全要素生产率，反映了行业内的内资企业的平均技术水平，FDI 表示行业外资技术溢出，其系数表示外资的技术溢出对内资企业技术水平的影响，X 表示除技术溢出效应以外的其他影响行业内的内资企业全要素生产率的控制变量，u 表示行业内的内外资企业间的技术差距也是模型中的门槛变量，λ 表示门槛值，ε 为随机扰动项。

三、基于工企数据库的技术差距对外资技术溢出的门槛回归

（一）数据及变量描述

本章所使用的数据首先依然是来自国家统计局的《中国工业企业数据库》

1999～2007年的样本数据，与前面章节中数据的处理方式相同，先对无效值进行剔除，再使用相应的价格指数对各指标进行平减，具体的处理方法第三章已进行详细描述，此处不再赘述。本章节主要研究行业内技术差距对技术溢出的影响，而由于制度等因素的影响，某些行业严格限制外商直接投资的流入造成行业的外资进入为0，因此本章对企业的数据按三位数细分行业标准进行分类整理后，剔除了未引进外商直接投资的行业，即行业内外商直接投资企业个数为0的行业。此外，为了避免过大的偏差，将行业内外商直接投资企业总个数小于10的行业也进行了剔除。考虑到面板门限回归对平衡面板数据的要求限制，再对九年间的行业进行重新汇总，最后得到一个包含144个三位数行业的平衡面板。回归中使用到的各变量的定义如下：

（1）全要素生产率（TFP）：通常认为全要素生产率相比劳动生产率更能有效地对企业的生产率进行度量。计算全要素生产率的方法分为参数法和非参数法，本节选择普遍流行的索罗残差法来对全要素生产率进行参数估计。索罗认为在剔除了传统意义上的生产要素（劳动、资本）的投入后，其他引起产出增加的要素归于全要素生产率。基本方法是在规模报酬不变和希克斯中性技术的前提下，通过科布—道格拉斯生产函数估计出资本和劳动的产出弹性，进而用总产出减去资本和劳动的总贡献，其计算公式为：

$$\ln TFP = \ln Y - \alpha \ln K - \beta \ln L \tag{6-8}$$

根据上式计算出每个企业的全要素生产率后，再根据行业求均值，算出每个行业内的内资企业的平均生产率水平。

（2）衡量外资的指标（FDI），一般是用外商直接投资企业的投资额来表示，但由于工业企业数据库中外商直接投资企业的投资额经常连续数年不变，造成计量结果的很大偏差，因此本节选择外资企业的销售额作为衡量外资进入程度的替代指标。

（3）外资企业与内资企业的技术差距（μ）。可供选择的测算外资企业与内资企业技术差距的指标范围较广：资本的密集度、企业的研发投入、全员劳动生产率、专利数以及全要素生产率等（Kokko，1994；Liu et al.，2000；周燕和齐中英，2005）。本书选择行业内外资企业与内资企业平均全员劳动生产率的比重作为测度内外资企业技术差距的指标，若该比值大于1则说明外资企业的技术水平高于内资企业，若小于1则说明该行业内的内资企业的技术水平高于外资企业。

（4）行业内企业的平均规模（SCAL），用企业的资产总额表示。一般来说，行业内企业的平均规模越大，说明该行业可能需要大量的资本投入，以进行研发、生产、营销等活动。也可能意味着该行业处于成熟阶段或者高度集中的竞争格局下。但也有研究表明一些低技术行业的平均规模较大，而中高技术行业的平均规模反而较小（谢里和曹清峰，2012）。

（5）行业的出口倾向（EXPORT），用企业出口交货值占工业销售值的比重来表示企业的出口倾向。按照比较优势理论与异质性企业贸易理论，具有比较优势也就是生产率水平较高的企业一般具有较高的出口倾向（范剑勇和冯猛，2013），但大量的实证研究表明中国企业普遍存在着"生产率悖论"，即生产率与出口之间并未如理论预期一般出现正相关的关系，生产率低的企业出口倾向反而要高于生产率水平较高的企业（李春顶，2010；朱丽霞和聂文星，2013）。

（6）行业的平均人均利润（PPROFIT）。用企业的年度净利润总额与从业者人数之比求出每个企业的人均利润，进而可以求出行业的平均人均利润。企业加大对研发的投入、进行技术创新的动力源自对更高利润水平的追逐，一般来说，利润水平相对较高的行业，其企业的经营状态普遍良好，产品的技术含量也具有相对较高的水平。

表6-1给出了行业主要变量的描述性统计，从表中可以看出144个行业从1999~2007年间各个指标的变动区间及幅度都较大。为更清楚地观察内外资企业间技术差距及外商直接投资企业技术溢出的变化，图6-1简单地展示了1999~2007年行业内外商直接投资技术差距均值的变化趋势。从图中可以看出，与前面章节的论述相一致，内外资企业的技术差距呈现出不断缩小的态势，这主要是由于随着经济的发展和市场竞争的加剧，我国内资企业不断加大对自身的研发投入，再加上外资企业的技术溢出效应的作用，内资企业的生产率水平日益提高，内外资企业间的技术差距明显缩小。

表6-1 　　　　　　　　　　　　　变量的描述性统计

变量名	观测值数	平均值	标准差	最小值	最大值
TFP	1296	39	14.63	6.51	104.59
FDI	1296	18600	3200	100	4.14000
μ	1296	2.16	1.44	0.14	30.94
SCAL	1296	53379.86	44525.87	8258.62	492302
EXPORT	1296	15.41	15.27	0	75.07
PPROFIT	1296	85.32	274.72	-683.78	3651.86
MONOPOLY	1296	0.05	0.21	0	1

资料来源：作者根据1999~2007年的中国工业企业数据库整理。

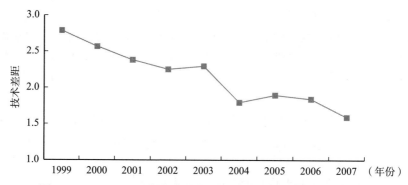

图 6 - 1   1999 ~ 2007 年间内外资企业间技术差距均值的变动趋势

资料来源：作者根据 1999 ~ 2007 年的中国工业企业数据库整理。

（二）门槛回结果及分析

基于模型（6 - 7）对技术差距影响技术溢出的门槛回归模型进行了估计。根据门槛回归的步骤，首先对模型是否存在门槛变量进行检验，若门槛效应存在，再确定具体的门槛数量和门槛值。在操作过程中设置了 200 个网格搜寻点，并进行 2000 次"自举法"进行重复，表 6 - 2 给出了门槛效应的检验结果。

表 6 - 2   门槛效应的检验结果①

门槛值	技术差距值	残差平方和	Bootstrap LM 值	不同显著性水平的临界值		
				90%	95%	99%
λ_1	2.5234	77.9231	132.4603	2.8194	4.1455	6.1563
λ_2	1.6938	75.3611	38.9606	2.8481	3.8147	5.8225
λ_3	3.5444	74.7023	10.0968	2.6872	3.6819	6.3530

资料来源：根据 1999 ~ 2007 年的中国工业企业数据库整理。

在单门槛模型的假定下，通过"自举法"进行循环回归，得到门槛值 2.5234，LM 统计量的显著水平拒绝了原假设，说明模型存在着门槛回归效应，且至少存在一个门槛值 2.5234。在单门槛模型的基础上，假设模型存在两个门槛值，进行二次门槛回归，得到第二个门槛值 1.6938，此时的 LM 值依然很显著，拒绝了只存在一个门槛变量的原假设。同理，在双门槛模型的基础上，对模型是

---

① 第一个门槛值 2.5234 对应的 95% 的置信区间为［2.4596，2.5872］，第二个门槛值 1.6938 对应的 95% 的置信区间为［1.6300，1.7257］，第三个门槛值 3.5444 对应的 95% 的置信区间为［3.2253，3.9592］。

否存在第三个门槛变量进行检验，得到第三个门槛值 3.5444。由于第三个门槛值在 1% 的显著性水平下依然显著，故接受第三个门槛值的存在。

表 6-3 列出了双门槛回归的估计结果，为了消除异方差的影响，对回归进行了稳健标准差检验。回归估计得到的三个门槛值 1.6938、2.4596 和 2.5552 将样本划分为四个区间，从表中可以看出，技术溢出四个区间的系数均显著为正，说明四个区间都有明显的技术溢出效应发生，弹性系数相差不大且随着技术差距的扩大变小，即内外资企业技术差距越大的行业，其外商直接投资的技术溢出效应就越小。正如前文所提到，当内外资企业间的技术差距较大时，很可能由于人力资本缺失等原因，内资企业的模仿和学习空间有限，导致外资企业的溢出空间也很小。一般来说，在外资刚进入的阶段，由于东道国的整体经济发展水平较低，内资的整体技术水平都不高，此时内外资企业间存在着巨大的技术差距，内资企业自身的学习能力有限，技术溢出发挥的空间也有限。但随着东道国经济的发展和内资企业资本和技术水平的提升，内外资企业的技术差距不断缩小，人力资本和自身技术水平的提高使得内资企业更容易对外资的技术和产品进行模仿，表现出色的内资企业甚至已开始进行自主的研发创新，此时技术溢出效应发挥的空间和余地也越来越大。就其他控制变量而言，企业规模对内资企业的技术水平具有正向的影响。出口倾向对内资企业的技术影响为负，这与大多的实证研究相一致，出口倾向越高的企业其技术水平往往都不高。与预期相反的是，利润与企业技术水平的负向相关，这可能是由于企业进行新产品和新技术开发的费用一般都较高，技术开发带来的高风险性，会造成利润的较大波动。

表 6-3　　　　　　　　　　　　双门槛回归的估计结果

变量	系数	T 值	prob
SCAL	0.0011	0.6156	0.5383
PPROFIT	-0.0002 ***	-5.9095	0.0000
EXPORT	-0.0028	-1.9191	0.0552
$\mu < 1.6938$	0.1773 ***	19.179	0.0000
$1.6938 \leqslant \mu \leqslant 2.4596$	0.169 ***	17.5191	0.0000
$2.4596 \leqslant \mu \leqslant 3.5444$	0.1582 ***	15.9745	0.0000
$3.5444 < \mu$	0.1509 ***	14.7426	0.0000

资料来源：作者根据 1999~2007 年的中国工业企业数据库整理。

笔者根据上文得到的门槛值对技术差距进行了划分，为了更直观简洁的显示，将技术差距位于 1.6938 和 3.5444 之间的行业都归为技术差距居中的一类，得到反映技术差距较小、居中、较大的三个区间，图 6-2 显示了 144 个三位数行业在 1999~2007 年每年位于不同技术差距区间的行业个数的变动情况。从图中可以看出，1999 年技术差距较小和较大的行业个数大致相当，两者相加占到总行业个数的一半，此时技术差距居中的行业占据了相当大的比重。但随着内外资企业技术差距的不断缩小，技术差距较小的行业越来越多，而技术差距较大行业的个数越来越少，到 2007 年绝大多数行业内外资企业与内资企业之间的技术之比降到了 1.6938 以下，144 个行业中只有不到 5 个行业的外资与内资间的技术比超过 3.5444。根据门槛回归结果，从内外资技术差距不断缩小的角度来说，外资技术溢出效应发挥的空间越来越大。

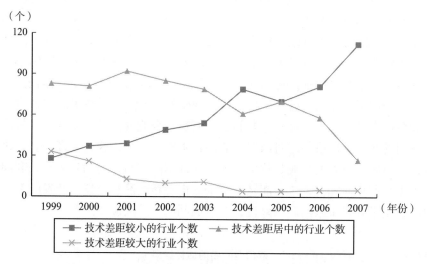

图 6-2　1999~2007 年不同区间行业技术差距的变动趋势

资料来源：作者根据 1999~2007 年的中国工业企业数据库整理。

四、基于上市公司数据库的技术差距对外资技术溢出的门槛回归检验

（一）数据及变量选择

考虑到数据的时效性，本节依旧使用的数据来自 CSMAR 数据库和 WIND 数据库 2000~2020 年的样本数据，数据的处理与前面章节中数据的处理方式相同，此处不再赘述。为研究行业内技术差距对技术溢出的影响，我们对企业的数据按照行业进行分类整理，最终得到一个包含 28 个行业 21 年的平衡面板。数据库不同，可使用的控制变量也不相同，本部分回归所使用变量的定义如下：

（1）全要素生产率（TFP）。与前文不同，本部分使用的全要素生产率采用

OP 法进行测算，通常认为 OP 方法测算出的全要素生产率相比劳动生产率能更有效地对企业的生产率进行度量。本节先用 OP 法测算出每个企业的全要素生产率，再根据行业求均值，算出每个行业内资企业的平均全要素生产率并对计算结果取对数处理。

（2）衡量外资的指标（FDI）。前文由于中国工业企业数据库的限制，选择了外资企业的销售额作为衡量外资进入程度的替代指标。而本部分使用的上市公司数据，对于外资企业投资额的记录比较详细，因此选择更具分析价值的外资企业投资额来作为外资进入程度的代理变量。

（3）外资企业与内资企业的技术差距（μ）。选择行业内外资企业与内资企业平均资本密集度的比重作为测度内外资企业技术差距的指标，若该比值大于 1 则说明外资企业的技术水平高于内资企业，若小于 1 则说明该行业内资企业的技术水平高于外资企业。

（4）行业的平均规模（SCAL）。用企业的资产总额的对数来表示，行业内企业的平均规模反映了企业整体的生产能力，一般来说较大的企业规模往往有着更强的研发与创新能力。规模较小的企业一般处于成立初期，对生产资源的整合能力较差，但企业活力较高，往往有着更高效的执行力。

（5）行业的平均人均利润（PPROFIT）。一般来说，利润水平相对较高的行业，其企业的经营状态越好，市场更为广阔。但也存在着一些新势力企业出现亏损的情况，而这部分企业由于成立时间短，还没有得到市场的认可，在产品不断升级之后会逐步出现正利润。本节采用企业的年度净利润总额与从业者人数之比来求出每个企业的人均利润，进而求出行业的平均人均利润。

（6）行业内的平均现金流量（Cashflow）。现金流量水平反映了行业资金的实际流动情况，通常来说现金流量越大的行业整体的抗风险能力越高，因此员工的薪酬以及技术水平都是要高于一般行业，但同时面对的外部不确定性也会越多。

（7）行业的托宾 Q 值（TobinQ）。托宾 Q 值是企业资产的市场价值与其重置价值之比，托宾 Q 值的提高意味着其有更高的投资回报率，是企业实际投资及经营状况的直接体现。先计算出企业的托宾 Q 值，然后依据匹配的行业进行平均计算出行业的托宾 Q 值用以反映整个行业的平均投资回报情况。

（8）行业内企业的平均成立年限（FirmAge）。企业成立年限使用 2020 年减去企业成立年份后得到的差值加 1 并取对数得到，并求得行业平均值。成立年限较短的行业大部分是以互联网为主导的新兴企业，这类企业大多主要以研发和创新突破为导向，因此员工薪酬普遍较高。而年限较长的则是传统型导向的大型企业，这类企业在市场中的底蕴更为丰厚，资源更为集中，有着更完善的生产体系和研发团队，能够确保稳定的产出和产品质量。

表 6-4 给出了行业主要变量的描述性统计，从表中可以看出 28 个行业从

2000～2020 年间各个指标的变动区间及幅度都较大。为更清楚地观察内外资企业间技术差距及外资企业技术溢出的变化，笔者计算了 2000～2020 年行业内外资技术差距均值的变化。与我们前文的论述相一致，内外资企业的技术差距呈现出不断缩小的态势，在样本的后几年内资企业甚至实现了技术水平的超越，这主要是由于随着经济的发展和市场竞争的加剧，我国内资企业不断加大对新兴领域技术的研发投入，内资企业的技术水平得以快速提高，逐步实现与外资企业的技术差距由缩小到超越的转变。

表 6-4 变量的描述性统计

变量	样本量	均值	标准差	最小值	最大值
lntfp	588	1.94	0.09	1.69	2.17
lnTI	588	12.2	4.06	0	21.3
CI	588	1	0.06	0.88	1.42
SCAL	588	21.75	0.7	20.38	24.23
PPROFIT	588	10.72	0.69	8.62	12.85
Cashflow	588	0.05	0.03	-0.05	0.17
TobinQ	588	1.82	0.43	1.05	5.04
FirmAge	588	2.56	0.39	1.37	3.33

资料来源：作者根据 2000～2020 年的 CSMAR 数据库和 WIND 数据库整理。

（二）门槛回归的实证结果及分析

本节基于前文模型的基础上，使用 Stata 软件对技术差距影响技术溢出的门槛回归模型再次进行了估计。根据门槛回归的步骤，首先对模型是否存在门槛变量进行检验，若门槛效应存在再确定具体的门槛数量和门槛值。在操作过程中设置了 400 个网格搜寻点，并进行 300 次"自举法"进行重复，表 6-5 给出了门槛效应的检验结果。

表 6-5 门槛效应的检验结果

门槛值	技术差距值	残差平方和	临界值			95% 置信区间
			1%	5%	10%	
λ_1	0.9517	0.2734	39.8293	29.5380	21.8692	(0.9313, 0.9518)
λ_2	1.0364	0.2684	26.6007	21.1055	17.5059	(1.03171, 1.0371)

资料来源：作者根据 2000～2020 年的 CSMAR 数据库和 WIND 数据库整理。

　　在单门槛模型的假定下，通过"自举法"进行循环回归，得到门槛值 0.9517，LM 统计量的显著水平拒绝了原假设，说明模型存在着门槛回归效应，且至少存在一个门槛值 0.9517。在单门槛模型的基础上，假设模型存在两个门槛值，进行二次门槛回归，得到第二个门槛值 1.0364，此时的 LM 值不显著，因此，不存在第二个门槛值，因此使用上市公司数据构建的是单门槛回归模型。

　　表 6－6 列出了单门槛回归的估计结果，为了消除异方差的影响，对回归进行了稳健标准差检验。得到的门槛值为 0.9517 将样本划分为两个区间，从表中可以看出，技术溢出的系数均显著为正，说明在门槛前后的区间内都有明显的技术溢出效应发生，弹性系数相差不大且随着技术差距的扩大变小，即内外资企业技术差距越大的行业，其外资的技术溢出效应就越小，这与前文所得到的结论保持一致。就其他控制变量而言，企业规模对内资企业的技术水平具有显著的正向影响。人均利润对内资企业的技术的影响显著为正。现金流量对内资企业的技术水平的影响不显著。托宾 Q 值对内资企业的技术水平有显著的负向影响。成立年限对内资企业的技术水平有显著的正向影响。

表 6－6　　　　　　　　　　　单门槛回归的估计结果

变量	系数	T 值	prob
SCAL	0.057 ***	15.79	0.000
PPROFIT	0.016 ***	4.86	0.000
Cashflow	− 0.057	− 1.22	0.223
TobinQ	− 0.010 ***	− 3.75	0.000
FirmAge	0.089 ***	16.19	0.000
$\mu < 0.9517$	0.003 ***	9.43	0.000
$\mu \geqslant 0.9517$	0.002 ***	4.97	0.000
_cons	0.334 ***	5.26	0.000

　　资料来源：作者根据 2000～2020 年的 CSMAR 数据库和 WIND 数据库整理。

　　综上所述，基于工企数据库的实证结果表明，我国内外资企业间技术差距存在三个门槛值，使得外商直接投资在我国的技术溢出呈现非线性动态演进。技术溢出发生的前提是内资企业间存在着技术差异，但不同的技术差异条件下技术溢出会发挥不同的作用。使用非动态门槛回归模型，检验得到技术差距的三个门槛值 1.6938、2.4596 和 2.5552，不同的门槛值将技术溢出划分为四个区间，四个区间都有明显的技术溢出效应发生，弹性系数相差不大且随着技术差距的扩大变小，即内外资企业间技术差距越大的行业，其外商直接投资的技术溢出效应就越小。基于上市公司数据库的实证结果表明，技术差距存在单一门槛值，检验得到技术差距的门槛值为 0.9517，门槛值将技术溢出划分为两个区间，这两个区间都有明显的技术溢出效应发生。使用两种类型的数据库对我国不同行业内技术差距的变动趋势进行考察得到相同的结论，即在考察期内随着时间的推移，行业内外资与内资间的技术差距呈现出越来越小的趋势，内资企业的技术水平在考察中后期超越了外商直接投资企业，而外资技术溢出效应发挥的空间也越来越大。

第二节　技术溢出效应对内资企业工资水平影响的实证分析

本章的第一节对处于不同技术差距区间的技术溢出效应进行了分析，结果认为由于我国内外资企业间技术差距的缩小，并随着时间的推移我国外商直接投资对内资企业技术溢出效应发挥的作用越来越大。从这一节开始，本章主要分析在技术溢出效应的影响下，内资企业的工资水平、行业内以及行业间的工资差距是如何变化的。

一、计量模型的构建

延续第三章理论模型的基本框架，假设内外资企业的 Y_d、Y_f 的生产均服从柯布－道格拉斯生产函数：

$$Y_f = A_f K_f^\alpha L_f^\beta \tag{6-9}$$

$$Y_d = A_d K_d^\alpha L_d^\beta \tag{6-10}$$

其中，A 表示技术水平，K_f 和 K_d 分别为外资部门和内资部门所使用的资本，L_f 和 L_d 分别为外资部门和内资部门所使用的劳动力，劳动力可以在部门间自由流动。对上式中的劳动力求导，得到劳动的边际产出分别为：

$$\frac{\partial Y_f}{\partial L_f} = \beta A_f K_f^\alpha L_f^{\beta-1} \tag{6-11}$$

$$\frac{\partial Y_d}{\partial L_d} = \beta A_d K_d^\alpha L_d^{\beta-1} \tag{6-12}$$

根据新古典经济理论，在完全竞争的状态下工资水平是由劳动力的供求状况决定的，均衡工资等于边际产品价格，两个部门的产品价格分别为 P_f 和 P_d，工资水平则可以分别表示为：

$$W_f = \beta P_f A_f K_f^\alpha L_f^{\beta-1} \tag{6-13}$$

$$W_d = \beta P_d A_d K_d^\alpha L_d^{\beta-1} \tag{6-14}$$

对上式方程的两边取对数，得到：

$$\ln(W_f/P_f) = \ln(\beta) + \ln(A_f) + \alpha\ln(K_f) + (\beta - 1)\ln(L_f) \qquad (6-15)$$

$$\ln(W_d/P_d) = \ln(\beta) + \ln(A_d) + \alpha\ln(K_d) + (\beta - 1)\ln(L_d) \qquad (6-16)$$

外资部门通过技术溢出效应对内资部门的生产率产生影响，即 $A_d = AK_f^\delta$，A 表示外资部门对内资部门生产率的溢出系数，δ 则表示内资部门受到外资技术溢出的影响程度，即技术溢出效应系数，式（6-16）可以表示为：

$$\ln(W_d/P_d) = \ln(\beta) + \ln A + \delta\ln(K_f) + \alpha\ln(K_d) + (\beta - 1)\ln(L_d) \quad (6-17)$$

其中 W/P 可看作是实际工资水平，在式（6-15）和式（6-17）的基础上构建内外资企业的工资估计模型：

$$\ln W_{ijt} = \alpha_0 + \varphi_1 Foreign_{ijt} + \varphi_2 Domestic_{ijt} \times fdi_{jt} + \varphi_3 fdi_{jt} \times \ln K_{fjt} + \alpha_1 \ln A_{ijt}$$
$$+ \alpha_2 \ln K_{ijt} + \alpha_3 \ln L_{ijt} + \alpha_4 \ln W_{ijt-1} + \beta' X'_{ijt} + \varepsilon_{ijt} \qquad (6-18)$$

其中 i 表示企业，j 表示企业所在的行业，t 表示年份，Foreign 是代表外商直接投资企业的虚拟变量，若企业是内资企业该变量为 0，若是外商直接投资企业则取值为 1。Domestic 则是代表内资企业的虚拟变量，若企业是内资企业该变量为 1，若是外商直接投资企业则取值为 0。fdi_{jt} 表示内资部门受到所在行业外资技术溢出效应的影响程度，模型中加入交互项 $Domestic_{ijt} \times fdi_{jt}$ 是为了体现出技术溢出效应对内资企业工资水平的影响，交互项 $fdi_{jt} \times \ln K_{fjt}$ 表示随着行业内外资资本流入的增加技术溢出的变化情况。根据明瑟的做法（Mincer，1974），员工的工资水平还受到其自身人力资本的影响，如学历、年龄、性别等，但由于受到样本数据库的限制，无法获得员工人力资本方面的相关信息，所以在模型中加入工资的滞后项 $\ln W_{ijt-1}$ 对劳动力不随时间变化的人力资本特征进行控制。X′ 为影响企业工资水平的其他控制变量，如企业的规模、利润、出口倾向，是否处于垄断行业等。

二、基于工企数据的实证分析结果

先使用中国工业企业数据库的数据分析技术溢出效应对企业工资的影响，本部分的研究对象与第四章相同，由 12892 家企业（其中内资 7726 家，外资 5166 家）组成的平衡面板数据，由于技术溢出以行业为研究对象，进一步剔除了行业内外商直接投资企业个数为 0 以及行业内企业个数小于 10 家的样本，得到 88815 个样本。

大量的研究表明，技术溢出往往更容易发生在同行业或相似的行业之间（潘文卿等，2011；覃毅和张世贤，2011）。技术溢出测度指标的不同可以反映技术溢出的不同途径，目前应用最广泛的，测度技术溢出效应的指标主要分两种：第一种是行业内外资企业的年销售总额占行业年销售总额的比重，这种指标主要反映的是通过竞争效应和示范效应带来的内资企业技术水平的提升；第二种是行业内外商直接投资企业的就业总人数占行业总就业人数的比重，该指标反映的是通过劳动力的转移和流动途径带来的内资企业生产水平的进步。本节选择外商直接投资企业的销售总额占比来测算外商直接投资企业的行业内技术溢出效应。其余使用的解释变量指标与本章第一节相同，区别在于第一节使用的是行业变量值，本节使用的是企业变量值，此处不再赘述。

第一节的门槛回归结果表明在不同的技术差距区间，技术溢出的程度是不同的，为体现出不同程度的技术溢出对工资水平的影响，按照技术差距的三个门槛值：1.6938、2.5234、3.5444，将样本划分为四个不平衡的子样本。基于工资估计方程，分别对总体样本和子样本进行双向固定效应回归，采用稳健标准误控制异方差。得到结果如表6-7所示。

表6-7　　　　　　　　技术溢出对企业工资水平的估计结果

变量	全样本	样本一	样本二	样本三	样本四
		$\mu < 1.69$	$1.69 \leqslant \mu \leqslant 2.46$	$2.46 < \mu \leqslant 3.54$	$3.54 < \mu$
Foreign	0.2009 ***	0.2248 ***	0.2201 ***	0.2427 *	0.0418
	(9.31)	(3.48)	(5.87)	(1.75)	(0.03)
Domestic × fdi	0.08487 ***	0.1587 ***	0.1466 **	0.2684	−0.1830 *
	(4.14)	(4.78)	(3.90)	(1.03)	(−1.85)
fdi × $\ln K_f$	−0.0072 ***	−0.0058 ***	−0.0038 **	−0.0088	−0.0141
	(−5.14)	(−3.37)	(−2.19)	(−0.85)	(−0.65)
$\ln W_{t-1}$	0.0018 ***	0.0020 ***	−0.0002	−0.0011	0.0011 **
	(5.99)	(4.85)	(−0.02)	(−0.56)	(2.15)
lnSCAL	0.1409 ***	0.1309 ***	0.1424 ***	0.1363 ***	0.1371 ***
	(4.24)	(5.87)	(3.65)	(2.77)	(2.97)
lnL	−0.1085 ***	−0.1068 ***	−0.1090 ***	−0.1211 ***	−0.0540 ***
	(−3.74)	(−2.98)	(−3.89)	(−3.01)	(−4.06)
lnA	0.0640 ***	0.05154 ***	0.0839 ***	0.0773 ***	0.0490 ***
	(2.99)	(3.23)	(2.88)	(3.89)	(3.23)
EXPORT	−0.0262 ***	−0.0237 **	−0.0146	−0.0310	−0.0061
	(−6.92)	(2.54)	(−0.37)	(−0.98)	(−0.57)
PROFIT	0.1098 ***	0.1451 ***	0.0418	0.0395	0.0334
	(5.09)	(5.92)	(0.54)	(1.07)	(0.87)
NEW	0.0666 ***	0.0608 ***	0.0340 **	0.1763 ***	−0.1020
	(5.99)	(3.68)	(2.07)	(3.15)	(1.12)

续表

变量	全样本	样本一	样本二	样本三	样本四
		$\mu < 1.69$	$1.69 \leqslant \mu \leqslant 2.46$	$2.46 < \mu \leqslant 3.54$	$3.54 < \mu$
常数项	0.9856*** (6.04)	1.1812*** (7.25)	0.8997*** (3.81)	1.0672*** (4.09)	0.8344*** (5.02)
年份	YES	YES	YES	YES	YES
R^2	0.1159	0.0943	0.1142	0.1131	0.1185
Prob > F	(0.000)	(0.000)	(0.000)	(0.000)	(0.000)
样本数	88815	53429	20889	8906	5591

注：*、**、***分别表示在10%、5%和1%的水平上显著。括号内为相应的t值。
资料来源：根据1999~2007年的中国工业企业数据库整理。

　　全样本和样本一的回归结果显示，所有变量经过稳健标准误估计后至少在5%的统计水平上显著，这表明模型对这两个样本工资水平的解释度良好。而随着内外资企业间技术差距的扩大，各模型变量系数的显著性明显逐渐降低，说明该模型对技术差距极大的企业样本解释力度不够。核心变量 Domestic × fdi 全样本和样本一、样本二的系数均显著为正，意味着从整体来看，技术溢出效应对于内资企业的工资水平具有显著的正向提升作用。技术溢出带来的内资企业技术水平的提升会加大对高技能劳动力工资的需求，企业必然会提升其工资水平以吸引更多的高技能劳动力，而根据上节的结论，内外资企业间技术差距越小，技术溢出效应的作用越大，因而对样本一和样本二来说，技术溢出对内资企业工资提高的影响也比较明显。对于内外资企业技术差距较大的样本三和样本四而言，其行业的技术溢出效应本就相对较小。对行业内以低技能劳动力为主的内资企业来说，技术溢出引起的高技能劳动力工资的上涨，不仅不利于工资的上涨甚至还有抑制作用，样本四中技术溢出对内资企业的工资水平的影响就为负。技术溢出与外商直接投资流入交互项的系数全都为负，这是由于一方面随着外商直接投资带来的技术溢出效应会提升其竞争对手也就是内资企业的整体技术水平，不仅会导致劳动力市场竞争的加剧，也会加剧产品市场的竞争，外商直接投资进入东道国本就是为了更低的生产成本及更高的利润，当劳动力和产品市场的竞争加剧后，追加投资可能会减少；另一方面，若某一行业外商直接投资资本占的比重较大，意味着进驻该行业是以资本雄厚的跨国公司为主，这种外商直接投资企业会更加注重对内部核心技术和知识产权的保护，其对内资企业产生的技术溢出效应并不明显。

　　至于其他的解释变量，外商直接投资企业的工资水平大幅高于内资企业，与前文的研究结果一致。规模和技术水平对所有样本的工资水平的影响均显著为正，说明目前企业规模和技术水平依然是决定工资水平最重要的因素之一，企业的规模越大越有可能采用先进的技术以扩大规模经济效应，而具有较高技能水平劳动力的流入会提高企业的平均工资。企业的就业人数与工资水平负相关。一方面是由于企业的员工越多，该企业就越有可能是劳动力密集型产业，企业为降低生产成本会尽可能地压低工资水平；另一方面对于资本规模庞大的企业来说，高技能劳动力毕竟占的比重相对较小，企业还需要大量的低技能劳动力从事低水平的组装、配送等技术含量较低的工作，员工的数量越多就意味着企业内低技能劳动力与高技能劳动力的比值越高，因而平均工资水平会有所下降。出口对企业工资水平的影响为负，出口企业为提高出口竞争力，可能以压低工资水平的方式以压低生产成本。与第四章企业工资估计方程结果不同的是，控制住技术溢出因素的影响后，新产品比重对企业工资水平具有显著的正向影响，新产品的比重越高意味着企业的创新能力越强，而新产品的研发需要大量的高技能劳动力，因此企业的平均工资水平会提高。

三、基于上市公司数据的实证分析结果

本部分内容继续基于前文的理论模型，使用 2000~2020 年上市公司的样本数据来分析技术溢出对企业工资的影响，样本中包含 3381 家企业（其中内资1453 家，外资 1928 家），共计 34725 个样本。依照前文的方法，选择外商直接投资企业的销售总额占比来测算外商直接投资企业的行业内技术溢出效应。其余使用的解释变量指标与第一节相同，差别依旧在于第一节使用的是行业层面变量，本节使用的是企业层面变量。通过上节的门槛回归，我们得出上市公司数据库技术差距存在单一门槛值，技术差距的门槛值为 0.9517，根据该门槛值将样本划分为两个不平衡的子样本。基于工资估计方程的基础上，分别对总体样本和子样本做双向固定效应的回归，采用稳健标准误统计量控制异方差，回归结果如表 6-8 所示。

表 6-8　　　　　　　　技术溢出对企业工资水平的估计结果

变量	全样本	样本一 $\mu < 0.9517$	样本二 $\mu \geqslant 0.9517$
Foreign	0.194 *** (4.10)	0.183 ** (2.43)	0.200 *** (3.13)
Domestic × fdi	0.177 *** (3.74)	0.019 *** (3.06)	0.186 (1.02)
fdi × $\ln K_f$	-0.009 *** (-2.73)	-0.029 *** (-2.77)	-0.007 *** (-2.90)

变量	全样本	样本一 μ<0.9517	样本二 μ≥0.9517
lnSCAL	0.220 *** (3.01)	0.379 *** (3.40)	0.208 *** (2.71)
lnL	−0.231 *** (−2.70)	−0.340 *** (−3.07)	−0.222 *** (−3.26)
lnA	0.227 *** (2.69)	0.208 *** (3.09)	0.233 *** (2.91)
PPROFIT	0.169 *** (2.98)	0.129 *** (4.04)	0.170 *** (3.01)
Cashflow	1.083 *** (6.14)	1.501 *** (5.33)	1.034 *** (5.72)
TobinQ	0.018 *** (2.70)	0.077 *** (2.82)	0.016 *** (2.96)
FirmAge	0.346 *** (4.24)	0.399 *** (3.27)	0.341 *** (3.61)
年份	YES	YES	YES
常数项	1.693 *** (8.04)	−0.503 (0.98)	1.842 *** (6.72)
R^2	0.328	0.344	0.328
Prob > F	(0.000)	(0.000)	(0.000)
样本数	34725	2994	31731

注：* 、** 、*** 分别表示在10% 、5%和1%的水平上显著。括号内为相应的 t 值。

资料来源：根据 2000 ~ 2020 年的 CSMAR 数据库和 WIND 数据库整理。

全样本和分样本的回归结果显示，大多数变量经过稳健标准误估计后均在 1%的统计水平上显著，说明模型对工资方程的解释度良好。核心变量 Domestic × fdi 全样本和样本一的系数均显著为正，意味着从整体来看技术溢出对于内资企业的工资水平具有显著的正向提升作用，这与前文得到的结论保持一致。而样本二的核心解释变量的系数不显著，这表明技术差距较大的行业的技术溢出效应相对较弱，与使用工企数据检验的结论一致。技术溢出与外资流入交互项的系数在全样本以及样本一和样本二中都显著为负，这与前文得到的结论保持一致。

就其他解释变量而言，规模和技术水平对所有样本的工资水平的影响均显著为正，这表明随着企业规模的增加，企业越有能力使用更加先进的设备来扩大生产规模，从而产生规模经济效应，员工可以更加高效地从事生产，从而更有利于工资水平的提高。企业的就业人数与工资水平负相关，劳动密集型企业所需要的劳动力更多，而劳动密集型企业的薪酬较低，而随着就业人数的不断增多，企业为了控制成本，会使平均工资水平相对降低。人均利润的显著性在所有样本中均显著为正，这表明随着人均利润的提高，员工的工资也得到了进一步的提升。这是由于随着利润增加，企业可能会加大投资能提高生产效率的设备、技术和培训，这可能导致生产率的提高，从而使得企业能够支付更高的工资水平。现金流量的系数均显著为正，现金流量比例反映了企业资金的实际流动情况，有着更大现金流量的企业往往根基更为雄厚，有着更高的抵御资金风险的能力，因此这部分企业也能够为员工提供更好的薪资待遇。托宾 Q 值的系数均显著为正，托宾 Q 值越高意味着企业有更高的投资回报率，当该指标值提高时企业可能更倾向于进行新的投资，包括增加生产设备、技术升级、产品创新等，以追求更高的回报率，这些投资可能会增加企业对劳动力的需求，并可能导致工资水平的提高。企业成立年限的系数均显著为正，企业成立年限越长，说明企业拥有更稳定的生产体系，企业内员工大多数可能也是以长期的雇佣方式存在，工龄越长，员工薪酬随之提升的幅度也会越大，因此企业成立年限的增加有助于提高员工工资。

综上所述，外资进入带来的技术溢出效应有利于内资企业工资水平的提升。根据本章第一节得到的技术差距门槛值，本节将工企数据和上市公司数据根据技术差距的大小划分为不同的区间，对行业内的技术溢出效应影响内资企业工资水平的程度进行估计。基于不同年份两个数据库的双向固定效应回归结果得到相似结论：从整体上看，技术溢出效应对于内资企业的工资水平具有显著的正向提升作用；分区间来看，内外资企业间技术差距越小的行业，外商直接投资企业的技术溢出效应对内资企业工资水平的影响越大；内外资企业间技术差距越大的行业，外商直接投资企业的技术溢出效应对内资企业工资水平的影响越不显著。

第三节　技术溢出对内外资企业间工资差距影响的实证分析

一、计量模型的构建

根据第三章理论模型的推导结果，内外资企业间的工资差距可以用式（6-19）表示。

$$w = \frac{W_f}{W_d} = \frac{K_f^{\rho(\alpha-\delta)}}{\gamma K_d^{\alpha\rho}} \left(\frac{A_f}{A}\right)^{\rho} \left(\frac{L_f}{L_d}\right)^{\beta\rho-1} \tag{6-19}$$

对公式（6-19）两边取对数，得到：

$$lnw = \rho(\alpha - \delta)\ln(K_f) - \ln(\gamma) - \alpha\rho\ln(K_d) + \rho\ln(A_f/A)$$
$$+ (\beta\rho - 1)\ln(L_f/L_d) \tag{6-20}$$

在此基础上构建技术溢出影响内外资企业间工资差距的估计方程：

$$lnw_{jt} = \alpha_0 + \alpha_1\delta_{jt} + \alpha_2\delta_{jt} \times lnK_{jft} + \alpha_3 lnA_{jft} + \alpha_4 lnK_{jft} + \alpha_5 lnK_{jdt}$$
$$+ \alpha_6 lnL_{jt} + \beta'_{jt}X'_{jt} + \varepsilon_{jt} \tag{6-21}$$

其中，j 表示行业，t 表示年份，w_{jt} 表示行业内的外商直接投资企业与内资企业间的工资差距，δ_{jt} 表示行业内外资企业的技术溢出效应，$\delta_{jt} \times lnK_{jft}$ 为技术溢出与外资的交互项，A_{jft} 表示外商直接投资企业的技术水平，K_{jft} 和 K_{jdt} 分别表示外商直接投资企业和内资企业的资本规模，L_{jt} 为外商直接投资企业与内资企业的就业人数之比，X'_{jt} 为影响内外资企业间工资差距的其他控制变量。

二、基于工企数据的实证分析过程与结果

本节所考察的行业内工资差距指的是行业内外资与内资企业间的工资差距，以行业内外商直接投资企业的平均工资与行业内内资企业的平均工资之比作为度量内外资企业间工资差距的指标。行业内测度技术溢出效应指标的选择与上文相同，以外商直接投资企业的销售总额占比来测算外商直接投资企业的行业内技术溢出效应。首先我们就这 144 个行业 1999～2007 年行业内工资差距和技术溢出的变化情况做一个简单的统计分析（如表 6-9 所示）。从表中可以看出，在考察期内随着时间的推移，外商直接投资企业与内资企业间的工资比呈现出不断下降的趋势，而技术溢出则呈现出不断上升的态势，直观上判断，两者是负向相关的关系。这也与本书理论模型的推导结果以及第五章的实证分析结果相一致，在劳动力转移效应与技术溢出效应的双重作用下，我国内外资企业间的工资差距已跨过倒 "U" 型曲线的拐点，进入到下降阶段。

表 6-9 1999～2007 年我国内外资企业间工资差距及技术溢出的变化情况统计

年份	工资差距的均值	标准差	技术溢出的均值	标准差	行业个数
1999	1.9592	1.1421	19.1270	12.0377	144
2000	1.7959	0.6911	22.3707	14.5604	144
2001	1.6792	0.5989	26.1303	16.7328	144
2002	1.6655	0.5408	29.6033	18.5462	144
2003	1.5800	0.4197	30.7133	19.7997	144
2004	1.4823	0.4091	31.2620	19.4985	144
2005	1.4853	0.5149	31.4575	19.6128	144

续表

年份	工资差距的均值	标准差	技术溢出的均值	标准差	行业个数
2006	1.4550	0.5275	30.9530	19.0273	144
2007	1.3334	0.1343	29.7963	11.4661	144
总计	1.6040	0.6338	27.93482	17.5546	1296

资料来源：根据 1999 ~ 2007 年的中国工业企业数据库整理。

本节的主要任务是考察行业内外商直接投资企业的技术溢出效应对内外资企业间工资差距的影响，根据初步推断结果，外商直接投资企业的技术溢出效应对内外资企业间工资差距的扩大具有抑制作用。为进一步验证这一论断，基于方程（6-21）构建估计工资差距的多元回归模型。为了保证结果的可靠性，同时也为了检验结果的稳健性，先引入主要变量进行初步估计，然后逐步加入其他控制变量的逐步回归方法对模型进行估计。逐项回归中所使用的主要变量前文已有详细解释，此处不再赘述。对面板数据回归采用的是包含时间变量的双向固定效应，具体的估计结果如表 6-10 所示。

表 6-10　　　　　　　　技术溢出对内外资企业间工资差距影响的回归分析

变量	模型 1	模型 2	模型 3	模型 4	模型 5
fdi	-0.0344 *** (-4.85)	-0.0180 ** (2.46)	-0.0396 *** (-4.40)	-0.0385 *** (-4.18)	-0.0247 ** (-2.42)
$fdi \times lnK_f$	0.2790 *** (4.53)	0.1345 ** (2.11)	0.3266 *** (4.14)	0.3212 *** (4.04)	0.2057 ** (2.34)
lnA_f		0.1399 *** (7.09)	0.1398 *** (7.13)	0.1386 *** (7.02)	0.1221 *** (5.99)
lnSCAL			-0.1130 *** (-4.07)	-0.1134 *** (-4.08)	-0.1034 *** (-3.71)
lnL				-0.0089 (-0.52)	0.0046 (0.26)
EXPORT					-0.0038 *** (-3.06)
2000	-0.05965 ** (-2.18)	-0.0739 *** (-2.73)	-0.0707 *** (-2.63)	-0.0712 *** (-2.64)	-0.0695 *** (-2.59)
2001	-0.01112 *** (-3.98)	-0.1387 *** (-4.99)	-0.1316 *** (-4.75)	-0.1322 *** (-4.77)	-0.1355 *** (-4.91)

续表

变量	模型1	模型2	模型3	模型4	模型5
2002	-0.0946*** (-3.31)	-0.1316*** (-4.57)	-0.1210*** (-4.22)	-0.1226*** (-4.25)	-0.1279*** (-4.44)
2003	-0.1337*** (-4.63)	-0.1777*** (-6.09)	-0.1654*** (-5.68)	-0.1661*** (-5.69)	-0.1677*** (-5.77)
2004	-0.1906*** (-6.54)	-0.2591*** (-8.51)	-0.2547*** (-8.42)	-0.2537*** (-8.37)	-0.2582*** (-8.54)
2005	-0.2001*** (-6.9)	-0.2799*** (-9.08)	-0.2699*** (-8.78)	-0.2683*** (-8.69)	-0.2676*** (-8.69)
2006	-0.2327*** (-8.06)	-0.3242*** (-10.32)	-0.3145*** (-10.05)	-0.3119*** (-9.83)	-0.3086*** (-9.76)
2007	-0.3075*** (-10.59)	-0.3958*** (-12.61)	-0.3810*** (-12.14)	-0.3741*** (-10.96)	-0.3735*** (-10.98)
常数项	0.6689*** (26.49)	0.064 (0.73)	1.2742*** (4.11)	1.2573*** (4.03)	1.2775*** (4.11)
R^2	0.1734	0.2070	0.2184	0.2185	0.2250
Prob > F	(0.000)	(0.000)	(0.000)	(0.000)	(0.000)
样本数	1292	1292	1292	1292	1292

注：*、**、***分别表示在10%、5%和1%水平上显著。括号内为相应的 t 值。
资料来源：根据1999~2007年的中国工业企业数据库整理。

从模型1~模型5，随着变量的不断加入，R^2逐步增大、模型的拟合优度不断增强，绝大部分变量在1%的水平上显著，说明模型的解释力很强且稳健性良好。观察表中的结果，可以得到以下几点结论：（1）从模型1~模型5，外商直接投资企业的技术溢出对外商直接投资企业与内资企业间工资差距的影响均显著为负，这与本书前文的推论相一致，也就是外商直接投资企业技术溢出效应的增大对内外资企业间的工资差距具有缩小的作用。技术溢出效应提高一个百分点，也就是外商直接投资企业的销售总额在行业中所占的比重提高一个百分点，会使内外资企业间的工资差距缩小3个百分点，即外商直接投资企业与内资企业的工资比下降3个百分点。（2）技术溢出与外资投入的交互项的系数显著为正，也就是说随着外商直接投资投入的增长，会引起技术溢出效应的增加，这种增大的溢出效应又会对工资差距的扩大产生抑制作用。（3）根据前文的实证分析结果，内外资企业间技术差距的缩小有利于外商直接投资企业技术溢出效应的发挥，而技术溢出效应的扩大会缩小内外资企业间的工资差距，而根据表6-10，外商直接投资企业技术水平的提高对内外资企业工资差距有正向的拉大作用，这可能是由于外商直接投资企业技术进步水平的提高幅度要大于内资企业，而外商直接投资企业技术进步带来的技术溢出存在着滞后效应，两种企业之间技术差距的暂时扩大会抑制技术溢出效应缩小工资差距作用的发挥。（4）行业内企业平均规模与内外资企业间工资差距的关系显著为负，意味着行业内企业平均规模越大，内外资企业间的工资差异越小。行业平均规模较大可能是由于该行业的大型企业居多且行业整体的企业数量较少说明该行业具有较高的资本密集度。所以身处平均规模较大行业的内资企业大多资本雄厚，同时也具有较高的技术水平，有意愿且有能力以较高的工资水平以吸引高技能劳动力，因而行业内内外资企业间的工资差距会缩小。（5）在模型4中外商直接投资企业与内资企业的就业人数之比对工资差距的影响为负，而模型5在加入出口之后其对工资差距的影响变为正，但在两个模型中均不显著，说明行业内两种类型企业就业人数之比并不是影响工资差距的主要因素。（6）行业的整体出口倾向对于行业内部内外资企业间工资差距的影响显著为负，也就是说若该行业生产的产品多以出口为主，则其内外资间的工资差距越小。如果外商直接投资企业进驻东道国的主要目标是出口，这类企业大多将东道国作为其生产基地，而廉价的劳动力是吸引这种类型企业进驻的主要原因，为追求成本的最小化，其所供的岗位大多以低工资、低福利的低技术工作为主，因而内外资企业间的工资差距相较于其他行业比较小。（7）5个模型中年度虚拟变量都非常显著，系数为负，且绝对值不断增大，与前文统计性分析的结果一致，在考察期内，随着时间的推移内外资企业间的工资差距呈现出不断缩小的趋势。

三、基于上市公司数据的实证分析结果

本部分内容使用2000～2020年上市公司行业层面的样本数据来分析行业内技术溢出效应对内外资企业间工资差距的影响。使用行业内外商直接投资企业的平均工资与行业内内资企业的平均工资之比作为度量内外资企业间工资差距的指标，行业内技术溢出指标的选择与上文相同，以外商直接投资企业的销售总额占比来测算外商直接投资企业的行业内技术溢出效应。

表6-11为技术溢出对内外资企业间工资差距影响的回归分析。

表6-11　　2000～2020年技术溢出对内外资企业间工资差距影响的回归分析

变量	模型1	模型2	模型3	模型4	模型5	模型6	模型7	模型8
fdi	-0.043^{***} (-3.39)	-0.147^{***} (-9.87)	-0.090^{***} (-4.64)	-0.084^{***} (-4.38)	-0.075^{***} (-3.90)	-0.075^{***} (-3.910)	-0.075^{***} (-3.90)	-0.058^{***} (-3.03)
$fdi \times \ln K_f$	1.034^{***} (3.79)	3.214^{***} (10.18)	1.944^{***} (4.61)	1.812^{***} (4.34)	1.590^{***} (3.81)	1.576^{***} (3.802)	1.576^{***} (3.80)	1.230^{***} (2.97)

续表

变量	模型 1	模型 2	模型 3	模型 4	模型 5	模型 6	模型 7	模型 8
$\ln A_f$		0.064 *** (11.15)	0.076 *** (12.15)	0.083 *** (12.96)	0.086 *** (13.55)	0.086 *** (13.54)	0.086 *** (13.51)	0.091 *** (14.33)
lnSCAL			−0.035 *** (−4.45)	−0.051 *** (−5.83)	−0.030 *** (−2.95)	−0.022 ** (−2.02)	−0.021 ** (−1.99)	0.002 (0.18)
lnL				0.024 *** (4.10)	−0.001 (−0.14)	−0.013 (−1.34)	−0.013 (−1.34)	−0.027 *** (−2.61)
PPROFIT					−0.030 *** (−3.90)	−0.037 *** (−4.49)	−0.037 *** (−4.36)	−0.038 *** (−4.55)
Cashflow						0.273 ** (2.42)	0.273 ** (2.41)	0.374 *** (3.30)
TobinQ						0.001 (0.08)	0.011 (1.59)
FirmAge								−0.060 *** (−4.76)
常数项	0.981 *** (6.71)	0.569 *** (5.03)	1.318 *** (7.16)	1.433 *** (9.52)	1.458 *** (8.23)	1.427 *** (4.25)	1.426 *** (7.14)	1.096 *** (8.17)
年份	YES	YES	YES	YES	YES	YES	YES	YES
N	588	588	588	588	588	588	588	588
R^2	0.069	0.233	0.259	0.280	0.298	0.305	0.305	0.330

注：*、**、*** 分别表示在 10%、5% 和 1% 的水平上显著。括号内为相应的 t 值。
资料来源：根据 2000 ~ 2020 年的 CSMAR 数据库和 WIND 数据库整理。

从模型 1 ~ 模型 8，随着变量的不断加入，R^2 逐步增大、模型的拟合优度不断增强，大多数变量在 1% 的水平上显著，说明模型的稳健性良好。观察表 6 - 11 的估计结果，可以得到以下几点结论：（1）所有模型中，技术溢出对外商直接投资企业与内资企业间工资差距的影响均显著为负，这与前文的结论保持一致，即外商直接投资企业技术溢出效应的增大，其对内外资企业间的工资差距具有缩小的作用。（2）技术溢出与外资投入的交互项的系数显著为正，这表明随着外资投入的增加会引起技术溢出效应的增加，这种增大的溢出效应又会对工资差距的扩大产生抑制作用。（3）外商直接投资企业的技术水平的提高对内外资企业工资差距有正向的拉大作用，这与基于工企数据库的实证结果一致，技术差距的扩大抑制了技术溢出效应缩小工资差距的发挥。（4）行业内企业平均规模与内外资企业间工资差距的关系显著为负。这表明行业内企业的平均规模越大，内外资企业间的工资差异越小。（5）加入一系列控制变量后，外商直接投资企业与内资企业的就业人数之比对工资差距的影响显著负，这与上文使用工企数据的结论不同，笔者认为这可能是因为外商直接投资的上市公司通常具有先进的技术和管理经验，更可能实施高效的生产方式和管理制度，在相同规模的情况下可能会更倾向于使用更少的劳动力，导致就业人数较少，但工资水平相对较高。（6）行业内企业的平均人均利润对工资差距的影响均显著为负，这表明人均利润的提高有利于缩小行业内内外资企业间的工资差距，企业内人均利润的提高意味着企业的经营效益更好，因此企业有更多的空间扩大生产规模、学习新的技术，不断缩小与外商直接投资企业间生产效率上的差距，从而降低内外资企业间的工资差距。（7）行业内企业平均现金流量的系数均显著为正，高现金流量的企业通常更有能力支付更高的工资，这意味着在同一行业内，外商直接投资企业可能也需要提高工资水平以吸引和留住优秀的员工，如果外商直接投资企业和内资企业之间的竞争较为激烈，这可能会导致工资差距的缩小。（8）行业内企业平均托宾 Q 值的系数不显著，这表明在此模型中托宾 Q 值不是影响行业内内外资企业工资差距的主要因素。（9）在模型 8 中加入企业成立年限，其系数显著为负，这表明随着企业年限的增加，内外资企业的工资差距逐渐缩小。这是由于外商直接投资企业凭借早期的先进技术获得了更高的利润空间，而随着企业成立的时间越久，内资企业不断地发展和进步，已经掌握了诸多生产领域的核心技术，有了新一代生产技术的加持，内资企业的生产效率得以提升，员工的薪资待遇也与外商直接投资企业逐步接近。

综合上述的实证结果，基于工企数据和上市公司数据的估计结果均显示，外商直接投资企业的技术溢出对行业内外商直接投资企业与内资企业间工资差距的影响显著为负。本节在估计工资差距的多元回归模型的基础上，使用多元逐步回归的方法对外商直接投资企业的技术溢出与外商直接投资企业与内资企业间的工资差距之间的关系进行估计，结果与推论一致，外商直接投资企业的技术溢出对外商直接投资企业与内资企业间工资差距的影响显著为负。也就是说，外商直接投资流入的增长引起内外资企业间工资差距的扩大，但随着外资进入带来的技术溢出效应的增加，这种增大的技术溢出效应又会对工资差距的扩大产生抑制作用。

第四节　技术溢出对行业间收入差距贡献度的分解分析

上一节主要分析了外商直接投资企业的技术溢出对行业内工资差距的影响，结果认为技术溢出效应的扩大有利于内外资企业间工资差距的缩小。本节主要分析外商直接投资企业的技术溢出效应对行业间工资差距的影响，具体做法是通过夏普利值分解，测度外商直接投资企业的技术溢出对行业间工资差距的贡献度。

一、计量模型的构建

夏普利值方法的原理和具体过程第三章已有详细介绍，此处不再赘述。首先，应该先确定行业工资的估计分析，在企业工资估计方程的基础上，我们构建了行业工资估计方程：

$$\ln W_{it} = \alpha + \beta_{1t}fdi_{it} + \beta_{2t}EXP_{it} + \beta_{3t}OLP_{it} + \beta_{4t}PCP_{it} + \beta_{5t}SCAL_{it}$$
$$+ \beta_{6t}NPR_{it} + \beta_{7t}MON_{it} + \varepsilon_{it} \tag{6-22}$$

其中，W 为行业的年平均工资，fdi 为该行业外商直接投资企业的技术溢出，与上文一致，我们使用行业内外商直接投资企业的销售额占行业总销售额的比重来表示。其他控制变量包括：EXP 为行业的出口倾向；CLR 为行业平均的资本劳动比（capital-labor ratio）；PCP 为行业的人均利润（Per Capita Profit）；OLP 是该行业的企业平均全员劳动生产率（overall labor productivity）；NPR 是行业中的新产品比重（new products ratio）；SCAL 是行业的平均规模（scale）；MON（monopoly）为判断行业是否是垄断行业的虚拟变量。本节在前文研究的基础上加入对垄断的考量，已有研究认为垄断是导致我国行业间工资差距最主要的原因之一（岳希明，2010；武鹏，2011）。由于垄断行业中缺乏市场竞争机制的约束，企业往往会放松内部的管理、缺乏进行技术变革的动力，进而导致生产效率的低下，但由于其特有的行业收入分配机制，垄断行业的劳动力往往会获得比其他竞争行业更高的工资，加剧行业间工资差距的扩大。但也有研究表明，垄断程度较高的企业凭借其丰厚的资本积累以及早期的技术引进，随着经济的发展会与竞争性行业一起实现有效的技术进步，并最终达到均衡（苏治和徐淑丹，2015），这种均衡对减少行业工资差距中不合理的部分具有促进作用。我国的垄断行业大多为行政垄断，参照丁启军（2010）的研究，本节将石油和天然气开采业、石油加工、炼焦及核燃料加工业、煤炭开采和洗选业、有色金属矿采选业、烟草制品业、电力、热力的生产和供应业、燃气生产和供应业、水的生产和供应业等归为垄断性行业。

图6-3 显示了 144 个三分位数行业 1999~2007 年工资差距的基尼系数和泰尔指数的变化趋势。不论是基尼系数还是泰尔指数，都呈现出显著下降的趋势，而到 2007 年，行业间的工资差距已非常小，表现出行业工资趋同的现象。这一方面是由于本节所使用的工业企业数据库中所包含的行业绝大部分为制造业，既不包含近年来发展迅猛、工资水平高涨的服务业，也不包含工资水平较低的农业、畜牧业等行业；另一方面，根据哈里斯和托达罗的研究（Harris & Todaro, 1970），工人会在劳动力需求结构相似的行业之间迁徙和流动，而这些行业会在相似的劳动力市场和相似的产品上竞争，长期来看行业间工资的差异会缩小。近

年来我国地区层面和行业层面的工资趋同的现象已引起部分学者的关注，范爱军和刘伟华（2010）根据要素价格均等化定理，认为从长期来看外商直接投资的引入会促进行业间工资差距的缩小，引起行业工资趋同。谢露露（2010）认为若劳动力市场是竞争的，那么要素的流动能够促进工资的趋同，以往对行业工资的研究大多基于二位数行业的分类，若从三位数或四位数行业分类的层面进行研究，可能会出现行业间工资差距缩小甚至趋同的现象。因此，图6-3的结果一方面说明近年来我国制造业劳动力市场的竞争程度越来越高；另一方面行业间工资差距的缩小也可能是得益于外资进入的技术溢出效应。而这其中，技术溢出在行业间工资趋同的过程中发挥着怎样的作用呢？

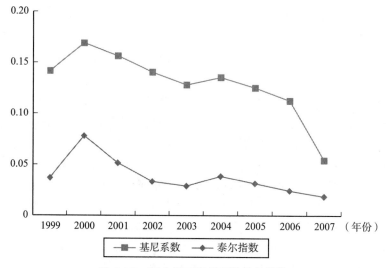

图6-3　行业间工资差距的变化趋势

资料来源：根据1999～2007年的中国工业企业数据库整理。

二、基于工企数据测算技术溢出对行业间收入差距的贡献度

为了对行业间工资差距进行分解，首先需要对1999～2007年每年的行业收入进行截面数据回归，表6-12显示了回归结果。从表中可以看出，1999～2007年模型调整后的 R^2 均处于0.4到0.7之间，且绝大多数变量的估计系数在1%的水平上显著，说明模型的拟合程度较高、解释度良好。核心变量技术溢出对行业工资的影响显著为正，说明如果行业的外商直接投资企业的技术溢出效应越大，其行业的平均工资水平越高。但系数的绝对值整体呈现越来越小的变化趋势，说明外商直接投资企业技术溢出增大引起的行业平均工资上升的幅度越来越小，技术溢出对行业工资水平的影响越来越小。行业规模、利润、新产品比重的系数在

绝大多数年份均显著为正，也就是说，若某行业的规模越大，企业的平均利润率越高、行业的平均创新能力越强，其行业的平均工资水平也就越高。行业出口倾向的系数大多数年份为负，与前文的分析一致，行业内的出口企业越多，为保持出口竞争力，压低生产本，企业必然不愿意支付较高的工资水平。与预期相反，全员劳动生产率的系数在部分年份为负，且显著性不高，意味着从行业层面来看，生产率水平较高的行业未必能提供较高的平均工资，并且也不是决定行业工资水平的主要因素，尤其是对某些出口倾向较高的行业而言，其生产率水平并不低，但其平均工资水平相较其他行业却不高。垄断对工资水平的影响为正，在考察期前段都非常显著且系数值也比较大，但在考察期的后期系数值明显变小且不再显著，这说明随着我国市场化程度的提高，垄断行业的竞争程度也不断提高，垄断行业间的工资差异越来越不明显。

表 6 - 12　　　　　　　1999 ~ 2007 年行业工资水平的截面回归估计结果

变量	1999 年	2000 年	2001 年	2002 年	2003 年
fdi	0.6181 *** (5.63)	0.7174 *** (4.71)	0.4987 *** (3.81)	0.5104 *** (3.74)	0.4579 *** (2.93)
sca	0.3192 (0.83)	0.7790 ** (2.21)	0.8993 ** (2.42)	1.1486 *** (4.85)	1.3546 *** (4.53)
pcp	0.0109 *** (3.31)	0.0001 *** (3.18)	0.0164 *** (3.56)	0.0322 *** (4.17)	0.0079 *** (3.85)
exp	- 0.0031 ** (- 2.38)	- 0.0032 *** (- 3.13)	- 0.0024 * (- 1.91)	- 0.0019 (- 0.69)	- 0.0016 (- 0.98)
npr	3.3828 *** (2.99)	3.3297 *** (3.97)	2.2267 *** (3.78)	2.1520 *** (4.41)	2.2897 *** (4.02)
mon	0.2989 *** (5.75)	0.2929 *** (5.11)	0.2581 *** (4.12)	0.2540 *** (3.32)	0.0506 (1.08)
olp	- 0.0763 (- 1.01)	0.0805 (0.21)	0.0498 (0.91)	- 0.0278 *** (- 2.98)	0.0191 (0.83)
常数项	1.9521 *** (8.13)	1.8854 *** (5.04)	2.0201 *** (6.32)	2.0845 *** (6.53)	2.1554 *** (7.23)
R^2	0.4983	0.6352	0.5145	0.6954	0.5768
调整后 R^2	0.4780	0.6205	0.4948	0.6832	0.5597
变量	2004 年		2005 年	2006 年	2007 年
fdi	0.5428 *** (4.12)		0.3455 *** (3.33)	0.2960 *** (3.74)	0.1788 ** (2.24)

续表

变量	2004 年	2005 年	2006 年	2007 年
sca	2.2722 *** (3.91)	1.8254 *** (4.44)	1.9152 *** (3.90)	1.2606 (0.94)
pcp	0.0066 *** (3.41)	-0.0002 (-1.03)	0.0037 *** (4.11)	-0.0037 ** (-2.30)
exp	-0.0022 ** (-2.33)	-0.0016 (-0.49)	-0.0021 * (-1.72)	0.0045 ** (2.11)
npr	2.0158 *** (5.03)	1.9869 *** (4.35)	1.8407 *** (4.91)	2.6805 *** (3.97)
mon	0.0460 (0.61)	0.0273 (1.26)	0.0301 (1.35)	0.0047 (0.79)
olp	-0.0280 (-1.30)	0.0993 *** (3.42)	-0.0122 (-0.19)	0.1500 *** (2.98)
常数项	2.2951 *** (5.11)	2.4071 *** (6.32)	2.5776 *** (5.27)	2.6428 *** (8.03)
R^2	0.6471	0.5554	0.5692	0.4234
调整后 R^2	0.6327	0.5379	0.5521	0.4002

注：* 、** 、*** 分别表示在 10% 、5% 和 1% 的水平上显著。
资料来源：根据 1999 ~ 2007 年的中国工业企业数据库整理。

根据截面数据的回归结果，我们使用夏普利值对行业间的工资差异的基尼系数和泰尔指数进行了分解，结果如表 6 - 13 所示。模型的分解结果对两种不平等指标的总解释度维持在 50% ~ 70% ，且两种指数的分解结果相差不大，说明模型不仅具有较高的可信度，也具有较高的稳健性。

表 6 - 13　　　　　　　　　　1999 ~ 2007 年行业间工资差异的分解结果

变量	1999 年		2000 年		2001 年	
	基尼系数	泰尔指数 - L	基尼系数	泰尔指数 - L	基尼系数	泰尔指数 - L
fdi	20.08	19.44	20.99	19.70	12.07	12.57
sca	1.50	1.47	3.98	2.56	5.08	3.42
pcp	8.73	7.70	13.54	14.82	18.86	22.06
exp	2.17	-0.62	2.17	-1.71	2.58	1.61
npr	19.62	18.95	19.22	19.87	12.97	9.01

续表

变量	1999 年		2000 年		2001 年	
	基尼系数	泰尔指数 – L	基尼系数	泰尔指数 – L	基尼系数	泰尔指数 – L
mon	6.39	5.13	4.91	1.85	5.00	3.22
olp	- 0.64	- 1.98	3.15	3.90	2.12	2.56
总解释度	57.87	50.09	67.95	61.01	58.7	54.45

变量	2002 年		2003 年		2004 年	
	基尼系数	泰尔指数 – L	基尼系数	泰尔指数 – L	基尼系数	泰尔指数 – L
fdi	12.73	13.99	13.74	8.06	13.79	4.94
sca	6.34	14.20	14.45	20.02	20.75	29.31
pcp	19.48	17.10	11.65	12.02	12.34	18.45
exp	0.82	- 2.03	2.05	0.48	2.94	1.31
npr	10.31	17.08	17.76	22.07	16.37	17.34
mon	4.07	1.14	0.69	0.43	0.54	0.23
olp	- 2.71	- 5.35	1.08	1.24	- 0.33	- 1.37
总解释度	51.05	56.13	61.42	64.32	66.40	70.21

变量	2005 年		2006 年		2007 年	
	基尼系数	泰尔指数 – L	基尼系数	泰尔指数 – L	基尼系数	泰尔指数 – L
fdi	8.04	1.24	6.95	1.10	6.59	2.33
sca	20.30	27.30	24.89	32.47	22.49	32.19
pcp	- 0.15	- 0.50	7.83	7.37	6.07	2.04
exp	2.88	1.84	3.74	2.31	13.48	6.88
npr	17.09	16.46	16.97	16.07	15.90	15.90
mon	0.55	0.66	0.61	0.53	- 0.03	- 0.11
olp	10.83	13.18	- 0.03	- 0.12	0.23	- 1.12
总解释度	59.52	60.17	60.95	59.74	64.73	58.10

资料来源：笔者根据 1999 ~ 2007 年的中国工业企业数据库整理。

从分解结果可以得到以下几点结论：（1）考察期内，技术溢出效应对行业间工资差距的贡献率不断降低，对基尼系数的贡献度从 20.08% 降至 6.59%，对泰尔指数的贡献度从 19.44% 降至 2007 年的 2.33%。究其原因主要有以下几点：根据上文的实证分析结果，由于内资企业技术水平的不断提高，内外资企业间的技术差距不断缩小，从而有利于外商直接投资企业的技术溢出效应的发挥，从图

6－3 可以看出在 1999 年各行业外商直接投资企业与内资企业间的技术差距比较分散，技术差距的差异导致了技术溢出效应水平的差异，各行业间技术溢出水平的差异必然会反映在工资水平的差异上。而到 2007 年已有将近 90% 的行业位于外资与内资之间的技术差距最小的区间，也就是说，此时绝大多数行业的技术溢出效应均有较大的发挥空间，因而由技术溢出程度不同引发的工资差异也越来越小。

（2）行业内企业平均规模对行业间工资差距的贡献度前期很小，而后期不断扩大，成为影响行业间工资差距最主要的因素。其对基尼系数的贡献度从 1.50% 升至 22.49%，对泰尔指数的贡献度从 1.47% 升至 2007 年的 32.19%。行业内企业规模的扩大会通过资本对低技能劳动力的替代作用和对高技能劳动力的互补作用（冯晓华等，2012）导致行业内高技能劳动者的不断增加，而提高给高技能劳动力的高水平工资导致了行业平均工资的上升，进一步扩大行业间的工资差距。

（3）与第四章对企业间工资差距分解的结果不同，新产品比重对行业间工资差距的影响一直都很大，9 年间其对工资差距的贡献度基本维持在 10% ~ 20% 之间，这说明新产品比重这个指标对企业间工资差距的贡献很小却是行业间工资差距的主要原因。我们认为对于企业来说，新产品的开发意味着预期获利的高风险，市场的检验结果有好有坏，给企业带来的回报高高低低，反映在工资水平上并不明显。而对行业来说，新产品的比重越高，意味着行业整体的创新能力越强，而这需要丰厚的人力资本和强大的技术背景做支撑，行业整体的工资水平必然高于其他行业。

（4）与第四章对企业间工资差距的分解类似，平均利润在考察期的前半段对行业间工资差距的影响比较大，其贡献度平均约为 10%，但在考察期的后半段其贡献度全部降到 10% 以下，有些年份甚至出现负值。行业利润已不再是引起行业间工资差距的主要原因之一，意味着不管是从企业层面还是行业层面都存在着"利润侵蚀工资"的现象。有研究认为，企业的管理者掌握着工资分布的决定权，其收入直接与利润挂钩，压低职工工资提高利润水平以增加管理者自身的收入水平是"利润侵蚀工资"现象产生的直接内在动因（郑志国，2008）。

（5）出口和全员劳动生产率对行业间工资差距的影响都很小，甚至相当多的年份都出现负值，关于出口对企业间工资差距的影响，本书的第七章会进行更全面更准确的估算，此处不再赘述。而全员劳动生产率的贡献度与预期相差很大，一般认为全员劳动生产率高的行业应该也具有相对较高的工资水平，这可能是由于本书所使用的行业数据是由企业数据汇总而来，行业中样本数量有大有小，不排除有些行业中企业的离散程度较大，造成较大偏差。

（6）垄断对行业间工资差距的贡献度并不大，且从 1999 ~ 2007 年呈现出略微下降的趋势，这一方面是因为本书所使用的样本大部分是制造业，而我国的垄断行业多集中于非制造业，因此样本数据中包含的垄断行业以及垄断行业的企业数量都很少，造成垄断的影响不明显；另一方面也反映了政府对垄断行业收入分配制度的改革初见成效，垄断行业与其他竞争性行业之间的工资差距在不断缩小。

三、基于上市公司数据测算技术溢出对行业间收入差距的贡献度

本部分内容使用上市公司行业层面的样本数据来分析行业内技术溢出效应对内外资企业间工资差距的贡献度。由于上文已经对 1999～2007 年的数据进行了估计和分解，因此本部分拟对后续的 2011～2020 年的行业截面数据进行回归分析。表 6－14 显示了回归结果。从表中可以看出，2011～2020 年模型的 R^2 均大于 0.5，且大多数变量的系数在 1% 的水平上显著，这表明模型的拟合程度较高、解释度良好。核心变量技术溢出对行业工资的影响显著为正，说明若行业的外资技术溢出效应越大，其行业的平均工资水平越高，这与上文采用 1999～2007 年数据回归得到的结果保持一致。

表 6－14　　　2011～2020 年上市公司行业工资水平的截面回归估计结果

变量	2011 年	2012 年	2013 年	2014 年	2015 年
fdi	0.456 *** (2.99)	0.487 *** (3.08)	0.287 ** (2.54)	0.386 ** (2.38)	0.058 ** (2.33)
clr	0.280 ** (2.15)	0.098 (0.91)	−0.019 (−1.09)	−0.052 (−1.14)	0.034 (1.22)
pcp	0.338 *** (3.09)	0.331 *** (3.15)	0.354 *** (3.63)	0.245 ** (2.08)	0.227 ** (2.39)
sca	0.047 (1.01)	0.110 (1.03)	0.125 *** (3.21)	0.292 ** (2.38)	0.371 ** (2.45)
mon	0.002 *** (2.98)	0.134 ** (2.36)	0.138 (0.78)	0.216 *** (3.04)	0.205 *** (2.99)
dr	−0.305 *** (−3.12)	−0.328 *** (−3.08)	−0.381 ** (−2.42)	0.062 (0.88)	0.153 (0.97)
cashflow	2.002 * (1.84)	3.445 ** (2.31)	2.140 *** (3.90)	0.741 *** (3.31)	1.775 *** (4.02)
常数项	4.922 *** (8.91)	2.895 *** (7.68)	3.426 *** (8.11)	0.514 *** (10.02)	2.019 *** (9.19)
R^2	0.727	0.776	0.617	0.540	0.591

续表

变量	2016 年	2017 年	2018 年	2019 年	2020 年
fdi	0.597 ** (2.39)	0.829 *** (2.99)	0.764 ** (2.25)	0.683 *** (2.82)	0.716 ** (2.28)
clr	−0.028 (−0.87)	−0.091 (−0.93)	−0.067 (−1.12)	0.018 (1.24)	0.031 (0.76)
pcp	0.320 *** (3.85)	0.395 *** (3.28)	0.442 *** (3.51)	0.352 *** (2.83)	0.364 *** (2.77)
sca	0.273 ** (2.30)	0.084 *** (3.08)	0.020 *** (2.94)	0.016 (0.93)	−0.010 (−0.85)
mon	0.198 (0.82)	0.188 (1.14)	0.001 (1.07)	0.019 (0.83)	0.043 (0.94)
dr	0.042 (1.28)	−0.354 * (−1.87)	−0.165 *** (−3.03)	−0.146 (−1.44)	−0.101 *** (−2.89)
cashflow	1.521 *** (3.23)	0.234 *** (2.98)	0.969 *** (3.03)	0.846 *** (3.14)	1.148 *** (3.21)
常数项	0.121 *** (7.22)	4.894 *** (7.93)	5.293 *** (8.14)	5.878 *** (7.52)	6.148 *** (8.23)
R^2	0.645	0.751	0.682	0.598	0.611

注: * 、** 、*** 分别表示在10% 、5%和1%的水平上显著。括号内为相应 T 值。
资料来源: 根据 2011 ~ 2020 年的 CSMAR 数据库和 WIND 数据库整理。

与上文的结论基本一致, 行业平均人均利润、规模以及现金流量的系数在绝大多数年份均显著为正, 这表明行业的人均利润越高, 规模越大, 现金流量越大, 其行业的平均工资水平也就越高。行业平均资产负债率的系数大多数年份为负, 这表明行业的资产负债率越高, 其平均工资越低, 资产负债率高的行业在财务资金流转方面会相对困难, 能够支付给员工的工资也会随之降低。行业平均的资本劳动比在前几年显著为正, 但在后几年的回归系数部分为负且不显著, 这表明随着时间的推移, 资本劳动比较高的行业未必能提供较高的平均工资, 而且其也不再是决定行业工资水平的主要因素。垄断对工资水平的影响为正, 但在考察期后段的系数不显著, 这表明随着市场化程度的提高以及行业间竞争程度的加剧, 垄断行业的高工资时代已经趋于结束, 市场竞争环境愈发公平。

根据截面数据的回归结果, 使用夏普利值对行业间的工资差异的基尼系数和泰尔指数进行分解, 分解结果如表 6 - 15 所示。模型的分解结果对两种不平等指标的平均总解释度在 50% 以上, 说明模型不仅具有较高的可信度, 也具有较高的稳健性。

表 6 - 15　　　　　　2010 ～ 2020 年行业间工资差异的分解结果（%）

变量	2010 年		2012 年		2014 年	
	基尼系数	泰尔指数 - L	基尼系数	泰尔指数 - L	基尼系数	泰尔指数 - L
fdi	10.718	5.788	3.852	1.597	1.059	1.778
clr	2.504	1.703	2.038	1.314	0.874	1.500
pcp	5.606	13.639	36.599	4.566	4.095	6.893
sca	13.628	2.043	2.414	4.288	1.938	4.960
mon	23.294	14.389	0.617	11.810	11.471	19.233
dr	4.620	10.481	0.926	8.431	6.252	10.219
cashflow	5.367	13.403	0.645	28.072	12.313	8.961
总解释度	65.737	61.446	47.091	60.077	38.003	53.543
变量	2016 年		2018 年		2020 年	
	基尼系数	泰尔指数 - L	基尼系数	泰尔指数 - L	基尼系数	泰尔指数 - L
fdi	3.329	2.360	11.345	1.450	0.686	1.468
clr	1.327	2.407	2.207	1.877	8.178	6.023
pcp	8.709	10.380	2.128	0.994	1.452	2.810
sca	4.629	2.283	5.655	3.072	0.899	10.467
mon	1.831	24.714	9.122	24.980	8.266	6.073
dr	7.193	1.856	0.816	0.922	0.503	2.424
cashflow	3.563	30.564	12.472	40.952	10.792	1.817
总解释度	30.581	74.565	43.744	74.248	30.777	31.083

资料来源：根据 2011 ～ 2020 年的 CSMAR 数据库和 WIND 数据库整理。

　　从分解结果可以得到以下几点结论：（1）考察期内，技术溢出效应对基尼系数的贡献度在考察初期较高，在中后期不断降低，对基尼系数的贡献度从 10.718% 降至 0.686%，对泰尔指数的贡献度从 5.788% 降至 2020 年的 1.468%。究其原因主要为：内资企业技术水平的不断提高，内外资企业间的技术差距不断缩小直至反超，从而有利于技术溢出效应的发挥。结论与上文保持一致。（2）行业平均的资本劳动比对行业间工资差距的贡献度前期和中期较小，而后期不断扩大，2020 年对基尼系数的贡献度最高达到了从 8.178%，对泰尔指数的贡献度达到了 6.023%。资本劳动比的提高表明了劳动力相对资本的减少，所以随着技术的不断更新升级，固定资本的比重不断增大，因此会存在部分低技能劳动力被机器所取代，随着企业劳动者平均技能的提升，整体的平均工资水平也会随之提高。（3）行业平均利润在考察期的前半段对行业间工资差距的影响比较大，但在考察期的后半段贡献度降低，这与前文得到的结论保持一致。（4）行业的平均规模在考察期的后半段对行业间工资差距的平均贡献度大于前半段。外商直接投资的上市公司通常具有更高的生产效率和规模经济，因为可以利用大规模生产、专业化分工以及先进的生产技术来降低成本，也更有可能支付更高的工资，以吸引和留住高素质的员工，从而拉大工资差距。（5）垄断对行业间工资差距的贡献度在考察期内一直较大，这与前文得到的结论不一致。原因可能是与工企数据库相比，上市公司数据库涵盖的企业类型更全面，因此垄断行业对工资差距的影响更为突出。（6）行业平均资产负债率对工资差距的影响主要集中在考察期前半段，而后半段则出现了较大的下降。这可能主要是由于随着市场竞争的加剧，企业更加注重提高生产效率和降低成本。这意味着企业不再仅关注资产负债率的高低，而更注重通过提高管理效率、优化生产流程等方式来提高竞争力，因此资产负债率对工资差距的影响可能会减弱。（7）行业平均现金流量比率对工资差距的贡献度呈现总体增加的趋势，对基尼系数和泰尔指数的贡献度在 2018 年分别达到了12.472% 和 40.952%，甚至成为影响工资差距的主导因素。现金流量比率反映了企业的财务稳定性和灵活性，高比率意味着企业能够更轻松地支付工资和应对突发的支出。在这样的行业中，企业更有可能支付更高的工资，因为其应对市场竞争、承担风险和应对不利经济条件的能力更强。相反，现金流量比率较低的行业中的企业可能面临着更大的经营风险，因此，可能无法支付较高的工资水平。

综合所述，基于工企数据和上市公司数据的分解结果均表明外商直接投资企业的技术溢出效应对行业间工资差距的贡献率不断降低。总体上看，我国制造业行业间的工资差距越来越小，呈现出工资趋同的态势。本章使用夏普利值分解的方法对外商直接投资企业的技术溢出对行业间工资差距的贡献度进行了测度，结果显示，无论是基于工企数据还是上市公司数据，考察期内技术溢出效应对行业间工资差距的贡献率均不断降低。主要原因是考察期的初期各行业外资与内资间的技术差距比较分散，技术差距的差异导致了技术溢出效应水平的差异，各行业间技术溢出水平的差异必然会反映在工资水平的差异上，而到了考察期的后期绝大多数行业外商直接投资企业与内资企业之间的技术差距变得很小，此时的技术溢出效应均有较大的发挥空间，由于技术溢出效应的水平相差无几，由其引起的工资差异也在不断缩小。

第七章　异质性外商直接投资的技术溢出对工资差距影响的实证分析

在第三章中，本书构建了包含外商直接投资的水平技术溢出效应和垂直技术溢出效应的理论模型，从而将两种效应纳入统一框架以推导分析外商直接投资企业的技术溢出效应对企业间工资差距的影响，并提出若干可供检验的理论假说和推论。第六章所涉及的技术溢出效应均指水平溢出效应，未涉及垂直溢出效应的讨论。有文献指出 FDI 的垂直溢出效应尤其是后向关联效应对东道国企业的技术水平有着非常显著的正向影响，而水平溢出效应对东道国企业的技术水平可能无影响甚至影响为负（Jeon et al.，2013）。这主要是由于为保持行业上的技术领先优势，外商直接投资企业会采取尽可能多的手段来减少行业内水平溢出效应的发生，但外商直接投资企业很难控制通过上下游企业间的产品交换所产生的垂直溢出效应。从这个角度来说，研究垂直溢出对微观企业工资的影响更具现实意义。基于此，本章使用瓦哈卡—布林德（Oaxaca‐Blinder）分解方法测算了基于不同来源地和不同溢出方式等异质性外商直接投资的技术溢出效应对我国内外资企业间工资差距的贡献度。同时，基于产业链异质性和工资分布的不同区间，我们多角度、多层面对异质性外商直接投资技术溢出对我国企业间工资差距的影响进行实证检验。

第一节　异质性技术溢出效应对企业间工资差距的影响分析

一、计量模型设定

理论假说是否成立需要通过数据进行实证验证，检验的过程分为三步：第一，根据经典文献和第三章的理论模型，选择计量模型对技术溢出与工资之间的关系展开研究；第二，选择数据库并对原始数据进行处理以满足计量模型的一系列假设条件；第三，选择合理的方法测度影响内外资企业间工资差距的各个因素的贡献度，以对技术溢出效应的影响形成初步判断。

根据第三章第三节的理论模型，我们构建了包含外商直接投资的技术溢出效应的工资决定方程：

$$\ln W_{ijt} = \alpha + \beta_{1t}H_{jt} + \beta_{2t}B_{jt} + \beta_{3t}F_{jt} + \beta_{it}X_{ijt} + \varepsilon_{ijt} \qquad (7-1)$$

该模型的被解释变量 W_{ijt} 为 j 行业中 i 企业在 t 年的平均工资，用数据库中企业的工资总额（应付工资和应付福利费总额）除以企业的从业人数计算得到。H_{jt}、B_{jt} 和 F_{jt} 分别表示外商直接投资的三种技术溢出效应，其中 H_{jt} 是衡量企业所处 j 行业的外商直接投资参与度指标，用以表示行业 j 的外商直接投资水平技术溢出效应，参照雅沃尔奇克（Javorcik，2004）的研究，我们构造的公式为：

$$H_{jt} = \left(\sum_{i \in j} \text{Foreignshare}_{it} \times Y_{it} \right) \Big/ \sum_{i \in j} Y_{it} \qquad (7-2)$$

其中，Foreignshare_{it} 表示企业 i 的外商直接投资占实收资本的比重，Y_{it} 表示企业的年产值。

B_{jt} 是衡量企业 i 所处行业 j 受到的外商直接投资后向关联效应影响的指标，表示该企业受到下游外商直接投资企业的垂直技术溢出效应的影响程度，计算公式为：

$$B_{jt} = \sum_{k \neq j} \alpha_{jk} \times H_{kt} \qquad (7-3)$$

式中，α_{jk} 是投入系数，用上游行业 j 向下游行业 k 提供的中间品占行业总产出的比重来表示。本书使用《中国 2002 年投入产出表》计算 1999～2003 年的 α_{jk}，使用《中国 2007 年投入产出表》计算 2004～2007 年的 α_{jk}。H_{kt} 是下游行业 k 的外商直接投资参与度，需要注意的是由于 H_{jt} 已包含行业外商直接投资的水平技术溢出效应，所以在计算垂直技术溢出效应时同一行业企业间中间品的投入应被剔除。

F_{jt} 是企业 i 所处行业 j 受到外商直接投资前向关联效应影响的指标，表示下游企业所受到的上游外商直接投资企业技术溢出效应的影响。上游外商直接投资企业通过向下游企业提供高质量的中间产品，进而影响下游企业的生产工艺水平。其计算公式为：

$$F_{jt} = \sum_{m \neq j} \theta_{jm} \left\{ \left[\sum_{i \in m} \text{Foreignshare}_{it} \times (Y_{it} - E_{it}) \right] \Big/ \left[\sum_{i \in m} (Y_{it} - E_{it}) \right] \right\} \qquad (7-4)$$

式中 θ_{jm} 表示下游行业 j 从上游行业 m 获取的中间品占行业总投入的比重，同样使用《中国 2002 年投入产出表》和《中国 2007 年投入产出表》来计算。E_{it} 表示 m 行业的企业 i 在时间 t 的出口值，雅沃尔奇克（Javorcik，2004）认为上游企业的出口部分与下游内资企业之间没有产品流联系，也就不会产生技术溢出效应，因此在计算前向关联时有必要从上游行业的总产出中剔除出口部分。同时，与计算后向关联效应时一样，同一行业内部中间品的投入应被剔除。

二、基于工企数据的实证检验

(一) 数据描述性统计与指标选择

同前面的章节一样，本书首先使用的微观数据来自中国工业企业数据库。但同上文不一样的是，本章不再使用追踪样本数据，为更准确和全面地估计水平技术溢出和垂直技术溢出效应对内外资企业间工资差距的影响，本节使用全样本数据进行研究。同上文一样，先参照聂辉华等 (2012) 和布兰特等 (Brandt et at., 2012) 的做法进一步对数据进行了清洗。剔除了企业的应付工资、产值、实收资本、销售额等重要变量有缺失的企业样本；删除员工数少于 8 个人的企业样本；对样本中流动资产大于总资产、当年折旧大于累计折旧、总资产小于固定资产净值、销售额低于 500 万元的企业、利润率低于 0.1% 或高于 99% 的企业、企业识别代码缺失的样本进行了清除。为消除价格因素的影响，我们以 1999 年为基期的居民消费价格指数、各行业的工业品出厂价格指数以及固定资产投资价格指数等指标对相关变量进行了平减。由于 2007 年后数据库有很多关键指标缺失，本章同样选择 1999～2007 年的样本作为研究对象。

其他影响企业工资水平的控制变量 X_{ijt} 包括：Export 为衡量企业出口规模的指标，用企业出口交货值占工业销售值的比重表示，用来衡量该企业对国际市场的依赖程度；CLR 为企业的资本劳动比 (capital-labor ratio)，是企业的资产总额 (总资产) 与从业者人数的比值，该指标用以反映企业的资本密集度；PCP 为企业的人均利润 (per capita profit)，用企业的年度净利润总额与从业者人数之比表示，该指标可用来考察企业的经济效益；MON 为垄断虚拟变量，主要用于表示企业是否属于垄断行业，当企业所属行业为非垄断性时，用 0 表示，否则为 1；Age 表示企业的成立年限，用观测年度与企业成立时间的差表示，可反映企业的经营经验；Size 代表企业规模，用企业的固定资产总额表示；NPR 为企业新产品产值与工业总产值的比重 (new product ratio)，用来反映企业的创新能力；TFP 为企业的全要素生产率 (total factor productivity)，本书选择 OP 方法对企业的生产率进行测算，根据效率工资理论，企业的生产率越高，越有能力支付给员工较高的工资。

表 7-1 提供了外资企业和内资企业主要变量的描述性统计特征，两种类型的企业间存在着明显的变量特征差异，从均值来看，外商直接投资企业的工资水平明显高于内资企业，且外商直接投资企业具有更高的生产率、人均利润、资本劳动比、企业规模、出口比重以及创新能力。

表 7 - 1 主要变量的描述性统计

变量	内资企业			外商直接投资企业		
	观测值数	均值	标准差	观测值数	均值	标准差
LnW	497877	9.3084	0.6433	140871	9.6762	0.6578
TFP	497259	5.9176	1.0474	140803	6.2582	0.9164
PCP	497896	0.6042	10.7128	140872	1.4731	24.6228
CLR	497895	5.7101	1.8798	140872	6.0342	2.0469
Size	497671	15.6056	1.7259	140831	16.0951	1.6870
Age	497892	13.2912	48.4086	140871	8.1620	35.9429
MON	497896	0.1986	0.3989	140872	0.1094	0.3121
Export	497660	0.0982	0.2612	140845	0.4384	0.4355
NPR	497797	0.0342	0.1437	140849	0.0363	0.1581

资料来源：作者根据中国工业企业数据库的数据整理得到。

（二）基准回归结果

理论分析已经明晰了一个问题：技术溢出效应会对内外资企业的技术水平产生影响，并必然导致企业间工资差距的变化。由于工资水平的变动是工资差距发生变动的前提和直接原因，本书基准回归将对三类溢出效应与内外资企业工资水平之间的关系进行初判。

外商直接投资企业异质性的一个重要维度是理论模型中提到的技术水平的不同。已有文献一致认为，中国大陆引入的外资中，来自中国港澳台地区的企业在寻求本地配套、所处行业特征等方面与来自其他国家或地区的企业相比存在很大差异，总体技术水平相对较低（Buckley et al.，2007；罗伟和葛顺奇，2015），我们通过简单的统计分析，也得出相似的结论。虽然有研究认为来自中国港澳台地区的企业由于与中国大陆的文化差异和技术差异较小，并且模仿壁垒更低，因此技术溢出效应会更明显。但绝大部分研究显示，相对于来自中国港澳台地区的企业，来自欧美等发达国家的外商直接投资企业在研发能力、技术所有权、组织管理、人员培训等方面更具优势，技术外溢的空间和机会也就更大，因而技术溢出效应更加明显。因此，为检验理论模型的推论中所提到的不同技术水平的外商直接投资对内外资企业间工资差距的影响，遵循已有研究，本书将外商直接投资企业的技术溢出效应按照来源地的不同进行划分：H_{gat}、B_{gat} 和 F_{gat} 分别表示港澳台企业的水平溢出技术效应、后向关联效应和前向关联效应，H_{no-gat}、B_{no-gat} 和 F_{no-gat} 分别表示非港澳台外资企业的水平技术溢出效应、后向关联效应和前向关联效应。

基于公式（7-1）进行计量回归后，表7-2报告了基准回归的结果。全样本的估计结果如第（1）列所示，水平技术溢出效应和前向关联效应对工资的影响显著为正，而后向关联效应对工资有显著负向的影响。根据外商直接投资来源地对溢出效应进行异质性区分后，可以看出几种溢出效应对工资水平的影响系数和显著性均有了明显变化，说明企业工资水平对不同来源地外商直接投资的技术溢出程度非常敏感，按来源地对外商直接投资进行划分非常有必要。

表 7-2　　　　　　　　　　　工资决定方程的基准回归结果

变量	全样本		内资企业		外商直接投资企业	
	（1）	（2）	（3）	（4）	（5）	（6）
H	0.2884 *** (0.0145)		0.2052 *** (0.0157)		0.0960 *** (0.0297)	
H_{gat}		0.0399 (0.0267)		-0.0169 (0.0300)		-0.2119 *** (0.0507)
H_{no-gat}		0.4116 *** (0.0194)		0.3241 *** (0.0216)		0.2545 *** (0.0372)
B	-0.1389 *** (0.0161)		-0.1821 *** (0.0188)		-0.0910 *** (0.0293)	
B_{gat}		-0.3108 *** (0.0506)		-0.1224 ** (0.0619)		-0.7010 *** (0.0871)
B_{no-gat}		0.0329 ** (0.0116)		-0.1352 *** (0.0395)		0.2926 *** (0.0512)
F	0.1109 *** (0.0322)		0.2099 *** (0.0365)		0.0173 (0.0637)	
F_{gat}		0.4258 *** (0.0493)		0.5204 *** (0.0556)		0.3344 *** (0.1019)
F_{no-gat}		0.1686 *** (0.0321)		0.2712 *** (0.0363)		0.0538 (0.0640)
TFP	0.1634 *** (0.0013)	0.1623 *** (0.0013)	0.1587 *** (0.0015)	0.1572 *** (0.0014)	0.1589 *** (0.0029)	0.1586 *** (0.0028)
PCP	0.0007 *** (0.0001)	0.0007 *** (0.0001)	0.0008 *** (0.0002)	0.0008 *** (0.0002)	0.0004 *** (0.0001)	0.0005 *** (0.0001)
CLR	0.2560 *** (0.0014)	0.2535 *** (0.0014)	0.2215 *** (0.0015)	0.2182 *** (0.0015)	0.2791 *** (0.0028)	0.2797 *** (0.0027)

续表

变量	全样本		内资企业		外商直接投资企业	
	（1）	（2）	（3）	（4）	（5）	（6）
Size	-0.0436 ***	-0.0431 ***	-0.0440 ***	-0.0435 ***	-0.0475 ***	-0.0467 ***
	（0.0008）	（0.0008）	（0.0009）	（0.0009）	（0.0018）	（0.0018）
Age	-0.0001 ***	-0.0001 ***	-0.0001 ***	-0.0001 ***	-0.0001 ***	-0.0001 **
	（0.0000）	（0.0000）	（0.0000）	（0.0000）	（0.0000）	（0.0000）
MON	0.0004 ***	0.0004 ***	0.0007 ***	0.0007 ***	0.0012 ***	0.0012 ***
	（0.0000）	（0.0000）	（0.0000）	（0.0000）	（0.0002）	（0.0002）
Export	0.1495 ***	0.1493 ***	0.1191 ***	0.1174 ***	0.0063	0.0056
	（0.0029）	（0.0028）	（0.0037）	（0.0036）	（0.0051）	（0.0051）
NPR	0.1481 ***	0.1440 ***	0.1869 ***	0.1831 ***	0.1121 ***	0.1060 ***
	（0.0066）	（0.0065）	（0.0071）	（0.0069）	（0.0138）	（0.0138）
常数项	7.5436 ***	7.5576 ***	7.6982 ***	7.7175 ***	7.9576 ***	7.9510 ***
	（0.0124）	（0.0123）	（0.0133）	（0.0131）	（0.0532）	（0.0530）
年份、地区、行业固定效应	控制	控制	控制	控制	控制	控制
样本量	594830	637441	460082	496731	134748	140710
调整的 R^2	0.355	0.361	0.333	0.343	0.340	0.354

注：括号内数值为经企业层面聚类调整的稳健标准误；*** 、** 和 * 分别表示1%、5%和10%的水平上显著性。

资料来源：笔者根据中国工业企业数据库的数据整理得到。

基准回归结果主要有如下几点发现：

（1）非港澳台企业的水平溢出对所有类型企业工资水平的影响为正且显著性水平很高，说明行业内技术水平更高的非港澳台外资企业增加会显著提升行业的整体工资水平。港澳台企业仅对外资企业工资水平有显著负向影响，对全样本和内资企业的工资水平无显著影响。

（2）两种类型外资企业的后向关联效应对内外资企业工资的影响多显著为负，只有非港澳台外资企业的后向关联效应对外商直接投资企业工资水平有正向显著影响。根据梅尔（Meyer，2004）的研究结论，跨国公司一般会对上游中间品供货商的供货质量和效率提出更高要求，甚至还会帮助供货商进行人员管理和技术培训，提升其技术水平，而技术水平更高的外商直接投资企业供货商更容易被苛刻的跨国公司选中，这可能就是为什么只有技术水平更高的非港澳台外商直接投资企业后向关联效应会明显提升外商直接投资企业的工资水平的原因。

（3）两种类型前向关联效应对所有企业工资水平均有正向影响，但非港澳台外资对外商直接投资企业工资水平的影响不显著。上游行业的企业生产的中间品被下游行业的企业购入后，直接构成了下游产品的一部分，技术溢出的途径更直接，溢出空间更大，高技术水平外商直接投资的技术溢出优势会体现得更明显。

即根据基准回归结果得到的初步结论是：外商直接投资企业的技术溢出效应对企业的工资水平有显著影响，且各种类型的技术溢出效应对内外资企业工资影响方向和影响程度各异，总体来看，只有技术水平更高的非港澳台外资企业的技术溢出效应在绝大多数情况下对企业工资有显著的提升作用。下一步我们将通过量化影响因素的贡献度来阐释影响机制，测算外商直接投资的技术溢出效应在内外资企业间工资差距的变化中所起的作用，其结果不仅可从机理上验证理论分析的结论，也可为经验结果分析提供深层次的依据。

（三）内生性问题的处理

在实证研究过程中，逆向因果关系、遗漏变量所导致的内生性问题对实证研究结果的提炼造成了极大干扰。本书的核心解释变量是行业层面的技术溢出指标，被解释变量则是企业层面的工资水平。行业层面的因素能够影响到企业层面的被解释变量，但单个企业层面的被解释变量很难反过来影响行业层面的解释变量，因而两者存在较弱的逆向因果关系。但考虑到因遗漏变量或样本选择而导致的内生性问题，本章使用了两种方法来处理可能存在的内生性：一是将核心解释变量均滞后一期，从表 7 - 3 结果可以看出，各变量系数的正负号均没有变化，只有个别变量的显著性水平明显提高，说明结果稳健；二是使用倾向匹配得分法（PSM）即基于反事实的逻辑，把外商直接投资企业作为处理组，以特征相同或相近为基本原则为处理组中的样本匹配对照组（内资企业），以消除了控制变量可能存在的系统性差异，并对匹配后的样本进行回归。表 7 - 4、表 7 - 5 和表 7 - 6 报告了处理过程和结果。从结果看，核心解释变量对工资的影响方向和显著性均未发生明显改变，说明结果稳健。

表 7 - 3　　　　　　　　　**核心解释变量滞后一期的回归结果**

变量	全样本		内资企业		外商直接投资企业	
	(1)	(2)	(3)	(4)	(5)	(6)
L. H	0.2753 *** (0.0135)		0.1859 *** (0.0159)		0.1079 *** (0.0252)	
L. H_{gat}		0.0362 (0.0273)		- 0.0275 (0.0339)		- 0.1326 *** (0.0450)
L. H_{no-gat}		0.4078 *** (0.0208)		0.3024 *** (0.0246)		0.2395 *** (0.0377)

续表

变量	全样本		内资企业		外商直接投资企业	
	(1)	(2)	(3)	(4)	(5)	(6)
L. B	−0.1673 *** (0.0154)		−0.2196 *** (0.0191)		−0.0443 * (0.0258)	
L. B$_{gat}$		−0.4193 *** (0.0849)		−0.2712 *** (0.1029)		−0.7726 *** (0.1465)
L. B$_{no-gat}$		0.0321 * (0.0205)		−0.1263 ** (0.0629)		0.3925 *** (0.0843)
L. F	0.0593 (0.0361)		0.1423 *** (0.0432)		0.1336 ** (0.0640)	
L. F$_{gat}$		0.2983 *** (0.0548)		0.3924 *** (0.0642)		0.3320 *** (0.1011)
L. F$_{no-gat}$		0.0532 ** (0.0161)		0.1349 *** (0.0433)		0.1272 ** (0.0640)
控制变量	控制	控制	控制	控制	控制	控制
年份、地区和行业	控制	控制	控制	控制	控制	控制
样本量	284952	284952	214918	214918	70034	70034
调整的 R^2	0.355	0.356	0.335	0.335	0.366	0.366

注：括号内数值为经企业层面聚类调整的稳健标准误；*** 、** 和 * 分别表示 1%、5% 和 10% 的水平上显著性。

资料来源：笔者根据中国工业企业数据库的数据整理得到。

表 7-4　　　　　　　　　　　　　　平均处理效应

处理效应	外商直接投资企业平均工资	内资企业平均工资	均值差异	标准误	t 检验值
匹配前	9.676439	9.309348	0.367091	0.001946	188.61
匹配后 ATT	9.676427	9.47717	0.199257	0.003298	60.42

资料来源：作者根据中国工业企业数据库的数据整理得到。

表 7 - 5　　　　　　　　　　　　　　　均衡性检验结果

变量	匹配前后	均值		标准化偏差（%）	标准化偏差降低幅度（%）	T 检验	
		处理组	控制组			T 值	P 值
TFP	匹配前 U	6.2586	5.9189	34.6	98.9	110.47	0.000
	匹配后 M	6.2585	6.2624	- 0.4		- 1.07	0.284
PCP	匹配前 U	1.4743	0.6092	4.6	81.2	19.19	0.000
	匹配后 M	1.4744	1.6368	- 0.9		- 1.68	0.093
CLR	匹配前 U	6.0328	5.7064	16.6	96.8	56.45	0.000
	匹配后 M	6.0327	6.0222	0.5		1.41	0.160
Size	匹配前 U	16.095	15.605	28.7	98.9	94.54	0.000
	匹配后 M	16.095	16.09	0.3		0.79	0.428
MON	匹配前 U	0.10928	0.19813	- 24.8	92.3	- 77.19	0.000
	匹配后 M	0.10928	0.10247	1.9		5.87	0.000
Export	匹配前 U	0.43847	0.0983	94.7	97.4	365.3	0.000
	匹配后 M	0.43846	0.42974	2.4		5.27	0.000
NPR	匹配前 U	0.03626	0.03421	1.4	0.7	4.64	0.000
	匹配后 M	0.03626	0.03501	1.3		1.67	0.098

资料来源：笔者根据中国工业企业数据库的数据整理得到。

表 7 - 6　　　　　　　　　　　　　　PSM 匹配后的回归结果

变量	(1)	(2)	(3)	(4)	(5)	(6)
H	0.2624 *** (0.0229)		0.1399 *** (0.0316)		0.0964 *** (0.0297)	
H_{gat}		- 0.0371 (0.0411)		- 0.1164 * (0.0639)		- 0.2118 *** (0.0507)
H_{no-gat}		0.4226 *** (0.0301)		0.3107 *** (0.0457)		0.2550 *** (0.0372)
B	- 0.1184 *** (0.0240)		- 0.2552 *** (0.0380)		- 0.0913 *** (0.0293)	
B_{gat}		- 0.5106 *** (0.0727)		- 0.1215 ** (0.0582)		- 0.7012 *** (0.0871)
B_{no-gat}		0.1695 *** (0.0441)		- 0.2468 *** (0.0803)		0.2923 *** (0.0512)

续表

变量	(1)	(2)	(3)	(4)	(5)	(6)
F	0.0798 *** (0.0115)		0.2189 *** (0.0826)		0.0174 (0.0637)	
F_{gat}		0.4234 *** (0.0816)		0.4965 *** (0.1289)		0.3347 *** (0.1019)
F_{no-gat}		0.1205 ** (0.0517)		0.2522 *** (0.0822)		0.0540 (0.0640)
控制变量	控制	控制	控制	控制	控制	控制
年份	控制	控制	控制	控制	控制	控制
地区	控制	控制	控制	控制	控制	控制
行业	控制	控制	控制	控制	控制	控制
样本量	219771	230082	85027	89376	134744	140706
调整的 R^2	0.323	0.333	0.310	0.318	0.340	0.354

注：括号内数值为经企业层面聚类调整的稳健标准误；*** 、** 和 * 分别表示1%、5%和10%的水平上显著性。

资料来源：笔者根据中国工业企业数据库的数据整理得到。

三、基于上市公司数据的实证检验

(一) 数据描述性统计与指标选择

考虑到数据的时效性，本部分依然使用2010~2020年的上市公司数据来考察技术溢出效应对企业间工资差距的影响。数据清洗方式同上文一样，此处不再赘述。表7-7提供了上市公司外商直接投资企业和内资企业主要变量的描述性统计特征，两种类型的企业间存在着明显的变量特征差异，从均值来看，2010~2020年间内资企业的工资水平要高于外商直接投资企业，内资企业具有更高的全要素生产率、资产负债率、企业规模、现金流量比率以及成立年限。

表7-7　　　　　　　2010~2020年上市公司数据主要变量的描述性统计

变量	内资企业			外商直接投资企业		
	观测值数	均值	标准差	观测值数	均值	标准差
LnW	9509	9.481	1.093	11888	9.444	0.816
TFP	9509	7.452	0.946	11888	6.955	0.778
DR	9509	0.485	0.204	11886	0.367	0.192

续表

变量	内资企业			外商直接投资企业		
	观测值数	均值	标准差	观测值数	均值	标准差
CI	9509	12. 544	1. 013	11888	12. 334	1. 028
ROA	9509	0. 039	0. 058	11888	0. 047	0. 066
SCA	9509	22. 508	1. 341	11881	21. 759	1. 051
TobinQ	9487	1. 909	1. 143	11888	1. 954	1. 023
CR	9509	0. 044	0. 07	11888	0. 042	0. 067
FA	9509	2. 923	0. 315	11888	2. 788	0. 366

资料来源：笔者根据 2010~2020 年的 CSMAR 数据库和 WIND 数据库整理得到。

其他影响企业工资水平的控制变量 X_{ijt} 包括：TFP 为企业的全要素生产率（Total Factor Productivity），反映企业的综合生产水平，依旧采用 OP 法来进行计算；DR 为资产负债率（Debt Ratio），是企业负债总额与资产总额的比率，反映企业经营活动的能力；CI 为企业的资本密集度（Capital Intensity），采用固定资产与总资产的比值表示，反映企业现有资产的真实情况；ROA 为总资产净利润率（Return On Asset），采用净利润与总资产平均余额的比值表示，该指标可用来评价企业的经济效益状况；SCA 是企业规模，用企业的资产总值的对数表示，该指标可以从资源占用的角度反映企业的经营能力；TobinQ 是企业的托宾 Q 值（Tobin's Q Ratio），反映了企业的投资水平；CR 为企业现金流量比率（Cashflow Ratio），采用经营活动产生的现金流量净额与总资产的比值表示，反映企业的财务弹性；FA 为企业成立年限（Firm Age），用当年年份减企业成立年份再加一后取对数表示。

（二）基准回归结果分析

表 7-8 报告了基准回归的结果。全样本的估计结果如第（1）列所示，水平溢出效应和前向关联效应对工资的影响显著为正，而后向关联效应对工资有显著负向的影响，这与前文得到的结果保持一致。

表 7-8　　　　　　　　　工资决定方程的基准回归结果

变量	全样本	内资企业	外商直接投资企业
	（1）	（2）	（3）
H	0. 286 *** (0. 027)	0. 242 *** (0. 046)	0. 291 *** (0. 031)

续表

变量	全样本	内资企业	外商直接投资企业
	（1）	（2）	（3）
B	− 0. 025 *** （0. 005）	− 0. 008 （0. 008）	− 0. 038 *** （0. 006）
F	0. 160 *** （0. 013）	0. 114 *** （0. 021）	0. 180 *** （0. 016）
TFP	0. 352 *** （0. 011）	0. 374 *** （0. 018）	0. 332 *** （0. 014）
DR	− 0. 569 *** （0. 040）	− 0. 672 *** （0. 068）	− 0. 350 *** （0. 048）
CI	0. 026 *** （0. 006）	0. 058 *** （0. 011）	0. 010 （0. 007）
ROA	0. 216 * （0. 121）	0. 939 *** （0. 227）	− 0. 223 * （0. 133）
SCA	0. 030 *** （0. 008）	0. 043 *** （0. 013）	0. 022 ** （0. 011）
TobinQ	0. 057 *** （0. 006）	0. 041 *** （0. 010）	0. 078 *** （0. 007）
CR	0. 370 *** （0. 097）	− 0. 256 （0. 165）	0. 889 *** （0. 113）
FA	0. 281 *** （0. 019）	0. 331 *** （0. 035）	0. 287 *** （0. 021）
_cons	5. 136 *** （0. 146）	4. 147 *** （0. 248）	5. 578 *** （0. 184）
年份、地区、 行业固定效应	YES	YES	YES
N	21366	9487	11879
R^2	0. 155	0. 155	0. 174

注：括号内数值为经企业层面聚类调整的稳健标准误；*** 、** 和 * 分别表示1%、5%和10%的水平上显著性。

资料来源：笔者根据2010～2020年的CSMAR数据库和WIND数据库整理得到。

　　基准回归结果主要有如下几点发现：（1）水平溢出对所有类型企业工资水平的影响为正且显著性水平很高，说明行业内技术水平更高的FDI增加会显著提升行业的整体工资水平。（2）后向关联效应对内外资企业工资的影响多显著为负，这与前文得到的结论相同，也就是由于跨国公司对上游中间品的质量和效率的要求更为苛刻，会对上游中间品供货商进行技术培训，技术水平越高的供货商越容易被苛刻的跨国公司选中。（3）前向关联效应对所有企业工资水平均有正向影响。上下游产业间产品的流通，加快了技术溢出的速度从而凸显高技术水平 FDI 的技术溢出效果。

以上市公司为研究对象的基准回归结果可得到的初步结论：技术溢出对企业的工资水平有显著影响，且各种类型的溢出效应对内外资企业工资影响方向和影响程度各异。下一步将通过量化影响因素的贡献度来阐释影响机制，测算技术溢出效应在内外资企业间工资差距的变化中所起的作用。

（三）内生性问题的处理

依旧使用上文的两种方法来处理可能存在的内生性，分别是将核心解释变量均滞后一期和倾向匹配得分法（PSM）。表 7-9 为核心解释变量滞后一期的回归结果，可以发现匹配之后各变量系数的正负号均没有变化，只有个别变量的显著性水平显著提高，说明结果稳健；PSM 是使用基于反事实的逻辑，此处把外商直接投资企业作为处理组，以特征相同或相近为基本原则为处理组中的样本匹配对照组（内资企业），以消除了控制变量可能存在的系统性差异。选择全要素生产率、资产负债率、资本密集度、总资产净利润率、企业规模、托宾 Q 值、现金流量比率以及公司成立年限作为匹配变量，通过 logit 模型进行估计，采用半径匹配法进行匹配，匹配后样本容量 12848 个。图 7-1 和图 7-2 分别为匹配前后倾向得分值概率密度函数图，可以发现，经过匹配，处理组与对照组的观测值差距得到有效缩减，匹配效果良好。表 7-10 和表 7-11 分别报告了平均处理效应和匹配后的回归结果，从结果来看核心解释变量对工资的影响方向和显著性均未发生明显改变，说明结果稳健。

表 7-9　　　　　　　　　核心解释变量滞后一期的回归结果

变量	全样本	内资企业	外商直接投资企业
	(1)	(2)	(3)
L. H	0. 339 ***	0. 377 ***	0. 267 ***
	(0. 033)	(0. 059)	(0. 038)
L. B	-0. 018 ***	-0. 014	-0. 015 **
	(0. 006)	(0. 011)	(0. 007)
L. F	0. 155 ***	0. 152 ***	0. 132 ***
	(0. 016)	(0. 030)	(0. 019)
TFP	0. 328 ***	0. 346 ***	0. 326 ***
	(0. 014)	(0. 024)	(0. 017)
DR	-0. 565 ***	-0. 618 ***	-0. 431 ***
	(0. 051)	(0. 093)	(0. 059)

续表

变量	全样本	内资企业	外商直接投资企业
	(1)	(2)	(3)
CI	0.014 * (0.008)	0.048 *** (0.015)	0.003 (0.009)
ROA	−0.039 (0.149)	0.687 ** (0.303)	−0.429 *** (0.159)
SCA	0.026 ** (0.011)	0.021 (0.018)	0.040 *** (0.013)
TobinQ	0.076 *** (0.007)	0.071 *** (0.014)	0.082 *** (0.009)
CR	0.505 *** (0.123)	−0.531 ** (0.226)	1.213 *** (0.138)
FA	0.237 *** (0.023)	0.253 *** (0.050)	0.277 *** (0.025)
_cons	5.618 *** (0.191)	5.074 *** (0.345)	5.361 *** (0.235)
年份、地区、 行业固定效应	YES	YES	YES
N	12848	5037	7811
R²	0.149	0.141	0.180

注：括号内数值为经企业层面聚类调整的稳健标准误；*** 、** 和 * 分别表示 1%、5% 和 10% 的水平上显著性。

资料来源：笔者根据 2010~2020 年的 CSMAR 数据库和 WIND 数据库整理得到。

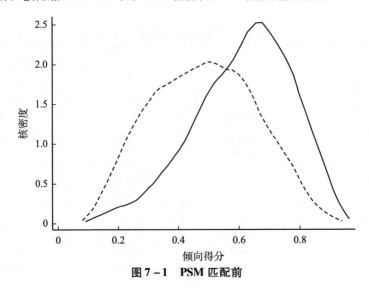

图 7-1 PSM 匹配前

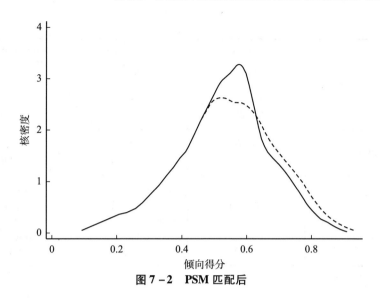

图 7 - 2　PSM 匹配后

表 7 - 10 平均处理效应

处理效应	外商直接投资企业平均工资	内资企业平均工资	均值差异	标准误	T 检验值
匹配前	9. 441	9. 4798	- 0. 0382	0. 0132	- 2. 89
匹配后 ATT	9. 443	9. 4798	- 0. 0368	0. 0091	- 4. 03

资料来源：作者根据 2010 ~ 2020 年的 CSMAR 数据库和 WIND 数据库整理得到。

表 7 - 11 PSM 匹配后的回归结果

变量	全样本	内资企业	外商直接投资企业
	模型 1	模型 2	模型 3
L. H	0. 292 *** (0. 025)	0. 242 *** (0. 042)	0. 292 *** (0. 030)
L. B	- 0. 032 *** (0. 005)	- 0. 008 (0. 008)	- 0. 038 *** (0. 005)
L. F	0. 173 *** (0. 014)	0. 114 *** (0. 021)	0. 180 *** (0. 017)
TFP	0. 342 *** (0. 012)	0. 374 *** (0. 018)	0. 331 *** (0. 015)
DR	- 0. 479 *** (0. 042)	- 0. 672 *** (0. 072)	- 0. 353 *** (0. 051)

变量	全样本	内资企业	外商直接投资企业
	模型1	模型2	模型3
CI	0.016 ** (0.007)	0.058 *** (0.011)	0.009 (0.008)
ROA	−0.022 (0.121)	0.939 *** (0.221)	−0.230 * (0.136)
SCA	0.026 *** (0.008)	0.043 *** (0.013)	0.022 ** (0.011)
TobinQ	0.067 *** (0.006)	0.041 *** (0.012)	0.078 *** (0.007)
CR	0.629 *** (0.099)	−0.256 (0.170)	0.890 *** (0.118)
FA	0.277 *** (0.019)	0.331 *** (0.033)	0.283 *** (0.022)
_cons	5.411 *** (0.150)	4.147 *** (0.252)	5.601 *** (0.188)
年份、地区、 行业固定效应	YES	YES	YES
N	21354	9487	11867
R^2	0.160	0.155	0.172

注：括号内数值为经企业层面聚类调整的稳健标准误；***、** 和 * 分别表示1%、5%和10%的水平上显著性。

资料来源：笔者根据2010~2020年的CSMAR数据库和WIND数据库整理得到。

第二节 异质性技术溢出效应对我国内外资企业间工资差距贡献的分解研究

一、基于工企数据的工资差距分解结果

(一) 瓦哈卡—布林德分解结果

本节的主要工作是测度分类型技术溢出效应对内外资企业间工资差距的影响

程度，我们选用常见的基于回归方程的瓦哈卡—布林德工资分解方法。其基本思想是将内外资企业的工资差距分解为特征差异和系数差异：特征差异是指由企业的特征禀赋差异造成的工资差距，是工资差距的可解释部分；系数差异或者称为禀赋的回报差异是指由除企业特征以外的不可测的因素导致的工资差距的不可解释部分。表 7 - 12 报告了分三个时期对工企数据进行瓦哈卡—布林德分解的结果。总体来说，1999~2007 年内外资企业间的工资差距在 0.2859~0.5664 的区间浮动，说明内外资企业间存在着非常显著的工资差距，外商直接投资企业的工资水平远高于内资企业，但随着时间的推移，二者之间的工资差距在逐渐缩小。六种溢出指标特征差异对工资差距的影响非常小，但系数差异比例都非常大，系数差异意味着工资回报率的不同，这就说明技术溢出效应指标对内资企业和外商直接投资企业的工资影响程度和方向均不相同，进而对工资差距产生影响。考察期初期，三种效应对工资差距贡献的总比例和均为正数，即都拉大了工资差距，而期末总比例的和或下降或变为负值，说明技术溢出效应对工资差距的贡献度在下降或起到缩小工资差距的作用。水平溢出效应总比例和的绝对值一直是三种效应中最大的，即从总比例来看，水平溢出效应是三种效应中影响内外资企业间工资差距的最大变量。

表 7 - 12　　　　　　　　内外资企业工资差距的瓦哈卡—布林德分解结果

变量	1999~2001 年				2002~2004 年				2005~2007 年			
	差异值	总比例	特征差异比例	系数差异比例	差异值	总比例	特征差异比例	系数差异比例	差异值	总比例	特征差异比例	系数差异比例
H_{gat}	-0.0295	-0.78	-5.20	4.42	-0.0113	-11.46	-2.86	-8.59	-0.0152	-18.6	-5.33	-13.22
H_{no-gat}	-0.0188	11.62	-3.32	14.94	-0.0110	2.01	-2.80	4.80	0.0020	12.46	0.70	11.76
B_{gat}	-0.0449	14.79	-7.93	22.71	-0.0038	-8.82	-0.96	-7.86	-0.0036	-4.14	-1.26	-2.88
B_{no-gat}	0.0521	-11.70	9.20	-20.90	0.0130	6.53	3.30	3.24	0.0064	6.08	2.23	3.84
F_{gat}	0.0070	2.90	1.24	1.65	0.0134	30.31	3.41	26.89	0.0065	29.28	2.27	27.01
F_{no-gat}	0.0029	0.50	0.52	-0.02	0.0185	-39.4	4.70	-44.09	0.0157	-31.5	5.51	-36.97
TFP	0.1045	29.22	18.44	10.77	0.0657	28.22	16.73	11.48	0.0274	38.26	9.59	28.67
PCP	0.0035	0.13	0.62	-0.49	0.0007	0.31	0.18	0.13	0.0005	0.43	0.19	0.24
CLR	0.1226	318.4	21.65	296.7	0.1038	87.29	26.43	60.86	0.0450	173.8	15.75	158.1
Size	-0.0042	-107.9	-0.75	-107.2	-0.0204	-62.6	-5.20	-57.41	-0.0166	-75.6	-5.79	-69.79
Age	0.0011	-0.04	0.20	-0.24	0.0003	1.48	0.08	1.40	-0.0091	9.55	-3.17	12.73
MON	-0.0049	-5.90	-0.86	-5.04	-0.0083	-9.80	-2.10	-7.70	-0.0114	-5.71	-3.99	-1.72
Export	0.0076	-0.27	1.34	-1.61	0.0320	-7.05	8.16	-15.21	0.0188	-2.32	6.59	-8.91
NPR	0.0014	-0.82	0.24	-1.06	-0.0001	-0.29	-0.02	-0.27	0.0006	-0.90	0.20	-1.10

变量	1999~2001 年				2002~2004 年				2005~2007 年			
	差异值	总比例	特征差异比例	系数差异比例	差异值	总比例	特征差异比例	系数差异比例	差异值	总比例	特征差异比例	系数差异比例
常数项	-0.8504	-150.1	0.00	-150.1	0.3271	83.26	0.00	83.26	-0.0893	-31.2	0.00	-31.22
总计	0.5664	100.0	35.39	64.61	0.3928	100.0	49.05	50.95	0.2859	100.0	23.48	76.52

注：总比例、特征差异比例和系数差异比例均指百分比。

资料来源：笔者根据中国工业企业数据库的数据整理得到。

　　细分来看，港澳台企业的水平技术溢出效应对内外资企业间工资差距的贡献度为负且绝对值不断增大，根据分时期工资回归结果，后期其对外商直接投资企业工资影响为负而对内资影响为正，这就缩小了工资差距；而非港澳台外资企业的水平技术溢出效应对工资差距的贡献度为正且期末出现小幅上升，即其对内外资企业工资水平影响均为正但对外资的影响更大。我们认为，由于我国在引资的过程中越来越重视外商直接投资的质量，非港澳台的外资企业的技术水平、产业结构都要优于港澳台企业，且进入的行业也大多为技术密集型行业，技术水平相近的外商直接投资企业间溢出的效率和空间更大，因为对外商直接投资企业工资提升作用更明显。综合两种类型外商直接投资的水平技术溢出对企业间工资差距的总贡献值，由 10.84% 降至 -6.09%，对工资差距的作用由扩大转为缩小，这进一步验证了第三章第一节中的结论。

　　港澳台企业的后向关联效应对内外资企业间工资差距的总贡献度由正转负，说明其作用由扩大变为缩小，根据分时期回归结果，后期其对内外资企业的工资水平影响均为负；与此相反的是，非港澳台外资的后向关联效应对内外资企业间工资差距的贡献度由负转正，根据回归结果，后期其对内外资企业工资的影响均为正，但对内资企业的影响不显著，对外商直接投资企业工资水平的提升明显，对工资差距的作用由缩小变为扩大。由于港澳台企业的后向关联效应对工资差距的贡献度下降的幅度更大，综合两种类型外商直接投资企业后向关联效应的贡献值，总比例从期初的 3.09% 下降到期末的 1.94%，说明考察期内由外商直接投资企业后向关联效应引起的工资差距在不断下降。

　　港澳台企业的前向关联效应对内外资企业间工资差距的贡献度由期初的 2.9% 大幅增长到期末的 29.28%，根据分时期回归结果，其对内外资企业工资水平均有显著提升作用；与此同时，非港澳台企业前向关联效应的贡献度由 0.5% 降至 -31.46%，根据分时期回归结果，后期非港澳台企业前向关联效应对外商直接投资企业工资影响显著为负，但对内资企业工资有大幅提升作用，这就导致了工资差距的缩小。综合两种类型外商直接投资企业前向关联效应对工资差距的贡献值，总比例由正转负，即期末外商直接投资后向关联效应对工资差距有缩小的作用。

综合两种垂直技术溢出对内外资企业工资差距的影响，虽然考察期末后向关联效应对工资差距的贡献依旧为正，但贡献度整体呈现下降的趋势，工资差距分解检验的结论与第三章第二节的结论基本一致。

（二）分位数回归结果

不同于传统的最小二乘法估计只对条件均值进行估计，分位数回归则是通过利用因变量的条件分位数来建模，能够更精确地描述自变量对因变量的变化范围及条件分布形状的影响。该部分内容拟从工资分布的角度研究不同类型技术溢出效应对工资差距的影响，也可看作是对上文分解结果的一种稳健性检验。为分析技术溢出效应对工资差距的影响，在方程（7－1）的基础上引入虚拟变量 Foe，当企业是外商直接投资企业时该变量用 1 表示，否则为 0，同时引入六种类型溢出效应与 Foe 变量的交互项，以分析溢出效应对工资差距的影响。

表 7－13 报告了内外资企业工资差距的分位数回归结果，各个分位数上内资企业的工资水平均小于外资企业且工资差距的系数差别不大。与上文瓦哈卡—布林德分解的结果基本一致，港澳台企业的水平技术溢出效应对各个分位数上的工资差距均有显著的缩小作用，而非港澳台外资企业的水平技术溢出效应则在各个分位数上扩大了工资差距，并且都随着工资水平分布，分位数越高系数值越大，即位于工资水平分布区间越高的内外资企业间工资差距越易受到水平溢出效应的影响。根据工资决定方程的分位数回归结果，水平技术溢出效应对内资企业各个分位数上的工资均有显著正向影响。

表 7－13　　　　　　　内外资企业工资差距的分位数回归结果

变量	Q10	Q25	Q50	Q75	Q90
Foe	0.2687 *** (0.0076)	0.2702 *** (0.0050)	0.2827 *** (0.0042)	0.2960 *** (0.0051)	0.2821 *** (0.0075)
$H_{gat} \times Foe$	−0.2264 *** (0.0458)	−0.2815 *** (0.0302)	−0.3633 *** (0.0253)	−0.4370 *** (0.0304)	−0.3669 *** (0.0452)
$H_{no-gat} \times Foe$	0.0883 ** (0.0380)	0.1647 *** (0.0251)	0.3208 *** (0.0210)	0.5669 *** (0.0253)	0.7731 *** (0.0376)
$B_{gat} \times Foe$	−0.8679 *** (0.1519)	−0.6155 *** (0.1004)	−0.1527 * (0.0839)	0.0471 (0.1009)	0.1174 (0.1501)
$B_{no-gat} \times Foe$	0.2224 *** (0.0816)	0.1233 ** (0.0539)	−0.0868 * (0.0450)	−0.1873 *** (0.0542)	−0.3374 *** (0.0806)

变量	Q10	Q25	Q50	Q75	Q90
$F_{gat} \times Foe$	-0.8257^{***} (0.1056)	-0.7838^{***} (0.0698)	-0.8344^{***} (0.0583)	-0.8898^{***} (0.0702)	-1.0452^{***} (0.1044)
$F_{no-gat} \times Foe$	-1.0789^{***} (0.0662)	-0.9671^{***} (0.0438)	-0.8326^{***} (0.0366)	-0.8846^{***} (0.0440)	-0.9626^{***} (0.0654)
控制变量	控制	控制	控制	控制	控制
地区	控制	控制	控制	控制	控制
行业	控制	控制	控制	控制	控制
年份	控制	控制	控制	控制	控制
样本量	637441	637441	637441	637441	637441
伪 R^2	0.1967	0.1891	0.1869	0.2070	0.2349

注：括号内数值为经企业层面聚类调整的稳健标准误；*** 、** 和 * 分别表示1%、5%和10%的水平上显著性。

资料来源：笔者根据中国工业企业数据库的数据整理得到。

港澳台企业后向关联效应对工资分布低分位的工资差距有明显的缩小作用，对位于高分位企业间的工资差距无明显影响，据工资决定方程的分位数回归结果，其对高分位的内外资企业工资水平的影响均显著为负。非港澳台外资企业后向关联效应拉大了工资分布于低分位的工资差距，对高分位的工资差距则显著为负，低分位内资企业的工资水平受到非港澳台外资企业后向关联效应的影响不显著，而低分位外商直接投资企业工资水平所受的影响则显著为正，且随着分位数的增加系数值逐渐变小。

前向关联效应对工资分布各个分位数上的工资差距均有显著的负向影响，即缩小了工资差距。从工资决定方程的分位数回归结果来看，前向关联效应对内外资企业各个分位数上的工资水平均有显著的正向影响，并且内资企业工资受影响的程度更大。

总的来看，分位数回归结果显示，除了非港澳台外资企业的水平技术溢出效应对内外资企业间工资差距的贡献显著为正，其他五种细分类型技术溢出效应在绝大多数分位数上均缩小了工资差距。

二、基于工企数据的工资差距分解结果

（一）瓦哈卡—布林德分解结果

本部分内容使用2010～2020年的上市公司样本数据来测度分类型技术溢出效

应对内外资企业间工资差距的影响程度。表7-14报告了分三个时期的瓦哈卡—布林德分解结果。总体来说，2010~2020年内外资部门间的工资差距数值在0.550~1.264的区间浮动，说明内外资企业间存在着显著的工资差距，内资企业的工资水平高于外商直接投资企业。三种溢出指标都呈现出特征差异对工资差距的影响小、系数差异对工资差距的影响大的特征，这与前文得到的结论保持一致。三种效应对工资差距贡献的总比例和为负数，即都缩小了工资差距。由于前文使用1999~2007年度的数据，得到考察期末期总比例和为负，而本节使用2010~2020年度的数据，得到的结果与前文的逻辑关系保持一致。

表7-14　　　　　　　内外资企业工资差距的瓦哈卡—布林德分解结果

变量	2010~2015年				2016~2020年			
	差异值	总比例	特征差异比例	系数差异比例	差异值	总比例	特征差异比例	系数差异比例
H	-0.001	-15.83	-1.00	-14.83	-0.006	77.11	-9.22	86.32
B	-0.002	44.53	-1.76	46.29	0.000	-18.03	-0.01	-18.02
F	-0.003	-51.97	-2.32	-49.64	-0.004	-23.78	-5.27	-18.51
TFP	0.208	657.32	179.49	477.83	0.151	614.43	216.52	397.91
DR	-0.070	-171.93	-60.31	-111.62	-0.031	-156.14	-44.67	-111.47
CI	0.019	37.04	16.08	20.96	-0.003	904.59	-4.60	909.20
ROA	-0.016	10.77	-13.45	24.22	-0.001	58.43	-1.02	59.45
SCA	0.033	62.34	28.93	33.41	0.007	515.53	10.77	504.76
TobinQ	-0.003	-29.16	-2.24	-26.91	-0.003	-137.13	-3.72	-133.41
CR	0.000	-48.39	0.33	-48.71	0.001	-35.54	1.79	-37.33
FA	0.042	260.99	36.62	224.38	0.009	289.83	12.59	277.24
_cons	-0.759	-655.73	0.00	-655.73	-1.384	-1989.29	0.00	-1989.29
合计	-0.550	100.00	180.35	-80.35	-1.264	100.00	173.16	-73.16

注：总比例、特征差异比例和系数差异比例均指百分比。
资料来源：笔者根据2010~2020年的CSMAR数据库和WIND数据库整理得到。

水平溢出效应对内外资企业间工资差距的贡献度为负且绝对值增大，这表明水平溢出效应缩小了内外资企业间的工资差距。后向关联效应对内外资企业间工资差距的总贡献度由负转正，说明其对内外资企业间的工资差距起到了先缩小后扩大的作用，上文使用1999~2007年数据得到的结果是先扩大后缩小，因此，与前文的结论保持一致。考察期内前向关联效应的系数均为正且绝对值有所变大即缩小了内外资企业间工资的差距，与前文的理论假设保持一致。

（二）分位数回归结果

表7－15报告了基于上市公司数据的内外资企业工资差距的分位数回归结果，在0.1和0.25的低分位数上内资企业的工资水平小于外商直接投资企业，而在0.5、0.75以及0.9的中高分位数水平上内资企业的工资水平大于外商直接投资企业且工资差距系数的绝对值增大。水平溢出效应对各个分位数上的工资差距均有显著的缩小作用，在低分位数水平上系数的绝对值更大。后向关联效应对工资差距有明显的扩大作用，随着分位数水平的提高系数值逐渐变小，显著性也有所降低。前向关联效应对工资分布各个分位数上的工资差距均有显著的正向影响，即扩大了工资差距，有助于内资企业工资更大比例的提高。

表7－15　　　　　内外资企业工资差距的分位数回归结果

变量	Q10	Q25	Q50	Q75	Q90
Foe	0.443 *** (0.037)	0.069 *** (0.022)	− 0.056 *** (0.018)	− 0.119 *** (0.018)	− 0.121 *** (0.022)
H ×Foe	− 0.057 *** (0.016)	− 0.041 *** (0.009)	− 0.025 *** (0.007)	− 0.032 *** (0.008)	− 0.032 *** (0.010)
B ×Foe	0.469 *** (0.083)	0.323 *** (0.049)	0.200 *** (0.040)	0.172 *** (0.041)	0.116 ** (0.051)
F ×Foe	0.124 *** (0.043)	0.262 *** (0.025)	0.215 *** (0.020)	0.162 *** (0.021)	0.153 *** (0.026)
TFP	0.250 *** (0.025)	0.289 *** (0.015)	0.350 *** (0.012)	0.401 *** (0.013)	0.483 *** (0.016)
DR	− 0.735 *** (0.092)	− 0.668 *** (0.054)	− 0.629 *** (0.044)	− 0.547 *** (0.046)	− 0.445 *** (0.056)
CI	0.042 *** (0.014)	0.021 ** (0.008)	0.018 *** (0.007)	0.014 ** (0.007)	0.027 *** (0.009)
ROA	0.008 (0.237)	0.118 (0.140)	0.123 (0.114)	− 0.016 (0.118)	− 0.259 * (0.145)
SCA	0.145 *** (0.018)	0.075 *** (0.011)	0.025 *** (0.009)	0.001 (0.009)	− 0.022 ** (0.011)
TobinQ	0.022 *** (0.007)	0.035 *** (0.004)	0.046 *** (0.004)	0.053 *** (0.004)	0.052 *** (0.004)
CR	1.146 *** (0.201)	0.751 *** (0.119)	0.481 *** (0.096)	0.246 ** (0.100)	0.117 (0.123)

续表

变量	Q10	Q25	Q50	Q75	Q90
FA	0.430 *** (0.042)	0.365 *** (0.025)	0.306 *** (0.020)	0.277 *** (0.021)	0.216 *** (0.026)
_cons	1.470 *** (0.336)	3.999 *** (0.199)	5.483 *** (0.161)	6.334 *** (0.167)	6.721 *** (0.206)
年份、地区、 行业固定效应	YES	YES	YES	YES	YES
N	21366	21366	21366	21366	21366
R^2	0.155	0.166	0.163	0.165	0.177

注：括号内数值为经企业层面聚类调整的稳健标准误；***、** 和 * 分别表示1%、5%和10%的水平上显著性。

资料来源：笔者根据 2010 ~ 2020 年的 CSMAR 数据库和 WIND 数据库整理得到。

总的来看，分位数回归结果显示，水平溢出效应对工资差距的贡献显著为负，后向关联效应和前向关联效应对工资差距的贡献显著为正，由于 2010 ~ 2020 年的样本区间内内资企业的工资水平已经超越外商直接投资企业，而前文的研究主要针对 1999 ~ 2007 年的样本，前文得出的主要结论是内资企业的工资水平低于外商直接投资企业，但工资差距在不断缩小。随着内资企业生产力水平的不断突破，员工的薪资待遇不断增高，因此在 2010 ~ 2020 年间实现了工资水平的超越以及收入差距的扩大。

第三节　产业链异质性分析与机制检验

一、异质性分析：基于产业链视角

（一）基于工企数据的异质性分析

技术溢出本身与产业有关，这也是企业异质性的重要来源。技术溢出本质上是基于生产链的纵向或横向分工差异进而分为横向的水平技术溢出效应和纵向的垂直技术溢出效应。外商直接投资的垂直技术溢出效应中，上游企业可能主要受到后向关联效应的影响，同时，下游企业可能受到前向关联效应的影响较大。此外，下游生产环节相对拥有更高的技术密集度，产业链末端行业的技术水平和产业结构均高于产业链前端的行业，水平技术溢出效应的发挥空间也必不相同。可见，当行业处于产业链的不同位置时，技术溢出效应必然会对企业的工资水平造成不同影响，为得到更稳健的分析结果，有必要根据企业在产业链的不同位置进行分类。

判断行业在产业链中的位置需用到的指标是上游水平值（Upstreamness），该指标是由安特拉斯等（Antras et al., 2012）基于上游水平值投入产出的视角提出，通过计算行业与最终需求之间的距离来确定该行业在产业链中所处的相对位置。令 d_{ij} 表示投入产出表中的投入系数，即行业 j 的单位产出中所直接消耗的行业 i 的产品，Y_i 和 Y_j 分别表示行业 i 和行业 j 的总产值，$d_{ij}Y_j/Y_i$ 表示行业 j 所消耗的行业 i 的产品占行业 i 总产值比重。使用矩阵代数法，在不考虑对外贸易的情况下，行业 i 的上游度水平值 U_i 可表示为：$U_i = [I - d_{ij}Y_j/Y_i]^{-1} \cdot 1$，1 是单位列向量，很明显 $U_i \geqslant 1$。当考虑到进出口贸易时，需要对投入系数进行调整，$d'_{ij} = d_{ij}[Y_i/(Y_i - X_i + M_i)]$，从行业 i 的总产出中去掉进口 X_i 加上出口部分 M_i。本书使用 2007 年的中国投入产出表，计算出我国 135 个三位数行业的上游水平值，该指标的最小值为 1，越是接近产业链末端的行业其上游水平值越接近 1；行业越是接近产业链前端，与最终消费品的距离越远，则该指标值越大。

由于本书使用的工资企业数据中 90% 的行业均属于制造业，较靠近产业链的末端，参照陈钊和杨红丽（2015）的研究，将样本的上游水平值位于 90% 以上的行业划分为产业链前端，上游水平值位于 25% 以下的行业归为产业链的末端，其他位于 25% ~ 90% 的行业归为产业链的中端。

表 7 - 16 显示了根据产业链位置分组后技术溢出效应对企业间工资差距影响的回归结果。

表 7 - 16　　　　按产业链位置分组后技术溢出对工资差距影响的回归结果

变量	产业链前端	产业链中端	产业链末端
	模型 1	模型 2	模型 2
Foe	0.0637 ** (0.0295)	0.3237 *** (0.0055)	0.3158 *** (0.0086)
$H_{gat} \times Foe$	0.6753 (0.6975)	- 0.4349 *** (0.0393)	- 0.3578 *** (0.0448)
$H_{no-gat} \times Foe$	1.2196 *** (0.3073)	- 0.0182 (0.0260)	0.1079 ** (0.0475)
$B_{gat} \times Foe$	- 3.6503 *** (0.8458)	- 0.4453 *** (0.0959)	1.6683 *** (0.4509)
$B_{no-gat} \times Foe$	2.4547 *** (0.6284)	0.1027 ** (0.0483)	- 1.3504 *** (0.2426)

续表

变量	产业链前端	产业链中端	产业链末端
	模型 1	模型 2	模型 2
$F_{gat} \times Foe$	6. 2357 ** (2. 4659)	− 0. 5495 *** (0. 0667)	− 2. 4068 *** (0. 2269)
$F_{no-gat} \times Foe$	− 2. 8918 *** (1. 0923)	− 0. 4907 *** (0. 0417)	0. 6263 *** (0. 1489)
控制变量	Yes	Yes	Yes
年份、地区、 行业固定效应	Yes	Yes	Yes
样本量	78094	407894	151336
调整的 R^2	0. 398	0. 373	0. 377

注：括号内数值为经企业层面聚类调整的稳健标准误；*** 、** 和 * 分别表示 1%、5% 和 10% 的水平上显著性。

资料来源：笔者根据中国工业企业数据库的数据整理得到。

为分析工资差距变动的原因，我们对工资决定方程进行了回归（见表 7 - 17）。

表 7 - 17　　　　按产业链位置分组后企业工资水平决定方程的回归结果

变量	产业链前端		产业链中端		产业链末端	
	内资企业	外商直接 投资企业	内资企业	外商直接 投资企业	内资企业	外商直接 投资企业
	模型 1	模型 2	模型 3	模型 4	模型 5	模型 6
H_{gat}	0. 4217 ** (0. 1854)	− 0. 3403 (0. 7142)	− 0. 0831 ** (0. 0393)	− 0. 1753 *** (0. 0562)	− 0. 3125 *** (0. 0420)	− 0. 4563 *** (0. 0641)
H_{no-gat}	0. 4336 *** (0. 1566)	0. 6935 (0. 4461)	0. 4399 *** (0. 0275)	0. 1460 *** (0. 0389)	0. 0893 *** (0. 0328)	− 0. 2440 *** (0. 0702)
B_{gat}	− 1. 1423 *** (0. 3372)	0. 1434 (1. 6414)	0. 1250 (0. 1714)	− 0. 4138 *** (0. 0962)	− 1. 4579 *** (0. 2821)	− 0. 6261 (0. 4638)
B_{no-gat}	− 0. 3275 (0. 3502)	− 3. 1423 (1. 9501)	− 0. 3348 *** (0. 0420)	0. 2056 *** (0. 0533)	0. 7449 *** (0. 1486)	0. 1471 (0. 2383)
F_{gat}	− 3. 9581 *** (1. 0556)	0. 7168 (3. 9785)	0. 2903 *** (0. 0656)	0. 0475 (0. 1120)	3. 7356 *** (0. 3202)	1. 2370 ** (0. 4931)

续表

变量	产业链前端		产业链中端		产业链末端	
	内资企业	外商直接投资企业	内资企业	外商直接投资企业	内资企业	外商直接投资企业
	模型 1	模型 2	模型 3	模型 4	模型 5	模型 6
F_{no-gat}	3.4092 *** (0.4671)	−0.6136 (1.5714)	0.1699 *** (0.0423)	−0.0506 (0.0694)	−2.2266 *** (0.2453)	−2.6590 *** (0.3488)
控制变量	Yes	Yes	Yes	Yes	Yes	Yes
年份、地区、行业固定效应	Yes	Yes	Yes	Yes	Yes	Yes
样本量	69961	8133	319504	88390	107150	44186
调整的 R^2	0.383	0.428	0.332	0.348	0.349	0.356

注：括号内数值为经企业层面聚类调整的稳健标准误；***、** 和 * 分别表示 1%、5% 和 10% 的水平上显著性。

资料来源：笔者根据中国工业企业数据库的数据整理得到。

从结果来看：

（1）位于产业链前端的内外资企业间工资差距相对较小。我们将生产率按产业链分组后发现，位于产业链前端的内外资企业间生产率水平相近（外商直接投资企业生产率水平稍高），且相比其他位置的企业具有更低水平的生产率。根据工资决定方程，六种溢出效应对位于产业链前端外商直接投资企业工资水平的影响均不显著。

（2）港澳台企业的水平技术溢出效应对位于产业链中末端的工资差距有显著的缩小作用，而对产业链前端的工资差距无明显影响。而非港澳台外资企业的水平技术溢出效应对位于产业链前端和末端的工资差距有着显著的扩大作用，非港澳台外资企业本就具有相对较高的工资水平，当其在行业中的占比增加时工资差距会显著扩大。但值得注意的是，非港澳台外资企业的水平技术溢出效应对产业链中端的工资差距有缩小的作用，我们计算了位于产业链各段外商直接投资企业的比例，发现投资于产业链前端和末端的非港澳台企业的比例高于港澳台企业，而投资于产业链中端的港澳台企业的比例则要高于非港澳台企业。

（3）港澳台地区企业网产生的后向关联效应对位于产业链中前端的企业间工资差距有着显著的缩小作用，同时扩大了产业链末端的企业间工资差距，与之正好相反的是非港澳台企业的后向关联效应缩小了产业链末端的企业间工资差距，对产业链前中端的企业间工资差距则有显著的扩大作用。由于后向关联效应对产业链末端的企业而言溢出空间较小、路径较短，重点分析产业链前中端企业的工资所受的影响。据工资决定方程，港澳台地区企业的后向关联效应对前端和中端的内外资企业工资水平的影响要么为负要么则是无影响，这可能是由于港澳台地区的企业需要的是大量同质且技术含量较低的中间品，同质化的竞争会迫使生产中间品的内外资企业压缩生产（劳动）成本。非港澳台企业后向关联效应对产业链前端内外商直接投资企业工资水平影响均不显著，对中端内资企业工资水平的影响为负，但对中端外商直接投资企业的工资有正向影响。我们认为本书的考察期为 1999 ~ 2007 年，其间外商直接投资进驻的主要目的是来料加工和进料加工，使用我国廉价的生产资料和劳动力，有技术含量或者规格要求较高的中间品依旧选择进口或本土技术水平较高的外商直接投资企业，对上游和中游内资企业的技术溢出影响十分有限。

（4）前向关联效应对位于产业链中端的工资差距均具有显著的缩小作用，细分来看，港澳台地区企业的前向关联效应对位于产业链末端的企业间工资差距有显著的缩小作用，同时扩大了产业链前端的企业间工资差距，同样与之相反的是非港澳台企业前向关联效应缩小了产业链前端的企业间工资差距，对产业链末端的企业间工资差距则有显著的扩大作用。重点分析产业链中端和末端企业的工资所受的影响。据工资决定方程，中端外商直接投资企业的工资水平不受前向关联效应的影响，比较意外的是港澳台企业的前向关联效应对中末端内资企业工资的正向影响均超过生产率水平更高的非港澳台企业，甚至非港澳台企业前向关联效应对末端内资企业工资水平的影响为负，这可能是由于若上游港澳台企业进入得越多，意味着对本行业市场份额的更多挤占，同质性竞争引发中间品价格下降，直接压低了下游企业的生产成本。

（二）基于上市公司数据的异质性分析

表 7 - 18 显示了基于上市公司数据根据产业链位置分组后技术溢出对工资差距影响的回归结果。结果表明：前文分析已得出 2010 ~ 2020 年间内资企业的工资水平高于外商直接投资企业，由表中模型 1 中 Foe 的系数显著为负可知，产业链前端的内外资企业间工资差距有扩大的趋势，而产业链的中末端呈现出内外资企业间工资差距的缩小。水平溢出效应对位于产业链末端的工资差距有显著的扩大作用，而对产业链前端以及中端的工资差距无明显影响。后向关联效应对位于产业链前端和末端的工资差距有显著的缩小作用，但是对产业链中端的工资差距无显著影响。前向关联效应对位于产业链前端以及中端的工资差距均具有显著的缩小作用，对位于产业链末端的工资差距无显著的影响。

表 7-18　　　　　　按产业链位置分组后技术溢出对工资差距影响的回归结果

变量	产业链前端	产业链中端	产业链末端
	模型 1	模型 2	模型 3
Foe	-0.218 *** (0.078)	0.071 *** (0.020)	0.043 (0.033)
H ×Foe	0.045 (0.112)	0.012 (0.008)	-0.098 *** (0.014)
B ×Foe	0.944 *** (0.211)	0.006 (0.045)	0.648 *** (0.076)
F ×Foe	0.136 *** (0.044)	0.260 *** (0.025)	0.068 (0.045)
TFP	0.135 *** (0.033)	0.425 *** (0.016)	0.297 *** (0.019)
DR	-0.724 *** (0.112)	-0.664 *** (0.053)	-0.459 *** (0.072)
CI	0.139 *** (0.022)	0.045 *** (0.010)	0.046 *** (0.010)
ROA	0.836 ** (0.359)	0.263 * (0.159)	-0.280 (0.215)
SCA	0.117 *** (0.021)	-0.001 (0.011)	0.079 *** (0.014)
TobinQ	0.061 *** (0.018)	0.075 *** (0.008)	0.047 *** (0.010)
CR	0.652 ** (0.295)	0.758 *** (0.130)	0.305 * (0.166)
FA	0.401 *** (0.053)	0.272 *** (0.023)	0.362 *** (0.036)
_cons	2.987 *** (0.431)	5.047 *** (0.205)	4.106 *** (0.266)
年份、地区、行业固定效应	Yes	Yes	Yes
N	2364	11321	7681
R^2	0.173	0.176	0.142

　　注：括号内数值为经企业层面聚类调整的稳健标准误；*** 、** 和 * 分别表示 1%、5% 和 10% 的水平上显著性。

　　资料来源：笔者根据 2010～2020 年的 CSMAR 数据库和 WIND 数据库整理得到。

为分析工资差距变动的原因,对工资决定方程进行了回归,由表 7-19 的回归结果可以发现:水平溢出效应的系数在大多数模型中不显著,后向关联效应和前向关联效应的系数大多数显著为正,表明这两种效应提高了内外资企业工资的水平,只是对于内资企业和外商直接投资企业工资提升的幅度不同,表 7-18 中得到后向关联效应显著缩小了产业链前端和末端的工资差距,表 7-19 的回归结果也可发现产业链前端和末端外商直接投资企业的后向关联效应系数均大于内资企业的系数。同理,表 7-19 中产业链前端和中端的外商直接投资企业前向关联效应的系数也大于内资企业的系数,这与表 7-18 的回归结果保持理论上的一致性。

表 7-19　　　　　　　产业链位置分组后企业工资水平决定方程的回归结果

变量	产业链前端		产业链中端		产业链末端	
	内资企业	外商直接投资企业	内资企业	外商直接投资企业	内资企业	外商直接投资企业
	模型 1	模型 2	模型 3	模型 4	模型 5	模型 6
H	-0.064 (0.099)	-0.004 (0.013)	-0.019 (0.013)	0.010 (0.102)	0.008 (0.007)	-0.086 *** (0.012)
B	0.180 ** (0.216)	0.685 *** (0.070)	0.746 *** (0.094)	1.143 *** (0.197)	0.031 (0.039)	0.665 *** (0.067)
F	0.122 ** (0.050)	0.132 *** (0.028)	-0.052 *** (0.059)	0.147 *** (0.040)	0.257 *** (0.022)	0.059 (0.040)
TFP	0.039 (0.047)	0.464 *** (0.027)	0.305 *** (0.028)	0.203 *** (0.048)	0.384 *** (0.019)	0.292 *** (0.025)
DR	-0.713 *** (0.162)	-0.785 *** (0.091)	-0.679 *** (0.125)	-0.680 *** (0.158)	-0.432 *** (0.062)	-0.152 * (0.085)
CI	0.222 *** (0.032)	0.055 *** (0.017)	0.091 *** (0.017)	0.028 (0.029)	0.030 *** (0.011)	0.029 ** (0.012)
ROA	0.860 (0.547)	1.218 *** (0.307)	0.240 (0.404)	0.815 * (0.460)	-0.175 (0.172)	-0.432 * (0.232)
SCA	0.144 *** (0.030)	-0.021 (0.019)	0.100 *** (0.022)	0.127 *** (0.031)	-0.001 (0.014)	0.005 (0.019)
TobinQ	0.068 ** (0.027)	0.083 *** (0.013)	-0.007 (0.017)	0.080 *** (0.025)	0.069 *** (0.010)	0.076 *** (0.012)
CR	0.010 (0.472)	0.327 (0.236)	-0.567 ** (0.263)	1.231 *** (0.359)	0.842 *** (0.145)	0.965 *** (0.204)

续表

变量	产业链前端		产业链中端		产业链末端	
	内资企业	外商直接投资企业	内资企业	外商直接投资企业	内资企业	外商直接投资企业
	模型 1	模型 2	模型 3	模型 4	模型 5	模型 6
FA	0.473 ***	0.236 ***	0.166 **	0.218 ***	0.229 ***	0.355 ***
	(0.095)	(0.047)	(0.067)	(0.065)	(0.025)	(0.041)
_cons	1.639 **	5.099 ***	3.678 ***	3.913 ***	5.632 ***	5.805 ***
	(0.636)	(0.339)	(0.450)	(0.594)	(0.251)	(0.312)
年份、地区、行业固定效应	Yes	Yes	Yes	Yes	Yes	Yes
N	1212	4684	3591	1152	6637	4090
R^2	0.183	0.184	0.152	0.209	0.191	0.175

注：括号内数值为经企业层面聚类调整的稳健标准误；***、** 和 * 分别表示 1%、5% 和 10% 的水平上显著性。

资料来源：笔者根据 2010～2020 年的 CSMAR 数据库和 WIND 数据库整理得到。

二、两种效应对内外资企业间工资差距影响的机制检验

（一）基于工企数据库的影响机制检验

通过上述分析可知技术溢出效应对企业工资有显著的影响，根据理论分析结果可以发现，这一现象的背后原因是技术溢出效应通过改变生产率进而影响了工资水平。本部分内容则是通过重新构建中介效应模型对该机制路径进行检验，即以生产率为中介变量，构建技术溢出效应对企业工资影响的中介效应模型。以水平溢出效应为例构建三个方程共同组成中介效应模型：

$$
\begin{aligned}
\ln W_{ijt} &= \alpha_0 + \alpha_1 H_{jt} + \delta X_{ijt} + \mu_{1ij} + \varepsilon_{ijt} \\
TFP_{ijt} &= \beta_0 + \beta_1 H_{jt} + \varphi X_{ijt} + \mu_{2ij} + \upsilon_{ijt} \\
\ln W_{ijt} &= \gamma_0 + \gamma_1 TFP_{ijt} + \gamma_2 H_{jt} + \omega X_{ijt} + \mu_{3ij} + \vartheta_{ijt}
\end{aligned}
\tag{7-5}
$$

其中，LnW、TFP、H 分别代表了企业的对数工资、生产率水平和水平技术溢出，μ 为不可观测的企业个体异质性特征，ε、υ 和 ϑ 表示误差项。$\beta_1 \times \gamma_1$ 为中介效应，γ_2 为技术溢出效应影响工资的直接效应，总效应为 α_1。若 β_1 和 γ_1 都显著，且 $\beta_1 \times \gamma_1$ 和 γ_2 符号相同，同时通过索贝尔（Sobel）检验，则表示中介效应显著（索贝尔统计量在 5% 显著性水平上的临界值为 0.97）。

以生产率为中介变量，我们首先基于工企数据库测算了内资企业全样本几种

技术溢出效应对工资影响的中介效应检验结果,从中可见,只有后向关联效应通过索贝尔检验。考虑到若企业本身技术水平较高则受到技术溢出效应的影响较小或者为负,我们按照生产率对内资企业进行了分组,发现生产率水平较低[1]内资企业的水平效应和前向关联效应均通过了索贝尔检验,中介效应显著,表7 – 20 报告了检验结果。同时,表7 – 21 报告了技术溢出效应通过生产率影响外商直接投资企业工资的中介效应检验结果,三种效应都通过了索贝尔检验,并且 $\beta_1 \times \gamma_1$ 和 γ_2 符号相同,即中介效应均显著存在。从结果看,水平技术溢出效应和前向关联效应均是通过提升了内外资企业的生产率水平进而提升了工资水平,与理论模型中论述的机制一致。后向关联效应与内外资企业的生产率水平都是负相关,导致了工资水平的下降,我们同时分组测算了生产率水平较低的内外资企业受后向关联效应影响的结果,发现后向关联效应对生产率水平较低的企业具有显著的技术提升作用,但仍无法解释后向关联与工资间的负相关,即后向关联通过提升企业生产率水平并进而提高工资水平的机制路径并不成立。究其原因,工企数据的考察期是 1999～2007 年,其间外商直接投资企业的本土采购率依然维持在较低的水平,主要是因为:一是跨国公司出于防止技术扩散的考虑,往往更多从公司内部或者母国进口中间品;二是国内中间品生产部门缺乏适当的激励机制及融资渠道,导致中间品规格和质量不稳定;三是实行的加工贸易政策偏向鼓励贸易中间品进口(廖涵,2003)。较低的本土采购率阻碍了外商直接投资企业通过购买中间品对本土企业产生技术溢出效应。

表 7 –20   技术溢出通过生产率影响内资企业工资的中介效应

变量	LnWage	TFP	LnWage	LnWage	TFP	LnWage	LnWage	TFP	LnWage
	(1)	(2)	(3)	(4)	(5)	(6)	(7)	(8)	(9)
H	0. 3050 *** (0. 0895)	0. 1429 *** (0. 0458)	0. 2722 *** (0. 0528)						
B				− 0. 240 *** (0. 0785)	− 0. 159 ** (0. 0757)	− 0. 214 *** (0. 0614)			
F							0. 2801 *** (0. 0546)	0. 0696 * (0. 0382)	0. 3546 *** (0. 0841)
TFP			0. 2292 *** (0. 0354)			0. 1631 *** (0. 0258)			0. 2294 *** (0. 0612)

---

[1] 按照生产率大小对内资企业进行了排序,将生产率水平位于 50% 分位数以下的企业定义为生产率水平较低的企业。

续表

变量	LnWage	TFP	LnWage	LnWage	TFP	LnWage	LnWage	TFP	LnWage
	(1)	(2)	(3)	(4)	(5)	(6)	(7)	(8)	(9)
控制变量	控制	控制	控制	控制	控制	控制	控制	控制	控制
地区	控制	控制	控制	控制	控制	控制	控制	控制	控制
行业	控制	控制	控制	控制	控制	控制	控制	控制	控制
年份	控制	控制	控制	控制	控制	控制	控制	控制	控制
常数项	8.354 *** (0.4521)	4.207 *** (0.3651)	7.390 *** (0.8541)	8.019 *** (0.3514)	2.579 *** (0.2548)	7.598 *** (0.6541)	8.356 *** (0.7421)	4.207 *** (0.6521)	7.391 *** (0.4215)
R^2	0.2808	0.1398	0.3438	0.2721	0.2600	0.3246	0.2801	0.1397	0.3433
样本量	262535	262535	262535	460149	460149	460149	262535	262535	262535
Sobel 检验	β_1 和 γ_1 都显著，Z = 6.82 > 0.97，中介效应显著			β_1 和 γ_1 都显著，|Z| = 7.16 > 0.97，中介效应显著			β_1 和 γ_1 都显著，Z = 1.46 > 0.97，中介效应显著		
中介效应/总效应	10.74%			10.81%			4.31%		

注：括号内数值为经企业层面聚类调整的稳健标准误；*** 、** 和 * 分别表示1%、5% 和10% 的水平上显著性。

资料来源：笔者根据中国工业企业数据库的数据整理得到。

表 7-21　技术溢出通过生产率影响外商直接投资企业工资的中介效应

变量	LnWage	TFP	LnWage	LnWage	TFP	LnWage	LnWage	TFP	LnWage
	(1)	(2)	(3)	(4)	(5)	(6)	(7)	(8)	(9)
H	0.1532 *** (0.0351)	0.1761 *** (0.0521)	0.1244 *** (0.0277)						
B				-0.182 *** (0.0365)	-0.568 *** (0.1791)	-0.090 *** (0.0142)			
F							0.3368 *** (0.0980)	0.8365 * (0.4891)	0.2004 *** (0.0541)
TFP			0.1633 *** (0.0421)			0.1630 *** (0.0462)			0.1630 *** (0.0471)
控制变量	控制	控制	控制	控制	控制	控制	控制	控制	控制
地区	控制	控制	控制	控制	控制	控制	控制	控制	控制
行业	控制	控制	控制	控制	控制	控制	控制	控制	控制
年份	控制	控制	控制	控制	控制	控制	控制	控制	控制

续表

变量	LnWage	TFP	LnWage	LnWage	TFP	LnWage	LnWage	TFP	LnWage
	(1)	(2)	(3)	(4)	(5)	(6)	(7)	(8)	(9)
常数项	7.855 *** (0.3271)	2.590 *** (0.1980)	7.390 *** (0.3214)	8.002 *** (0.2457)	1.642 *** (0.1204)	7.735 *** (0.3854)	7.842 *** (0.3201)	2.655 *** (0.2147)	7.441 *** (0.6566)
R^2	0.3074	0.2837	0.3438	0.2945	0.2785	0.3318	0.3076	0.2849	0.3444
样本量	140713	140713	140713	140713	140713	140713	140713	140713	140713
Sobel 检验	β_1 和 γ_1 都显著，Z = 6.11 > 0.97，中介效应显著			β_1 和 γ_1 都显著，| Z	= 25.7 > 0.97，中介效应显著			β_1 和 γ_1 都显著，Z = 16.3 > 0.97，中介效应显著	
中介效应/ 总效应	18.78%			50.81%			40.49%		

注：括号内数值为经企业层面聚类调整的稳健标准误；*** 、** 和 * 分别表示1%、5%和10%的水平上显著性。

资料来源：笔者根据中国工业企业数据库的数据整理得到。

（二）基于上市公司数据库的影响机制检验

以生产率为中介变量，表7-22报告了以2010~2020年上市公司数据为考察对象，技术溢出通过生产率影响内资企业工资的中介效应检验结果。模型1的水平技术溢出系数显著为正，表明技术溢出的提高对内资企业工资水平有显著的正向影响。模型2中水平技术溢出系数依然显著为正说明中介效应存在。模型3中全要素生产率的系数也显著为正说明水平技术溢出通过提高内资企业的全要素生产率来提升工资水平，同时技术溢出水平的提高也有助于内资企业员工工资的增加。同理，前向关联效应和后向关联效应也是通过提高内资企业的全要素生产率来提升工资水平，与理论模型中论述的机制一致。

表7-22　　　　技术溢出通过生产率影响内资企业工资的中介效应

变量	LnWage	TFP	LnWage	LnWage	TFP	LnWage	LnWage	TFP	LnWage
	模型1	模型2	模型3	模型4	模型5	模型6	模型7	模型8	模型9
H	0.032 *** (0.005)	0.020 *** (0.004)	0.033 *** (0.005)						
B				0.237 *** (0.026)	0.123 *** (0.025)	0.230 *** (0.026)			
F							0.132 *** (0.021)	0.100 *** (0.020)	0.138 *** (0.021)

续表

变量	LnWage	TFP	LnWage	LnWage	TFP	LnWage	LnWage	TFP	LnWage
	模型1	模型2	模型3	模型4	模型5	模型6	模型7	模型8	模型9
TFP			0.065 *** (0.011)			0.056 *** (0.011)			0.065 *** (0.011)
DR	0.355 *** (0.018)	− 0.101 *** (0.017)	0.362 *** (0.018)	0.361 *** (0.017)	− 0.112 *** (0.017)	0.368 *** (0.018)	0.371 *** (0.018)	− 0.111 *** (0.017)	0.378 *** (0.018)
CI	− 0.756 *** (0.068)	− 0.426 *** (0.064)	− 0.729 *** (0.068)	− 0.726 *** (0.068)	− 0.362 *** (0.064)	− 0.705 *** (0.068)	− 0.754 *** (0.068)	− 0.434 *** (0.064)	− 0.725 *** (0.068)
ROA	0.686 *** (0.224)	− 3.503 *** (0.212)	0.913 *** (0.227)	0.765 *** (0.224)	− 3.358 *** (0.213)	0.954 *** (0.227)	0.587 *** (0.224)	− 3.440 *** (0.212)	0.810 *** (0.227)
SCA	0.069 *** (0.012)	0.238 *** (0.012)	0.054 *** (0.013)	0.061 *** (0.012)	0.234 *** (0.012)	0.048 *** (0.013)	0.065 *** (0.012)	0.242 *** (0.012)	0.049 *** (0.013)
TobinQ	0.041 *** (0.010)	− 0.035 *** (0.009)	0.043 *** (0.010)	0.040 *** (0.010)	− 0.034 *** (0.009)	0.042 *** (0.010)	0.038 *** (0.010)	− 0.033 *** (0.009)	0.041 *** (0.010)
CR	0.006 (0.163)	2.395 *** (0.154)	− 0.149 (0.164)	− 0.075 (0.163)	2.303 *** (0.154)	− 0.204 (0.165)	− 0.009 (0.163)	2.413 *** (0.154)	− 0.166 (0.165)
FA	0.392 *** (0.035)	0.183 *** (0.033)	0.380 *** (0.035)	0.368 *** (0.035)	0.108 *** (0.033)	0.362 *** (0.035)	0.400 *** (0.035)	0.184 *** (0.033)	0.388 *** (0.035)
_cons	4.346 *** (0.231)	7.740 *** (0.218)	3.846 *** (0.245)	4.504 *** (0.232)	8.027 *** (0.220)	4.052 *** (0.247)	4.328 *** (0.231)	7.731 *** (0.218)	3.826 *** (0.245)
固定效应	YES	YES	YES	YES	YES	YES	YES	YES	YES
N	9487	9487	9487	9487	9487	9487	9487	9487	9487
R^2	0.147	0.104	0.150	0.150	0.104	0.153	0.147	0.104	0.150

注：括号内数值为经企业层面聚类调整的稳健标准误；*** 、** 和 * 分别表示 1% 、5% 和 10% 的水平上显著性。

资料来源：笔者根据 2010～2020 年的 CSMAR 数据库和 WIND 数据库整理得到。

表 7 - 23 报告了技术溢出通过生产率影响外商直接投资企业工资的中介效应检验结果。由表中的结果可知，三种类型技术溢出的提高对外商直接投资企业工资水平均有显著的正向影响，技术溢出对外商直接投资企业的全要素生产率均有显著的正向影响，中介效应存在。水平效应、前向关联效应和后向关联效应通过提高外商直接投资企业的全要素生产率从而提升了工资水平。

表 7 – 23　　　　技术溢出通过生产率影响外商直接投资企业工资的中介效应

变量	LnWage	TFP	LnWage	LnWage	TFP	LnWage	LnWage	TFP	LnWage
	模型 1	模型 2	模型 3	模型 4	模型 5	模型 6	模型 7	模型 8	模型 9
H	0.017 *** (0.003)	0.005 *** (0.001)	0.017 *** (0.003)						
B				0.170 *** (0.017)	0.130 *** (0.022)	0.169 *** (0.017)			
F							0.198 *** (0.015)	0.094 *** (0.020)	0.200 *** (0.015)
TFP			0.015 ** (0.007)			0.010 (0.007)			0.018 ** (0.007)
DR	0.343 *** (0.014)	− 0.124 *** (0.018)	0.345 *** (0.014)	0.334 *** (0.014)	− 0.133 *** (0.018)	0.335 *** (0.014)	0.346 *** (0.014)	− 0.125 *** (0.018)	0.348 *** (0.014)
CI	− 0.398 *** (0.048)	− 0.426 *** (0.062)	− 0.391 *** (0.048)	− 0.383 *** (0.048)	− 0.411 *** (0.062)	− 0.378 *** (0.048)	− 0.377 *** (0.048)	− 0.437 *** (0.062)	− 0.368 *** (0.048)
ROA	− 0.427 *** (0.132)	− 2.494 *** (0.169)	− 0.386 *** (0.133)	− 0.348 *** (0.132)	− 2.386 *** (0.169)	− 0.318 ** (0.133)	− 0.351 *** (0.132)	− 2.540 *** (0.169)	− 0.300 ** (0.133)
SCA	0.022 ** (0.010)	0.289 *** (0.013)	0.018 * (0.011)	0.024 ** (0.010)	0.287 *** (0.013)	0.022 ** (0.011)	0.019 * (0.010)	0.292 *** (0.013)	0.014 (0.011)
TobinQ	0.078 *** (0.007)	− 0.044 *** (0.009)	0.078 *** (0.007)	0.080 *** (0.007)	− 0.041 *** (0.009)	0.080 *** (0.007)	0.074 *** (0.007)	− 0.042 *** (0.009)	0.075 *** (0.007)
CR	1.095 *** (0.113)	1.619 *** (0.145)	1.070 *** (0.114)	1.025 *** (0.113)	1.534 *** (0.145)	1.008 *** (0.114)	0.996 *** (0.113)	1.673 *** (0.145)	0.964 *** (0.114)
FA	0.349 *** (0.020)	0.078 *** (0.026)	0.348 *** (0.020)	0.324 *** (0.021)	0.039 (0.026)	0.323 *** (0.021)	0.315 *** (0.020)	0.098 *** (0.026)	0.314 *** (0.020)
_cons	5.533 *** (0.179)	6.989 *** (0.229)	5.430 *** (0.186)	5.581 *** (0.178)	7.133 *** (0.228)	5.507 *** (0.185)	5.647 *** (0.177)	6.914 *** (0.228)	5.520 *** (0.184)
固定效应	YES	YES	YES	YES	YES	YES	YES	YES	YES
N	11881	11879	11879	11881	11879	11879	11881	11879	11879
R²	0.158	0.081	0.158	0.163	0.084	0.163	0.167	0.083	0.168

注：括号内数值为经企业层面聚类调整的稳健标准误；*** 、** 和 * 分别表示 1%、5% 和 10% 的水平上显著性。

资料来源：笔者根据 2010 ~ 2020 年的 CSMAR 数据库和 WIND 数据库整理得到。

综上所述，使用 1999～2007 年工企数据检验的结果表明水平技术溢出和前向关联效应均是通过提高了企业生产率水平进而提升了工资水平，但后向关联效应通过提升企业生产率水平并进而提高工资水平的机制并不成立。使用 2010～2020 年上市公司数据的检验结果表明水平效应、前向关联效应和后向关联效应均通过提高企业的全要素生产率从而提升了工资水平。

第八章 外商直接投资与企业工资差距的拓展分析
——基于出口的视角

本书截止到目前的研究均是基于企业是同质的假设，但实际上企业的技术含量、投资方式、投资目的等方面的差异对工资水平和企业间工资差距的影响是不同的。本章拟以反事实因果分析框架为基础，利用倾向得分匹配方法（propensity score matching，PSM）对外商直接投资出口企业与外商直接投资非出口企业、内资出口企业与内资非出口企业、外商直接投资出口企业与内资出口企业之间的工资差异进行全面分析，以克服样本选择性偏差的问题，得到更客观更准确的结论。

第一节 出口对外商直接投资企业工资影响

一、倾向得分匹配方法（PSM）

本节进行反事实匹配的基本思路是：如果出口企业（处理组）和非出口企业（对照组）能够被一组企业特征变量进行较好的解释，则可以根据这些特征变量对两种类型的企业进行匹配，使得配对后的对照组和处理组之间唯一的区别是该企业是否出口，其他企业特征变量均相同或十分接近，这些对照组可看作是处理组的"反事实"，处理组和对照组之间的工资差距可看作是出口引起的工资差异。我们使用罗森鲍姆和鲁宾（Rosenbaum，1983；Rubin，1985）提出的倾向得分（propensity score）的方法为处理组寻找相对应的对照组。

该方法是在给定一组协变量的前提下，基于参与者的条件概率，即倾向得分对处理组和对照组进行匹配，其优点是可以将多个协变量的共同作用通过计算倾向得分的方式，将多维降为一维表示出来，在非随机试验的条件下，可最大限度地消除非随机试验的样本选择偏差的问题。进行匹配前，样本企业首先必须满足两个基本假设：（1）条件独立性假设，即说控制了影响工资水平的其他解释变量

X_i 后，企业是否出口与其工资水平应是相互独立的，即 $(Y_1, Y_0) \perp wage \mid X_i$。（2）共同支持条件，即处理组的每个出口企业都可以与对照组的非出口企业通过倾向得分进行匹配，$0 < p(X_i) = pr(export = 1 \mid X_i) < 1$，其中 $export = 1$ 表示是企业接受出口，$pr(export = 1 \mid X_i)$ 为企业在 X_i 条件下决定是否出口的预测概率，如果企业是否选择出口是随机的，则使用二值响应模型的 probit 回归，并以此为基础将预测概率值相近的企业进行匹配。企业 i 的平均处理效应 ATE（average treatment effect）可表示为：

$$ATE_i = E[Y_{1i} \mid export_i = 1, pr(X_i)] - E[Y_{0i} \mid export_i = 0, pr(X_i)] \quad (8-1)$$

若通过 Probit 模型估计得出处理组（出口企业）的预测概率值为 p_i，对照组（非出口企业）的预测概率值为 p_j，则出口对企业工资水平影响的平均处理效应 ATT（average effect of treatment on the treated）可表示为：

$$ATT_i = \frac{1}{N_A} \left(\sum_{i \in A} Y_A^i - \sum_{j \in A} \lambda(p_i, p_j) Y_B^j \right) \quad (8-2)$$

式中，N_A 表示对照组中出口企业的个数，Y_A^i 和 Y_B^j 分别表示处理组和对照组中企业的观测值，$\lambda(p_i, p_j)$ 表示当对照组企业的工资作为处理组工资的替代时，赋予对照组企业工资的权重，匹配方法不同所赋予的权重也不同。常用的匹配方法包括 1 对 1 匹配、最近邻匹配、分层匹配、核匹配、卡尺匹配、半径匹配、局部线性回归匹配等。考虑到核匹配（Kennel 匹配）在使用自举法（bootstrap）获得配对估计的标准误时更加有效，并能充分利用所有对照组企业的信息（Gilligan & Hoddiiiott，2006；毛其淋、许家云，2014），因此本书也选择核匹配进行估计。核匹配方法中权重 $\lambda(p_i, p_j)$ 的表达式为：

$$\lambda(p_i, p_j) = G\left(\frac{p_i - p_j}{\alpha_n}\right) \Big/ \sum_{j \in (export = 0)} G\left(\frac{p_i - p_j}{\alpha_n}\right) \quad (8-3)$$

其中，$G(\cdot)$ 服从高斯正态分布函数，α_n 为窗宽参数。

二、基于工企数据的倾向得分匹配的估计

（一）数据和典型事实分析

沿用第四章《中国工业企业数据库》追踪样本的处理方式，选择共包含 12892 家企业（其中内资 7726 家，外商直接投资 5166 家）的平衡面板，这就避免了企业进入和退出问题对估计结果的影响，具体的数据筛选和处理方法第四章有详细描述，此处不再赘述。本节处理组样本选择的是有出口行为的外商直接投资企业，但考虑到出口企业的行为有可能出现间断，以及出口比重过低与过高企业间的异质性，因此本书将出口占比（出口交货值占销售总产的比重）超过

20%的企业定义为出口企业。这样处理组的样本包含没有出口行为以及出口占比低于20%的外商直接投资企业。

表8-1显示了外商直接投资非出口企业和外商直接投资出口企业1999-2007年平均工资、平均就业人数以及企业数量占比变化情况，从表中可以看出外商直接投资企业中以出口为主要目的的企业占大多数，随着时间的推移，两种类型的外商直接投资企业平均工资水平和雇佣规模均呈现出逐渐上升的趋势，但外商直接投资非出口企业的工资水平始终高于外商直接投资出口企业，且其就业规模小于外商直接投资出口企业。单从表中的数据可以得出以下结论：（1）一方面，改革开放以来，为促进我国出口贸易持续稳定发展，政府主导下的招商引资政策鼓励以出口为目的的外商直接投资的大量流入；另一方面，我国廉价的劳动力、土地、原料，低标准的环保要求等已成为全球最大的生产中转站，扭曲的要素价格增强了我国产品的出口竞争力，也成为吸引外商直接投资进入的主要原因，大量以出口为目的的外商直接投资涌入促进了出口贸易发展的同时也创造了大量的就业岗位。（2）外商直接投资出口企业的平均就业人数远高于外商直接投资非出口企业，企业的雇佣规模较大一方面可能说明企业的资本雄厚规模庞大，但另一方面就业人数衡量了企业的劳动投入，劳动投入越多意味着企业越有可能生产的产品是劳动力密集型。

表8-1　　　　出口和非外资出口企业工资、就业和企业数量变化

年份	外资非出口企业			外资出口企业		
	平均工资（元）	平均就业人数（人）	企业个数占比（%）	平均工资（元）	平均就业人数（人）	企业个数占比（%）
1999	17707.23	212	44.13	13643.67	344	55.87
2000	19717.58	215	42.86	14944.65	367	57.14
2001	20690.54	222	43.56	14689.18	389	56.44
2002	22438.97	226	42.82	15885.14	411	57.18
2003	23874.72	233	42.97	16286.96	441	57.03
2004	26851.88	239	40.45	18603.83	465	59.55
2005	28196.2	250	42.43	20879.54	470	57.57
2006	31639.66	255	42.75	24662.96	478	57.25
2007	36783.28	251	45.50	28526.46	432	54.50
平均	25322.23	234	43.05	18680.27	422	56.95

资料来源：笔者根据中国工业企业数据库中的数据整理得到。

根据统计数据的初步判断，出口的外商直接投资企业相对外商直接投资非出口企业提供了相对较低的工资水平，但由于前文提到的企业异质性以及样本选择偏差的问题，在对样本进行匹配后，是否依然能得出一样的结论呢？首先构建计量回归模型，找出影响企业工资水平的关键解释变量，同时也是对处理组和对照组进行匹配的重要依据。遵循第四章构建的企业工资水平估计方程，本章的工资估计方程设定如下：

$$\ln W_{it} = \alpha + \beta_{1t} exp_{it} + \beta_{2t} dr_{it} + \beta_{3t} clr_{it} + \beta_{4t} olp_{it} + \beta_{5t} pcp_{it}$$
$$+ \beta_{6t} npr_{it} + \beta_{7t} people_{it} + \varepsilon_{it} \tag{8-4}$$

其中，W 为企业员工的年平均工资，该变量是用企业的工资总额（应付工资和应付福利费总额）除以企业的从业人数；exp 为虚拟变量，如果属于出口企业取值为 1，否则取值 0。dr、clr、pcp、olp、npr 和 people 分别为企业的资产负债率（Debt Ratio）、资本劳动比（Capital-labor ratio）、人均利润（Per Capita Profit）、全员劳动生产率（Overall Labor Productivity）、新产品比重（New Products Ratio）以及就业人数（people）。各变量的具体计算方式前文已有详细描述，此处不再赘述。

（二）基准回归结果

先使用传统的最小二乘法对出口影响外商直接投资企业工资水平的效应进行简单估计，表 8 - 2 显示了回归结果，模型（1）显示了在不控制其他任何变量时，外商直接投资出口企业的工资水平比外商直接投资非出口企业低了 25% 左右，模型（2）加入地区、行业和时间等虚拟控制变量后，工资差异缩小至 17% 左右，模型（3）又加入了就业人数、利润、规模、生产率、资产负债比、新产品比重等控制变量，工资差异进一步缩小至 6% 左右。也就是说在控制了企业的特征变量后，外商直接投资出口企业的工资水平依旧显著低于外商直接投资非出口企业。

表 8 - 2　　　　出口对外商直接投资企业工资水平影响的 OLS 估计

变量	模型（1）	模型（2）	模型（3）
exp	- 0. 2440 *** （ - 41. 40）	- 0. 1641 *** （ - 27. 56）	- 0. 0565 *** （ - 10. 14）
people			- 0. 0003 *** （ - 36. 58）
olp			0. 0002 *** （17. 97）

续表

变量	模型（1）	模型（2）	模型（3）
clr			0.0157 *** (26.74)
dr			-0.0299 *** (-5.75)
scal			0.1429 *** (47.6)
pcp			0.09346 *** (21.78)
npr			0.0014 *** (8.11)
常数项	9.8423 *** (2212.58)	9.5452 *** (36.71)	8.0254 *** (33.69)
地区	No	Yes	Yes
时间	No	Yes	Yes
行业	No	Yes	Yes
R^2	0.0350	0.1919	0.3322
样本数	47289	47289	47289

注：*、**、***分别表示在10%、5%和1%的水平上显著。括号内为相应的 t 值。
资料来源：笔者根据中国工业企业数据库中的数据整理得到。

　　从控制变量来看，其回归系数都通过了显著性检验，且符号也与预期基本一致。模型（3）的估计结果显示，就业人数的系数在1%的水平上显著为负，即就业人数增加使企业工资水平降低。这是由于就业人数增加对于企业来说是一个劳动力的供给不断增加的过程，这必然会导致劳动力价格的降低。企业全员劳动生产率的系数在1%的水平上显著为正，即企业全员劳动生产率提高使企业工资水平上升。这是由于全员劳动生产率代表着企业的技术水平，越高的技术水平就意味着对劳动力素质的要求越高，相应的企业提供的工资也就越高。企业资本劳动比的系数在1%的水平上显著为正，即企业资本劳动比越高，企业工资水平越高。这是由于资本劳动比代表了企业中资本与劳动的分配比例，劳均资本越多，意味着劳动的边际产出越高，劳动力的报酬也就越高。企业资产负债率的系数在1%的水平上显著为负，即资产负债率提高使企业工资水平下降。这是由于企业的资产负债率代表企业的财务状况，资产负债率越高意味着企业的财务状况越差，风险越高，进而也就没有能力和动力为员工提供高工资。企业规模的系数在 1%的水平上显著为正，即企业规模越大，企业工资水平越高。企业规模越大意味着企业内部的监督、组织、管理、协调等成本越高，按照效率工资理论（Shapiro & Stiglitz，1984），为了降低这些交易费用，规模越大的企业越倾向于向职工支付更高水平的工资。企业人均利润的系数在 1%的水平上显著为正，即企业人均利润越高，企业工资水平越高。这是由于人均利润代表企业的效益，按照利润分享模型（Kahneman et al.，1986），利润越高的企业越愿意为员工提供高工资。新产品比重的系数在 1%的水平上显著为正，即新产品比重越高，企业工资水平越高。新产品的比重是企业创新的活力和能力的体现，企业的创新活力和能力越强，效益也就越好，就越有条件提供高工资。

但由于 OLS 存在无法解决自我选择性偏差的问题，下面我们使用倾向得分匹配的方法对样本进行匹配，看看解决企业异质性的问题之后，工资差异是否依旧显著。

（三）倾向得分匹配估计结果

为使用倾向得分匹配获得出口对工资水平影响的平均处理效应，应先对处理组所有影响企业出口行为的关键特征变量进行 Probit 回归，以得到倾向得分。由于 Probit 模型的被解释变量是二值型，模型的估计结果只能判断各解释变量对因变量的影响方向，还需求出各解释变量的边际效应。表 8 - 3 报告了 Probit 模型的估计结果及变量的边际效应，其中第（1）列和第（2）列分别表示不包含地区、时间效应和行业等变量以及包含这些控制变量的估计结果，第（3）列和第（4）列分别表示其边际效应。Probit 模型的似然比检验卡方值（LR）分别达到了 8126.98 和 8187.88，均在 1%的水平上显著，这说明所构建的模型对解释外商直接投资企业是否出口具有较高的可信度。

表 8 - 3　　　　　　　　　Probit 模型估计结果及边际效应

变量	Probit 结果		Probit 边际效应	
	（1）	（2）	（3）	（4）
people	0.0011 *** (43.43)	0.0011 *** (43.35)	0.0428 *** (43.86)	0.0428 *** (43.78)
olp	− 0.0265 *** (− 5.79)	− 0.0303 *** (− 6.57)	− 0.0110 *** − 5.79	− 0.0120 *** (− 6.57)
clr	− 0.0317 *** (− 16.03)	− 0.0310 *** (− 15.69)	− 0.0120 *** − 15.99	− 0.0120 *** (− 15.65)

续表

变量	Probit 结果		Probit 边际效应	
	(1)	(2)	(3)	(4)
dr	-0.0942 *** (-8.21)	-0.0942 *** (-8.20)	-0.0371 *** (-8.19)	-0.0371 *** (-8.35)
scal	-0.2286 *** (-28.27)	-0.2323 *** (-28.51)	-0.0894 *** (-28.37)	-0.0908 *** (-28.60)
pcp	-0.0316 ** (-2.25)	-0.0266 * (-1.89)	-0.0121 ** (-2.25)	-0.0120 * (-1.89)
npr	-0.0019 *** (-4.36)	-0.0018 *** (-4.08)	-0.0008 *** (-4.36)	-0.0007 *** (-4.08
地区	No	Yes	No	Yes
时间	No	Yes	No	Yes
行业	No	Yes	No	Yes
_cons	3.1054 *** (38.87)	-27.2366 *** (6.27)		
LR	8126.98	8187.88		
Pseudo R^2	0.1257	0.1367		
样本数	47289	47289		

注: * 、** 、*** 分别表示在 10% 、5% 和 1% 的水平上显著。括号内为相应的 t 值。
资料来源：笔者根据中国工业企业数据库中的数据整理得到。

从表 8 - 3 中的结果来看，从第（1）列到第（4）列各变量系数的符号均保持不变，显著性水平也基本保持一致。与表 8 - 2 的推断一致，企业平均就业规模越大就越有可能是出口企业，而技术水平的系数为负，则说明出口企业的技术水平平均要低于非出口企业，光从这两点可初步得出推断，相较于外商直接投资非出口企业，我国的外商直接投资出口企业大多生产的是技术水平较低的劳动力密集型产品。其他变量的系数符合也基本与预期一致：外商直接投资出口企业普遍具有较低的资产劳动比、较低的利润、较低的新产品比重、较低的资本投入规模、较低的资产负债率等特征。

根据 Probit 模型的估计结果，可以得到每个企业的出口倾向得分，倾向得分越高说明企业出口的倾向越高，图 8 - 1 显示的是匹配前外商直接投资出口企业和外商直接投资非出口企业的倾向得分核密度分布情况。从图中可以看出，非出口企业的分布较均匀，而出口企业则大多集中在得分较高的企业，外商直接投资出口企业的倾向得分平均远高于非出口企业。

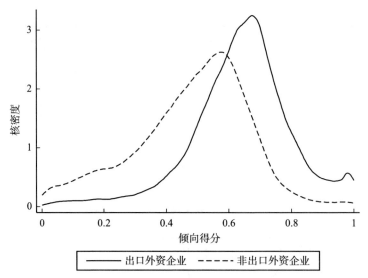

图 8 – 1　匹配前处理组和对照组的倾向得分核密度分布

资料来源：笔者根据中国工业企业数据库中的数据整理得到。

在估计得出的倾向得分的基础上，将对照组中倾向得分与处理组企业相同或相近的企业进行匹配，图 8 – 2 显示的是对没有配对成功的企业进行删除后，处理组与对照组的倾向得分核密度分布，从图中可以看出，此时外商直接投资出口企业与外商直接投资非出口企业形状基本一致，只有出口企业的曲线稍微右偏，说明配对后处理组和对照组的倾向性得分已十分接近。

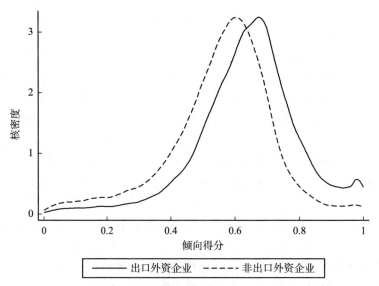

图 8 – 2　匹配后处理组和对照组的倾向得分核密度分布

资料来源：笔者根据中国工业企业数据库中的数据整理得到。

进一步得到匹配后处理组的平均处理效应（ATT），即纠偏后出口对企业工资水平影响的平均处理，结果如表 8 - 4 所示。从表中可以看出，匹配前外商直接投资出口企业和外商直接投资非出口企业间工资差异的 T 值为 - 41.4，说明两者之间存在着显著的工资差异，外商直接投资出口企业的工资水平比外商直接投资非出口企业低了约 24%。但在对处理组和对照组进行了倾向性匹配后，解决了样本偏差问题，此时处理组和对照组之间已无明显的工资差异，T 值仅为 0.46，外商直接投资出口企业的工资水平甚至比非出口企业的工资水平高出 0.47%。从匹配后的结果来看，我们的样本的确存在着严重的选择性偏差，但该匹配结果是否可靠，还需进一步对样本进行匹配的平衡性检验。

表 8 - 4　　　　　　　　全样本的平均处理效应（ATT）

	处理组 lnw	对照组 lnw	差值	标准误	T 值
匹配前	9.5982	9.8423	- 0.2441	0.0059	- 41.4
ATT	9.5982	9.5935	0.0047	0.0104	0.46

资料来源：笔者根据中国工业企业数据库中的数据整理得到。

一般来说，匹配的平衡性检验包括两个方面：一是用 T 检验来判断处理组和对照组各匹配变量在匹配前后的均值是否有明显的差异，若匹配后 T 值很小是不显著的，这说明该变量满足均衡假设；二是根据匹配前后各变量的标准偏差来判断，标准偏差的绝对值越小则说明匹配的效果越好，据罗森鲍姆和鲁宾（Rosenbaum，1983；Rubin，1985）的研究，若变量匹配标准化之后的偏差小于 5%，则说明变量的匹配效果很好。根据史密斯和托德（Smith & Todd，2005），变量的标准偏差可表示为：

$$\text{bias}(x) = \frac{100 \frac{1}{N_A} \sum\limits_{i \in (\text{export} = 1)} \left[x_i - \sum\limits_{j \in (\text{export} = 0)} \lambda(p_i, p_j) x_j \right]}{\sqrt{\dfrac{\text{var}\limits_{i \in (\text{export} = 1)}(x_i) + \text{var}\limits_{j \in (\text{export} = 0)}(x_j)}{2}}} \quad (8 - 5)$$

表 8 - 5 列出了各匹配变量的平衡检验结果，从标准偏差来看，匹配后各变量的标准偏差均小于或接近 5%，说明所选择的匹配方法和匹配变量均比较恰当，但从 T 检验的结果来看，有接近一半的变量匹配后 T 值依旧比较显著，说明这些变量在匹配后依然还存在比较明显的均值差异。

表 8 - 5 全样本的匹配平衡检验结果

变量	处理情况	处理组均值	对照组均值	标准偏差 （%）	标准偏差 减少（%）	T 值	T 检验 概率值
people	匹配前	422.1	233.4	46.5	96.6	48.53	0
	匹配后	422.1	428.49	-1.6		-1.4	0.162
olp	匹配前	70.184	143.62	-33.1	88.3	-37.17	0
	匹配后	70.184	78.803	-3.9		-7.55	0
clr	匹配前	243.25	559.6	-55	94.9	-61.78	0
	匹配后	243.25	259.28	-2.8		-5.06	0
dr	匹配前	49.99	51.239	-2.8	-43.2	-2.85	0.004
	匹配后	49.99	51.78	-4		-4.6	0
scal	匹配前	10.49	10.83	-29.7	83	-32.11	0
	匹配后	10.49	10.43	5.1		5.46	0
pcp	匹配前	10.32	24.68	-22	93.7	-24.82	0
	匹配后	10.32	11.22	-1.4		-2.28	0.022
npr	匹配前	2.50	3.78	-9.1	96.5	-9.92	0
	匹配后	2.50	2.46	0.3		0.43	0.665

资料来源：笔者根据中国工业企业数据库中的数据整理得到。

为保证结果的稳健性，考虑到时间效应的影响，本书依次按照年份对样本进行了匹配。限于篇幅的原因，我们仅报告了1999年各匹配变量的平衡检验结果，将其他年份的平衡检验结果列于附录中。如表 8 - 6 所示，1999 年的变量平衡检验结果显示，除了资产规模的标准偏差大于 5%，其他所有变量的标准偏差均小于 5%，而 T 检验的结果显示所有变量匹配后的均值也均不显著。

表 8 - 6 1999 年匹配平衡检验结果

变量	处理情况	处理组均值	对照组均值	标准偏差 （%）	标准偏差 减少（%）	T 值	T 检验 概率值
people	匹配前	344.12	212.05	37.2	96.1	13.14	0
	匹配后	344.12	339.00	1.4		0.43	0.664
olp	匹配前	49.27	89.71	-38.1	92.9	-14.15	0
	匹配后	49.27	46.38	2.7		1.32	0.186

变量	处理情况	处理组均值	对照组均值	标准偏差（%）	标准偏差减少（%）	T值	T检验概率值
clr	匹配前	213.14	475.93	-54.7	94.3	-20.42	0
	匹配后	213.14	228.00	-3.1		-1.8	0.072
dr	匹配前	51.93	51.51	1.4	-213.9	0.51	0.612
	匹配后	51.93	53.23	-4.5		-1.71	0.087
scal	匹配前	10.15	10.53	-33.5	72.4	-12.16	0
	匹配后	10.15	10.05	9.2		3.43	0.001
pcp	匹配前	5.75	13.59	-17.5	89.7	-6.52	0
	匹配后	5.75	4.94	1.8		0.99	0.322
npr	匹配前	2.01	3.59	-11.1	90	-4.04	0
	匹配后	2.01	2.17	-1.1		-0.5	0.62

资料来源：笔者根据中国工业企业数据库中的数据整理得到。

　　其他年份各变量匹配平衡检验也均出现类似的结果，这说明分年度考察后，匹配结果更为可靠，因此文章还需给出更为可靠的分年度匹配后处理组的平均处理效应（ATT），如表8-7所示。表8-7显示了1999~2007年分年度纠偏后出口对企业工资水平影响的平均处理，分年度的结果与全样本数据类似，匹配前处理组和对照组之间的均值差异T值都非常显著，外商直接投资出口企业的工资水平明显低于外商直接投资非出口企业，但在解决了"自选择"的问题后，T值的显著性大大降低，即处理组和对照组的工资差异程度明显降低。有的年份如1999年、2001年、2006年外商直接投资出口企业的工资水平稍高于外商直接投资非出口企业，而其他年份如2000年、2002年、2003年、2004年、2005年和2007年，外商直接投资出口企业的工资水平稍低于外商直接投资非出口企业，从整体发展趋势来看，尤其到考察期的后期，外商直接投资出口企业和外商直接投资非出口企业间并无明显的工资差异。

表8-7　　　　　　　　　　分年度的平均处理效应（ATT）

年份		处理组 lnw	对照组 lnw	差值	标准误	T值
1999	匹配前	9.3441	9.5421	-0.1980	0.0182	-10.88
	ATT	9.3441	9.2684	0.0757	0.0304	2.49
2000	匹配前	9.4217	9.6369	-0.2152	0.0181	-11.9
	ATT	9.4217	9.4271	-0.0053	0.0317	-0.17

续表

年份		处理组 lnw	对照组 lnw	差值	标准误	T 值
2001	匹配前	9.4243	9.6775	−0.2532	0.0174	−14.53
	ATT	9.4243	9.3334	0.0910	0.0298	3.05
2002	匹配前	9.4751	9.7545	−0.2794	0.0174	−16.05
	ATT	9.4751	9.4874	−0.0123	0.0303	−0.4
2003	匹配前	9.5243	9.8237	−0.2994	0.0173	−17.34
	ATT	9.5243	9.5371	−0.0128	0.0326	−0.39
2004	匹配前	9.6316	9.9325	−0.3009	0.0157	−19.2
	ATT	9.6316	9.6857	−0.0541	0.0308	−2.73
2005	匹配前	9.7317	9.9704	−0.2386	0.0154	−15.53
	ATT	9.7317	9.7684	−0.0367	0.0276	−1.33
2006	匹配前	9.8765	10.0764	−0.1998	0.0153	−13.05
	ATT	9.8765	9.8728	0.0038	0.0263	0.14
2007	匹配前	9.9775	10.1790	−0.2015	0.0156	−12.91
	ATT	9.9775	10.0053	−0.0278	0.0251	−2.3

资料来源：笔者根据中国工业企业数据库中的数据整理得到。

在对样本进行匹配前，传统的 OLS 估计得到的结论与以往研究类似：由于外商直接投资出口企业大多投向劳动力密集型产业，生产率水平较低，相对于外商直接投资非出口企业提供相对较低的工资水平（李春顶、尹翔硕，2009；Yu，2014；戴觅等，2014），但如果仅采用传统的方法，而忽略了企业"自我选择"效应，会导致估计值出现偏差，基于倾向得分匹配的结论显示外商直接投资出口企业与外商直接投资非出口企业间不存在明显的工资差异。

综上所述，反事实匹配后，外商直接投资出口企业与外商直接投资非出口企业之间无明显的工资差别。匹配前使用传统的 OLS 对出口影响外商直接投资企业工资水平的效应进行简单的估计，控制了企业的特征变量后，外商直接投资出口企业的工资水平显著低于外商直接投资非出口企业，差值约为 6%。对处理组和对照组进行了倾向性匹配后，解决了样本偏差问题，此时处理组和对照组之间已无明显的工资差异，T 值仅为 0.46，出口外商直接投资企业的工资水平甚至比非出口企业的工资水平高出 0.47%。从匹配后的结果来看，我们的样本的确存在着严重的选择性偏差。全样本各匹配变量的平衡检验结果显示，部分变量匹配后 T 值依旧比较显著，说明这些变量在匹配后依然还存在比较明显的均值差异，为保证结果的稳健性，考虑到时间效应的影响，本书依次按照年份对样本进行了匹配，分年度的变量匹配均通过了平衡假设检验，说明分年度考察后匹配结果更为可靠。分年度纠偏后出口对企业工资水平影响的平均处理结果显示，在解决了"自选择"的问题后，T 值的显著性均大大降低，即各年度处理组和对照组的工资差程度明显降低，从整体发展趋势来看，尤其在考察期的后期，出口外商直接投资企业和非出口外商直接投资企业间并无明显的工资差异。

三、基于上市公司数据的倾向得分匹配的估计

（一）数据和典型事实分析

表 8 - 8 显示了基于 2010 ~ 2020 年上市公司数据外资非出口企业和外资出口企业 2010 ~ 2020 年平均工资、平均就业人数以及企业数量占比变化情况，表中可以发现外商直接投资企业中以出口为主要目的的企业占大多数，两种类型外商直接投资企业的平均工资水平和平均就业人数均随时间呈现出逐渐上升的趋势，但外资非出口企业的工资水平始终低于外资出口企业，且其就业规模小于外资出口企业。出口的外商直接投资企业相比非出口的外商直接投资企业提供了更高的工资水平，考虑前文提到的企业异质性以及样本选择偏差的问题，应对样本进行匹配后观察回归结果。

表 8 - 8　　　　出口和非外资出口企业工资、就业和企业数量变化

年份	外资非出口企业			外资出口企业		
	平均工资（元）	平均就业人数（人）	企业个数占比（%）	平均工资（元）	平均就业人数（人）	企业个数占比（%）
2010	9309.819	2327	45.83	11859.18	2506	54.17
2011	8852.19	3081	43.76	11654.60	2606	56.24
2012	9387.089	3004	44.73	12800.24	2630	55.27
2013	10455.32	3188	44.67	15363.91	3058	55.33
2014	11198.04	3241	45.32	16557.53	3150	54.68
2015	12409.03	3240	45.56	17270.60	3348	54.44
2016	15251.01	3294	46.10	19686.57	3689	53.90
2017	16376.15	2982	55.89	21469.53	4031	44.11
2018	18055.93	3168	57.78	22885.57	4287	42.22
2019	22993.13	3431	57.42	25078.91	4445	42.58
2020	24772.27	3595	57.72	27102.35	4781	42.28
平均	14795.04	3141	49.53	19439.09	3503	50.47

资料来源：笔者根据 2010 ~ 2020 年的 CSMAR 数据库和 WIND 数据库整理得到。

（二）基准回归结果

使用传统的 OLS 对出口影响外商直接投资企业工资水平的效应进行简单估计，表 8 - 9 显示了回归结果。核心解释变量为虚拟变量 EXP，如果属于出口企业取值为 1，非出口企业取值为 0。控制变量 CI、TFP、Cashflow、FirmAge、TobinQ、Size、ROA、DR 和 People 分别表示企业的资本密集度、全要素生产率、现金流量、企业年限、托宾 Q 值、企业规模、总资产净利润、资产负债率以及就业人数。模型（1）显示了在不控制其他任何变量时，外资出口企业的工资水平比外资非出口企业高了 3.9% 左右，且在 1% 的显著性水平下通过检验。模型（2）加入地区、行业和时间等虚拟控制变量后，外资出口企业的工资水平比外资非出口企业高了 9.1% 左右，依旧在 1% 的显著性水平下通过检验。模型（3）又加入了资本密集度、全要素生产率、现金流量、企业年限、托宾 Q 值、企业规模、总资产净利润、资产负债率以及就业人数等控制变量，工资差异缩小至 8.9% 左右。通过三个模型的回归结果可以看出，无论是否加入企业的特征变量，外资出口企业的工资水平依旧显著高于外资非出口企业，下文依旧使用倾向匹配得分的方法对样本进行匹配，观察解决企业异质性之后的工资差异是否依旧显著。

表 8 - 9　　　　出口对外商直接投资企业工资水平影响的 OLS 估计

变量	模型（1）	模型（2）	模型（3）
EXP	0.039 *** (0.013)	0.091 *** (0.013)	0.089 *** (0.012)
CI			- 0.022 *** (0.007)
TFP			0.199 *** (0.012)
Cashflow			1.145 *** (0.092)
FirmAge			0.081 *** (0.019)
TobinQ			0.037 *** (0.006)
size			0.321 *** (0.013)
ROA			0.950 *** (0.113)

续表

变量	模型（1）	模型（2）	模型（3）
DR			−0. 140 *** （0. 039）
People			−0. 341 *** （0. 010）
常数项	6. 222 *** （0. 170）	9. 478 *** （0. 009）	9. 431 *** （0. 065）
地区	No	Yes	Yes
时间	No	Yes	Yes
行业	No	Yes	Yes
R^2	0. 205	0. 202	0. 315
样本数	11888	11888	11879

注：*、**、*** 分别表示在 10%、5% 和 1% 的水平上显著。括号内为相应的标准误。
资料来源：笔者根据 2010 ~ 2020 年的 CSMAR 数据库和 WIND 数据库整理得到。

（三）倾向得分匹配的估计结果

依照前文的处理方式，先对处理组所有影响企业出口行为的关键特征变量进行 Probit 回归，以得到倾向得分并求出各解释变量的边际效应。表 8 – 10 报告了 Probit 模型的估计结果及变量的边际效应，其中第（1）列和第（2）列分别表示不包含地区、时间效应和行业等变量以及包含这些控制变量的估计结果，第（3）列和第（4）列分别表示其边际效应。Probit 模型的似然比检验卡方值（LR）分别达到了 585. 57 和 2123. 22，均在 1% 的水平上显著，这说明所构建的模型对解释外商直接投资企业是否出口具有较高的可信度。

表 8 – 10   Probit 模型估计结果及边际效应

变量	Probit 结果		Probit 边际效应	
	（1）	（2）	（3）	（4）
CI	0. 181 *** （0. 013）	0. 000 （0. 017）	0. 069 *** （0. 005）	0. 000 （0. 006）
TFP	0. 025 （0. 024）	0. 096 *** （0. 029）	0. 009 （0. 009）	0. 033 *** （0. 010）
Cashflow	0. 019 （0. 179）	0. 360 * （0. 197）	0. 007 （0. 069）	0. 124 * （0. 068）

续表

变量	Probit 结果		Probit 边际效应	
	（1）	（2）	（3）	（4）
FirmAge	−0.391 *** (0.033)	−0.098 ** (0.040)	−0.150 *** (0.012)	−0.034 ** (0.014)
TobinQ	−0.015 (0.009)	−0.004 (0.008)	−0.006 (0.003)	−0.001 (0.003)
size	0.140 *** (0.025)	0.219 *** (0.032)	0.054 *** (0.009)	0.075 *** (0.011)
ROA	−0.800 *** (0.178)	−1.003 *** (0.191)	−0.307 *** (0.068)	−0.345 *** (0.065)
DR	−0.533 *** (0.080)	−0.430 *** (0.088)	−0.204 *** (0.031)	−0.148 *** (0.030)
People	0.266 *** (0.018)	0.048 ** (0.023)	0.102 *** (0.007)	0.016 ** (0.008)
地区	No	Yes	No	Yes
时间	No	Yes	No	Yes
行业	No	Yes	No	Yes
常数项	0.003 *** (0.327)	−4.117 *** (0.447)		
LR	585.57	2123.22		
Pseudo R^2	0.0356	0.1299		
样本数	11879	11790	11879	11790

注：*、**、*** 分别表示在 10%、5% 和 1% 的水平上显著。括号内为相应的标准误。
资料来源：笔者根据 2010~2020 年的 CSMAR 数据库和 WIND 数据库整理得到。

从表 8-10 中的结果来看，从第（1）列到第（4）列变量系数的符号均保持不变，显著性水平基本保持一致。其中，外资出口企业拥有较大的资本密集度、全要素生产率、现金流量、企业规模以及就业规模，但有着较小的企业年限、托宾 Q 值、总资产净利润以及资产负债率，这与前文得到的结论大体一致。根据 Probit 模型的估计结果，可以得到每个企业的出口倾向得分，倾向得分越高说明企业出口的倾向越高，图 8-3 显示的是匹配前外资出口企业和外资非出口企业的倾向得分核密度分布情况，从图中可以看出非出口企业的分布较均匀，而出口企业则大多集中在得分较高的企业，外资出口企业的倾向得分平均远高于非出口企业。将对照组中倾向得分与处理组企业相同或相近的企业进行匹配后可得到核密度图8-4，可以发现此时外资出口企业与外资非出口企业形状基本一致，说明配对后处理组和对照组的倾向性得分已十分接近。

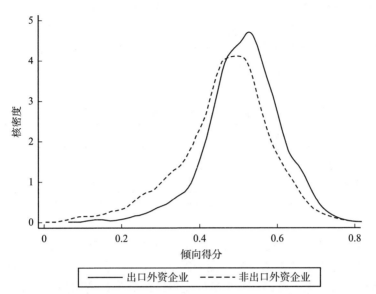

图8-3 匹配前处理组和对照组的倾向得分核密度分布
资料来源：作者根据2010~2020年的CSMAR数据库和WIND数据库整理得到。

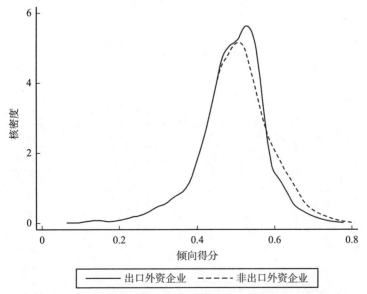

图8-4 匹配后处理组和对照组的倾向得分核密度分布
资料来源：作者根据2010~2020年的CSMAR数据库和WIND数据库整理得到。

进一步得到匹配后处理组的平均处理效应（ATT）的结果如表 8 - 11 所示。从表中可以看出，匹配前外资出口企业和外资非出口企业间工资差值为 0.14%，T 值为 0.09，说明两者之间的工资差异不显著。对处理组和对照组进行倾向性匹配之后的差值为 11.13%，其中 T 值为 6.55，这表明外资出口企业和非出口企业之前的工资差距显著，外资出口企业的工资水平比非出口企业的工资水平高 11.13%。

表 8 - 11　　　　　　　全样本的平均处理效应（ATT）

	处理组 lnw	对照组 lnw	差值	T 值
匹配前	9.4411	9.4397	0.0014	0.09
ATT	9.4724	9.3611	0.1113	6.55

资料来源：作者根据 2010~2020 年的 CSMAR 数据库和 WIND 数据库整理得到。

表 8 - 12 列出了各匹配变量的平衡检验结果，从标准偏差来看，匹配后各变量的标准偏差均小于或接近 5%，说明所选择的匹配方法和匹配变量均比较恰当，从 T 检验的结果来看，只有少量的变量匹配后 T 值依旧显著，说明整体在匹配后已经不存在比较明显的均值差异。

表 8 - 12　　　　　　　全样本的匹配平衡检验结果

变量	处理情况	处理组均值	对照组均值	标准偏差（%）	标准偏差减少（%）	T 值	T 检验概率值
CI	匹配前	12.51	12.36	15.1	96.5	11.00	0.000
	匹配后	12.49	12.49	- 0.5		- 0.38	0.707
TFP	匹配前	7.15	7.19	- 4.3	69.6	- 3.16	0.002
	匹配后	7.14	7.13	1.3		0.92	0.358
Cashflow	匹配前	0.04	0.04	3.2	51.6	2.30	0.021
	匹配后	0.04	0.05	- 1.5		- 1.11	0.266
FirmAge	匹配前	2.81	2.88	- 19.6	80.6	- 14.35	0.000
	匹配后	2.85	2.84	3.8		2.68	0.007
TobinQ	匹配前	1.92	2.07	7.5	97.1	- 5.41	0.000
	匹配后	1.96	1.96	0.2		0.23	0.817
size	匹配前	22.10	22.09	0.7	- 157.4	0.52	0.604
	匹配后	22.07	22.05	1.8		1.30	0.195

续表

变量	处理情况	处理组均值	对照组均值	标准偏差（%）	标准偏差减少（%）	T值	T检验概率值
ROA	匹配前	0.04	0.04	-3.9	77.6	-2.82	0.005
	匹配后	0.04	0.04	-0.9		-0.60	0.548
DR	匹配前	0.41	0.43	-7.0	61.1	-5.07	0.000
	匹配后	0.41	0.41	2.7		1.88	0.060
People	匹配前	7.76	7.52	19.4	90.8	14.09	0.000
	匹配后	7.70	7.72	-1.8		-1.27	0.205

资料来源：笔者根据 2010～2020 年的 CSMAR 数据库和 WIND 数据库整理得到。

表 8－13 显示了 2010～2020 年分年度纠偏后出口对企业工资水平影响的平均处理，分年度的结果与全样本数据类似，匹配前处理组和对照组之间的均值差异 T 值大多数都不显著，在数值上外资出口企业的工资水平高于外资非出口企业。但在解决了"自选择"的问题后，T 值的显著性提升，即处理组和对照组的工资差异程度增加，但外资出口企业的工资水平依然高于非出口企业。

表 8－13　　　　　　　　　　分年度的平均处理效应（ATT）

年份	处理情况	处理组 lnw	对照组 lnw	差值	T值
2010	匹配前	8.9136	8.8554	0.0582	0.69
	ATT	8.9748	8.7035	0.2713	2.85
2011	匹配前	8.9252	8.8571	0.0680	1
	ATT	8.9863	8.7248	0.2615	3.35
2012	匹配前	9.0141	8.8601	0.1540	2.54
	ATT	9.0707	8.7793	0.2914	4.14
2013	匹配前	9.1662	9.0323	0.1340	2.28
	ATT	9.1941	8.9606	0.2335	3.6
2014	匹配前	9.2667	9.1298	0.1369	2.6
	ATT	9.2653	9.0777	0.1876	3.16
2015	匹配前	9.3453	9.2736	0.0716	1.47
	ATT	9.4049	9.1925	0.2124	3.93
2016	匹配前	9.5006	9.4412	0.0595	1.33
	ATT	9.5130	9.3675	0.1455	2.94

年份	处理情况	处理组 lnw	对照组 lnw	差值	T值
2017	匹配前	9.5972	9.5361	0.0611	1.57
	ATT	9.5984	9.4525	0.1459	3.37
2018	匹配前	9.6730	9.6356	0.0374	0.97
	ATT	9.6597	9.5687	0.0910	2.12
2019	匹配前	9.8055	9.7651	0.0404	1.06
	ATT	9.7961	9.7173	0.0788	1.89
2020	匹配前	9.9332	9.8745	0.0587	1.56
	ATT	9.9270	9.8297	0.0973	2.33

资料来源：笔者根据 2010~2020 年的 CSMAR 数据库和 WIND 数据库整理得到。

表 8-14 为倾向性匹配之后的 OLS 估计结果，可以发现，匹配之后外资出口企业的工资水平依旧显著高于外资非出口企业，在加入资本密集度、全要素生产率、现金流量、企业年限、托宾 Q 值、企业规模、总资产净利润、资产负债率以及就业人数等控制变量以及地区、时间和行业的固定效应之后核心解释变量依旧在 1% 的显著性水平下显著，再一次验证了外资出口企业和非出口企业之间的工资差距。

表 8-14   匹配后的 OLS 估计结果

变量	模型（1）	模型（2）	模型（3）
EXP	0.111*** (0.017)	0.127*** (0.016)	0.0896*** (0.015)
CI			-0.0479*** (0.010)
TFP			0.1916*** (0.017)
Cashflow			1.4021*** (0.112)
FirmAge			0.0238 (0.023)
TobinQ			0.0455*** (0.007)

续表

变量	模型（1）	模型（2）	模型（3）
size			0.3374 *** (0.018)
ROA			0.3612 *** (0.111)
DR			−0.1220 ** (0.050)
People			−0.3386 *** (0.014)
常数项	9.361 *** (0.012)	9.325 *** (0.163)	3.7147 *** (0.280)
地区	No	Yes	Yes
时间	No	Yes	Yes
行业	No	Yes	Yes
R^2	0.043	0.240	0.359
样本数	9806	9806	9806

注：*、**、*** 分别表示在 10%、5% 和 1% 的水平上显著。括号内为相应的标准误。

资料来源：笔者根据 2010～2020 年的 CSMAR 数据库和 WIND 数据库整理得到。

　　本部分采用 2010～2020 年的数据得到的传统 OLS 估计结果与上文相反，即外资出口企业的工资水平高于外资非出口企业的工资水平。加入控制变量后，外资出口企业的工资水平依旧显著高于外资非出口企业，差值约为 8.9%。通过倾向得分匹配的方法解决样本偏差的问题后发现，外资出口企业与外资非出口企业间存在明显的工资差异，差异值为 11.13%，即外资出口企业的工资水平比非出口企业的工资水平高出 11.13%。全样本各匹配变量的平衡检验结果表明，大多数的变量匹配后 T 值已经不再显著，说明在匹配后大多数的变量都不存在比较明显的均值差异。本节依旧按照年份对样本进行了匹配，分年度的变量匹配均通过了平衡假设检验，说明分年度考察后匹配结果更为可靠。分年度纠偏后出口对企业工资水平影响的平均处理结果表明 T 值的显著性均提高，即处理组和对照组的工资差异程度明显提高。对匹配后的数据进行 OLS 回归之后发现外资出口企业与非出口企业之间的工资差距依旧存在且显著，验证了前文的回归结果。

第二节 出口对内资企业工资影响的倾向性得分匹配估计

一、基于工企数据的倾向得分匹配的估计

(一) 数据和基准回归结果

这一节主要分析出口对内资企业工资水平的影响，同样使用倾向得分匹配的方法，选择内资出口企业作为处理组、内资非出口企业作为对照组。依旧使用第四章的追踪样本，先对内资非出口企业和内资出口企业 1999～2007 年平均工资、平均就业人数以及企业数量占比变化情况进行简单地统计分析，如表 8 - 15 所示。从工资均值来看，考察期的初期，内资出口企业的工资水平要稍高于内资非出口企业，从 2004 年开始，内资非出口企业的平均工资水平反超内资出口企业，直到 2007 年内资出口企业的工资水平稍有反弹超过非出口企业。两种类型的企业间工资差异的变化是不是由于我国出口企业"工资红利"的下降导致，下文会根据样本的配对结果进行详细分析。内资出口企业的就业人数和外商直接投资出口企业一样都要高于非出口企业，这是不是因为内资出口企业的产品大都是技术水平较低的劳动力密集型还有待进一步观察。两种类型企业的平均就业规模均呈现出不断下降的趋势，这一方面可能是由于劳动力逐渐从内资企业转移到外商直接投资企业，另一方面也有可能是技术进步导致的技术替代劳动的结果。

表 8 - 15   出口和非出口内资企业工资、就业和企业数量变化

年份	内资非出口企业			内资出口企业		
	平均工资（元）	平均就业人数（人）	企业个数占比（%）	平均工资（元）	平均就业人数（人）	企业个数占比（%）
1999	9079.01	292	79.27	9387.64	480	20.73
2000	10070.16	290	78.25	10695.36	463	21.75
2001	11025.05	282	77.96	11453.52	451	22.04
2002	11979.71	277	77.67	12589.06	444	22.33
2003	12659.15	277	78.07	13455.25	438	21.93
2004	14856.21	259	70.61	14499.56	389	29.39
2005	16419.91	254	74.11	15807.06	400	25.89

续表

年份	内资非出口企业			内资出口企业		
	平均工资	平均就业人数	企业个数占比（%）	平均工资	平均就业人数	企业个数占比（%）
2006	18755.47	246	75.01	18280.30	399	24.99
2007	21431.94	221	79.56	22682.67	377	20.44
平均	14030.73	267	76.72	14316.71	427	23.28

资料来源：笔者根据中国工业企业数据库中的数据整理得到。

　　根据上一节所构建的工资估计方程，先使用传统的 OLS 对出口影响内资企业工资水平的作用进行简单的估计，结果如表 8-16 所示。模型（1）的结果显示，在不控制其他任何变量时，内资出口企业的工资水平比外商直接投资非出口企业高出约7%，模型（2）加入地区、行业和时间等虚拟控制变量后，该结果略微变小，进一步加入了就业人数、利润、规模、生产率、资产负债比、新产品比重等控制变量后，模型（3）的结果又进一步缩小，大约为6%，整体变化不大。其他变量对工资水平的影响方向基本与预期一致：企业的技术水平、资本与劳动比、利润率、资产规模、新产品的比重等特征的值越大，企业的工资水平越高；而就业规模越大、资产负债率越高，工资水平越低。其原因与第一节所述类似，此处不再赘述。

表 8-16　　　　　　　　　　出口对内资企业工资水平影响的 OLS 估计

变量	模型（1）	模型（2）	模型（3）
exp	0.0660 *** （12.23）	0.0636 *** （12.61）	0.0567 *** （11.41）
people			-0.0002 *** （-21.54）
olp			0.0002 *** （-1.36）
clr			0.0391 *** （35.12）
lndr			-0.0455 *** （-14.15）
scal			0.0105 *** （29.88）

续表

变量	模型（1）	模型（2）	模型（3）
pcp			0.0005 *** （5.81）
npr			0.0019 *** （13.92）
常数项	9.3146 *** （579.09）	9.1447 *** （551.05）	9.3526 *** （451.29）
地区	No	Yes	Yes
时间	No	Yes	Yes
行业	No	Yes	Yes
R^2	0.0023	0.2556	0.3233
样本数	65914	65914	65914

注：*、**、*** 分别表示在 10%、5% 和 1% 的水平上显著。括号内为相应的 T 值。
资料来源：笔者根据中国工业企业数据库中的数据整理得到。

（二）倾向得分匹配的估计结果

遵循倾向得分匹配的步骤，为得到倾向得分，应先对处理组所有影响内资企业出口行为的关键特征变量进行 Probit 回归。表 8 - 17 列出了内资企业是否出口的 Probit 模型的估计结果及变量的边际效应。第（1）列和第（2）列分别表示不包含地区、时间效应和行业等变量以及包含这些控制变量的估计结果，第（3）列和第（4）列分别表示其边际效应。Probit 模型的似然比检验卡方值（LR）分别达到了 3805.87 和 6251，均在 1% 的水平上显著，这说明模型构建所选择的变量均是影响内资企业是否选择出口的重要变量。从第（1）列到第（4）列各变量系数的符号均保持不变，显著性水平也基本保持一致，说明模型的稳健性较高。若企业生产率水平较高就越有可能是出口企业，这就推翻了我们前文认为内资的出口企业均是技术水平较低的劳动力密集型的猜测。就其他特征变量而言，企业的雇佣人数越多、资本投入规模越大、资产负债率越高、利润率越高、新产品的比重越高，就越有可能是出口企业。不同于以往的研究（戴小勇、成力为，2014），根据本书得出的这些特征变量的影响结果判断，我国内资出口企业普遍具有生产率水平高、资本密度大、利润率高、创新能力强的特点。

表 8 - 17　　　　　　　　　　　Probit 模型估计结果及边际效应

变量	Probit 结果		Probit 边际效应	
	(1)	(2)	(3)	(4)
people	0.0004 *** (17.04)	0.0005 *** (19.67)	0.0001 *** (17.01)	0.0001 *** (19.64)
olp	0.0003 *** (4.77)	0.0002 *** (3.38)	0.0001 *** (4.77)	0.0001 *** (3.39)
clr	- 0.0681 *** (- 18.58)	- 0.0760 *** (- 20.29)	- 0.0210 *** (- 18.65)	- 0.0220 *** (- 20.39)
lndr	0.1302 *** (12.99)	0.1168 *** (11.46)	0.0388 *** (13.01)	0.0340 *** (11.47)
scal	0.0993 *** (9.92)	0.0112 *** (10.94)	0.0296 *** (9.93)	0.0326 *** (10.95)
pcp	0.0004 * (1.83)	0.0001 (0.2)	0.0001 * (1.83)	0.0001 (0.2)
npr	0.0124 *** (35.99)	0.0130 *** (36.8)	0.0037 *** (35.89)	0.0038 *** (36.7)
地区	No	Yes	No	Yes
时间	No	Yes	No	Yes
行业	No	Yes	No	Yes
_cons	- 1.3750 *** (- 32.89)	- 54.2398 *** (- 11.76)		
LR	3805.87	6251.00		
Pseudo R^2	0.0533	0.0876		
样本数	65775	65775	65775	65775

注：* 、** 、*** 分别表示在 10%、5% 和 1% 的水平上显著。括号内为相应的 T 值。
资料来源：笔者根据中国工业企业数据库中的数据整理得到。

　　根据 Probit 模型的估计结果，计算出处理组和对照组企业的出口倾向得分，图 8 - 5 显示的是匹配前内资出口企业和内资非出口企业的倾向得分核密度分布情况，出口企业的分布相对非出口企业靠右，说明出口企业的倾向得分要高于非出口企业。图 8 - 6 显示的是匹配后内资出口企业和内资非出口企业的倾向得分核密度分布情况，此时处理组和对照组的形状已基本一致，且大部分重合在一起，说明匹配效果良好。

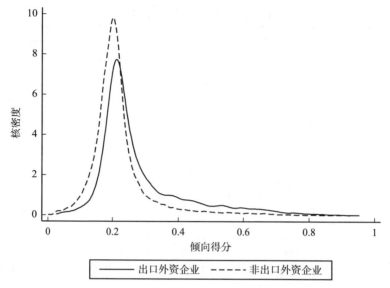

图8-5 匹配前处理组和对照组的倾向得分核密度分布

资料来源：作者根据中国工业企业数据库中的数据整理得到。

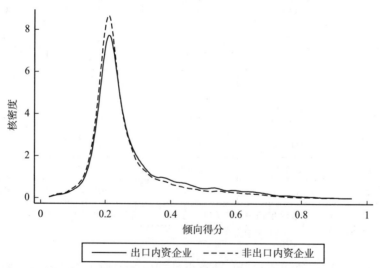

图8-6 匹配后处理组和对照组的倾向得分核密度分布

资料来源：作者根据中国工业企业数据库中的数据整理得到。

根据倾向得分得到纠偏后出口对企业工资水平影响的平均处理效应（ATT），结果如表8-18所示。从表中可以看出，匹配前内资出口企业和内资非出口企业间工资差异的T值为12.23，说明两者之间存在着显著的工资差异，内资出口企业的工资水平平均比内资非出口企业高出了约6%。倾向性匹配后工资差异的T

值扩大至14.5，内资出口企业的工资水平与内资非出口企业的工资差异进一步扩大至11%。OLS的估计结果低估了两者的差异程度。从全样本匹配后的结果看，我国内资出口企业相比内资非出口企业的确存在着"工资红利"，还需对样本进行进一步的匹配平衡性检验，以判读该匹配结果是否可靠。

表8-18 全样本的平均处理效应（ATT）

	处理组 lnw	对照组 lnw	差值	标准误	T 值
匹配前	9.3810	9.3150	0.0660	0.0054	12.23
ATT	9.3810	9.2702	0.1108	0.0076	14.5

资料来源：笔者根据中国工业企业数据库中的数据整理得到。

从表8-19全样本各变量的匹配平衡检验结果看，匹配后各变量的标准偏差均小于5%，且T检验的结果只有资产负债率的匹配后T值依旧比较显著，其他所有变量匹配后T值均不再显著，说明处理组和对照组的各解释变量在匹配后已无明显差异，模型的变量选择合适且匹配效果良好，匹配结果满足平衡假设的需要。但我们还需对模型的稳健性进行检验，检验的方法是考察不同年度下的平均处理效应以及是否满足匹配平衡假设。

表8-19 全样本的匹配平衡检验结果

变量	处理情况	处理组均值	对照组均值	标准偏差（%）	标准偏差减少（%）	T 值	T 检验概率值
people	匹配前	424.49	267.28	40.3	94.5	48.26	0
	匹配后	424.49	433.17	-2.2		-1.64	0.102
olp	匹配前	66.743	74.186	-5.9	99.3	-6.02	0
	匹配后	66.743	66.795	0		-0.03	0.973
clr	匹配前	203.16	240.32	-16.1	99.5	-16.76	0
	匹配后	203.16	203.36	-0.1		-0.08	0.935
lndr	匹配前	4.0781	3.9851	16	69.5	16.52	0
	匹配后	4.0781	4.1065	-4.9		-4.74	0
scal	匹配前	80173	54747	25.5	96.8	30.01	0
	匹配后	80173	79358	0.8		0.63	0.532
pcp	匹配前	8.2371	10.064	-6.7	82.2	-6.69	0
	匹配后	8.2371	7.9121	1.2		1.12	0.265

续表

变量	处理情况	处理组均值	对照组均值	标准偏差（%）	标准偏差减少（%）	T值	T检验概率值
npr	匹配前	8.4193	2.6073	35.7	91.8	43.84	0
	匹配后	8.4193	7.9416	2.9		2	0.045

资料来源：笔者根据中国工业企业数据库中的数据整理得到。

表8-20报告了出口对内资企业工资水平影响的逐年平均处理效应，当然也对各年度匹配后的特征变量是否满足平衡假设进行了检验，检验结果表明，分年度各变量匹配后的标准差和T值均满足匹配平衡假设的条件（限于篇幅的原因，将匹配平衡的检验结果列于附录中），这说明所构建的模型和使用的匹配方法具有良好的稳健性。从分年度的平均处理效应看，匹配后内资出口企业与内资非出口企业间的工资差异经历了先扩大后缩小的过程。具体来说，考察期的开始阶段，内资出口企业的工资水平明显高于内资非出口企业，2001年差距达到最高接近15%，且T值非常显著，说明在这一阶段，相对于内资非出口企业，我国的内资出口企业的确存在着明显的"工资红利"。但从2004年开始，两者间的工资差异开始明显缩小，2006年内资非出口企业的工资水平甚至略微高于内资出口企业，且在考察期的后半阶段，绝大多数年份的T值显著性水平很低，说明两者之间其实已无明显的工资差异。分年度的估计结果显示，我国内资出口企业存在的"工资红利"已开始慢慢消失。

表8-20　　　　　　　　　　分年度的平均处理效应（ATT）

年份		处理组 lnw	对照组 lnw	差值	标准误	T值
1999	匹配前	9.0262	8.9645	0.0617	0.0159	3.88
	ATT	9.0262	8.9372	0.0890	0.0225	3.96
2000	匹配前	9.1541	9.0638	0.0903	0.0158	5.72
	ATT	9.1541	9.0081	0.1460	0.0221	6.6
2001	匹配前	9.2182	9.1396	0.0786	0.0159	4.94
	ATT	9.2182	9.0690	0.1492	0.0227	6.58
2002	匹配前	9.3017	9.2049	0.0968	0.0156	6.19
	ATT	9.3017	9.1786	0.1231	0.0212	5.8
2003	匹配前	9.3810	9.2620	0.1190	0.0163	7.29
	ATT	9.3810	9.2494	0.1316	0.0240	5.48

续表

年份		处理组 lnw	对照组 lnw	差值	标准误	T 值
2004	匹配前	9.4156	9.4175	-0.0020	0.0128	-0.15
	ATT	9.4156	9.3715	0.0440	0.0177	2.48
2005	匹配前	9.4894	9.5064	-0.0171	0.0131	-1.31
	ATT	9.4894	9.4858	0.0036	0.0190	0.19
2006	匹配前	9.6153	9.6263	-0.0111	0.0134	-0.82
	ATT	9.6153	9.6246	-0.0094	0.0198	-0.47
2007	匹配前	9.8022	9.7095	0.0926	0.0146	6.33
	ATT	9.8022	9.7983	0.0039	0.0213	4.88

资料来源：笔者根据中国工业企业数据库中的数据整理得到。

综合上述内容，内资出口企业的工资水平明显高于内资非出口企业。匹配前使用传统的 OLS 对出口影响内资企业工资水平的效应进行简单的估计后发现，控制了企业的特征变量后，内资出口企业的工资水平比内资非出口企业高出约6%。倾向性匹配后，内资出口企业的工资水平与内资非出口企业的工资差异扩大至11%，OLS 的估计结果低估了两者的差异程度。且从匹配平衡检验结果看，匹配结果满足平衡假设的需要。出口对内资企业工资水平影响的逐年平均处理效应结果显示，匹配后内资出口企业与内资非出口企业间的工资差异经历了先扩大后缩小的过程。

二、基于上市公司数据的倾向得分匹配的估计

（一）数据和典型事实分析

表 8-21 为使用上市公司数据的内资非出口企业和内资出口企业 2010～2020 年平均工资、平均就业人数以及企业数量占比的结果。从工资均值来看，考察期内内资出口企业的工资均高于非出口企业的工资，这与前文基于上市公司外商直接投资企业数据得出的结论相同，内资出口企业的就业人数和外资出口企业一样都要高于非出口企业。同时，两种类型企业的平均就业规模均呈现出上升趋势。

表 8 - 21　2010 ~ 2020 年出口和非出口内资企业工资、就业和企业数量变化表

年份	内资非出口企业			内资出口企业		
	平均工资（元）	平均就业人数（人）	企业个数占比（%）	平均工资（元）	平均就业人数（人）	企业个数占比（%）
2010	16980.89	5550	52.46	16965.98	7466	47.54
2011	16968.85	6118	51.76	18818.22	8075	48.24
2012	15837.76	6648	51.90	18271.57	8406	48.10
2013	15735.47	6955	52.80	18970.42	8612	47.20
2014	16838.76	7103	52.78	19305.48	8729	47.22
2015	19080.84	7106	53.18	20657.67	8636	46.82
2016	21130.23	6829	54.03	24586.09	9084	45.97
2017	23786.97	6404	57.68	26711.34	9461	42.32
2018	24877.8	7292	58.54	27175.52	10087	41.46
2019	26539.96	7143	58.43	32364.24	10431	41.57
2020	28239.1	7529	58.21	35787.18	11046	41.79
平均	21002.08	6789	54.71	23893.75	9094	45.29

资料来源：笔者根据 2010 ~ 2020 年的 CSMAR 数据库和 WIND 数据库整理得到。

　　根据前文所构建的工资估计方程，使用传统的 OLS 对出口影响内资企业工资水平的作用进行简单的估计，结果如表 8 - 22 所示。模型（1）是不加入控制变量的回归结果，内资出口企业的工资水平比外资非出口企业高出约 7.7%，模型（2）加入地区、行业和时间等虚拟控制变量后，结果依然正向显著。模型（3）又加入了资本密集度、全要素生产率、现金流量、企业年限、托宾 Q 值、企业规模、总资产净利润、资产负债率以及就业人数等控制变量，内资出口企业的工资水平比外资非出口企业高出约 0.02%。其他变量对工资水平的影响方向基本与预期一致：企业的资本密集度、全要素生产率、现金流量、企业年限、托宾 Q 值、企业规模的值越大，企业的工资水平越高，而总资产净利润越高、资产负债率越高以及就业人数越多，企业的工资水平越低。

表 8 - 22　　　　　　2010 ~ 2020 年出口对内资企业工资水平影响的 OLS 估计

变量	模型（1）	模型（2）	模型（3）
EXP	0.0769 *** (0.024)	0.0997 *** (0.024)	0.0002 ** (0.013)

续表

变量	模型（1）	模型（2）	模型（3）
CI			0. 2170 *** （0. 021）
TFP			0. 5698 *** （0. 147）
Cashflow			0. 0780 ** （0. 038）
FirmAge			0. 0151 *** （0. 005）
TobinQ			0. 3493 *** （0. 022）
size			1. 0363 *** （0. 202）
ROA			－ 0. 3467 *** （0. 069）
DR			－ 0. 3699 *** （0. 017）
People			2. 9462 *** （－ 21. 737）
常数项	9. 5041 *** （0. 016）	9. 2815 *** （0. 078）	2. 9462 *** （0. 302）
地区	No	Yes	Yes
时间	No	Yes	Yes
行业	No	Yes	Yes
R^2	0. 0011	0. 1560	0. 2683
样本数	9487	9487	9487

注：* 、** 、*** 分别表示在 10%、5% 和 1% 的水平上显著。括号内为相应的标准误。
资料来源：笔者根据 2010 ~ 2020 年的 CSMAR 数据库和 WIND 数据库整理得到。

（二）倾向得分匹配的估计结果

先对处理组所有影响内资企业出口行为的关键特征变量进行 Probit 回归。表 8 - 23 列出了内资是否是出口的二值 Probit 模型的估计结果及变量的边际效应。

第（1）列为不加入地区、时间和行业固定效应的估计结果，第（2）列为加入这些固定效应的估计结果，第（3）列和第（4）列分别表示其边际效应。Probit模型的似然比检验卡方值（LR）分别达到了 512.92 和 2291.50，表明模型构建所选择的变量均是影响内资企业是否选择出口的重要变量。由表 8 - 23 可以发现，第（1）列到第（4）列各变量系数的符号均保持不变，显著性水平也基本保持一致，说明模型的稳健性较高。其中，企业的资本密集度越高、全要素生产率越大、就业人数越多，就越有可能是出口企业。

表 8 - 23　　　　　　　　　　　Probit 模型估计结果及边际效应

变量	Probit 结果		Probit 边际效应	
	（1）	（2）	（3）	（4）
CI	0. 167 ***	0. 113 ***	0. 063 ***	0. 036 ***
	(0. 015)	(0. 020)	(0. 005)	(0. 007)
TFP	0. 189 ***	0. 201 ***	0. 072 ***	0. 0646 ***
	(0. 023)	(0. 030)	(0. 009)	(0. 010)
Cashflow	- 0. 756 ***	- 0. 230	- 0. 286 ***	- 0. 074
	(0. 194)	(0. 215)	(0. 073)	(0. 069)
FirmAge	- 0. 163 ***	- 0. 117 **	- 0. 062 ***	- 0. 038 **
	(0. 042)	(0. 055)	(0. 016)	(0. 018)
TobinQ	- 0. 012 **	- 0. 024 **	- 0. 007 **	- 0. 008 **
	(0. 009)	(0. 009)	(0. 003)	(0. 003)
size	- 0. 339 ***	- 0. 186 ***	- 0. 128 ***	- 0. 060 ***
	(0. 023)	(0. 033)	(0. 008)	(0. 010)
ROA	- 1. 178 ***	- 1. 316 ***	- 0. 446 ***	- 0. 423 ***
	(0. 255)	(0. 283)	(0. 096)	(0. 091)
DR	- 0. 259 ***	- 0. 353 ***	- 0. 098 ***	- 0. 113 ***
	(0. 084)	(0. 099)	(0. 032)	(0. 032)
People	0. 334 ***	0. 259 ***	0. 126 ***	0. 083 ***
	(0. 017)	(0. 026)	(0. 006)	(0. 008)
地区	No	Yes	No	Yes
时间	No	Yes	No	Yes
行业	No	Yes	No	Yes

续表

变量	Probit 结果		Probit 边际效应	
	（1）	（2）	（3）	（4）
常数项	2.046 *** （0.315）	-1.924 *** （0.448）		
LR	512.92	2291.50		
Pseudo R^2	0.0393	0.1775		
样本数	9487	9362	9487	9362

注：*、**、*** 分别表示在 10%、5% 和 1% 的水平上显著。括号内为相应的标准误。
资料来源：笔者根据 2010～2020 年的 CSMAR 数据库和 WIND 数据库整理得到。

　　根据 Probit 模型的估计结果，计算出处理组和对照组企业的出口倾向得分，
图 8 - 7 显示的是匹配前内资出口企业和内资非出口企业的倾向得分核密度分布
情况，出口企业的分布与非出口企业的得分情况相似，但出口企业的密度更大。
图 8 - 8 显示的是匹配后内资出口企业和内资非出口企业的倾向得分核密度分布
情况，此时处理组和对照组的形状已基本一致，且大部分重合在一起，说明匹配
效果良好。

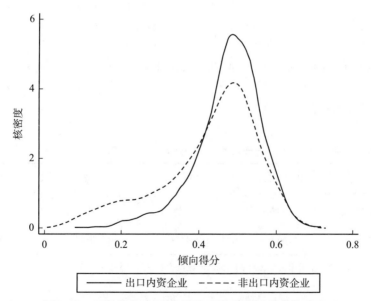

图 8 - 7　匹配前处理组和对照组的倾向得分核密度分布
资料来源：作者根据 2010～2020 年的 CSMAR 数据库和 WIND 数据库整理得到。

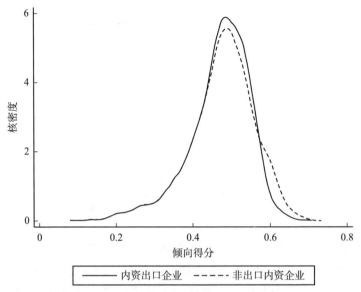

图 8 - 8　匹配后处理组和对照组的倾向得分核密度分布

资料来源：笔者根据 2010 ~ 2020 年的 CSMAR 数据库和 WIND 数据库整理得到。

根据倾向得分得到纠偏后出口对企业工资水平影响的平均处理效应（ATT），结果如表 8 - 24 所示。从表中可以看出，匹配前内资出口企业和内资非出口企业间工资差异的 T 值为 6.98，说明两者之间存在着显著的工资差异，内资出口企业的工资水平平均比内资非出口企业高出了约 10%。倾向性匹配后工资差异的 T 值缩小为 0.56，内资非出口企业的工资水平高于内资非出口企业的工资水平3.5%，此时二者之间的差异已经不再明显。下一步将对样本进行匹配平衡性检验，以判读该匹配结果是否可靠。

表 8 - 24　　　　　　　　　全样本的平均处理效应（ATT）

	处理组 lnw	对照组 lnw	差值	T 值
匹配前	9.4692	9.3690	0.1002	6.98
ATT	9.4691	9.4344	0.0347	0.56

资料来源：笔者根据 2010 ~ 2020 年的 CSMAR 数据库和 WIND 数据库整理得到。

表 8 - 25 为全样本各变量的匹配平衡检验结果，其中，匹配后各变量的标准偏差均小于 5%，这表明模型的变量选择合适且匹配效果良好。

表 8 – 25 全样本的匹配平衡检验

变量	处理情况	处理组均值	对照组均值	标准偏差（%）	标准偏差减少（%）	T 值	T 检验概率值
CI	匹配前	12.623	12.488	12.900	90.900	6.210	0.000
	匹配后	12.612	12.624	-1.200		-0.560	0.573
TFP	匹配前	7.447	7.448	-0.100	-4921.100	-0.030	0.979
	匹配后	7.428	7.403	2.7		1.260	0.207
Cashflow	匹配前	0.043	0.043	0.6	-192.700	0.290	0.774
	匹配后	0.045	0.046	-1.800		-0.830	0.408
FirmAge	匹配前	2.901	2.940	-11.900	84.700	-5.780	0.000
	匹配后	2.912	2.906	1.8		0.820	0.413
TobinQ	匹配前	1.893	2.073	-8.900	91.500	-4.180	0.000
	匹配后	1.913	1.929	-0.800		-0.500	0.614
size	匹配前	22.527	22.506	1.5	-74.700	0.710	0.478
	匹配后	22.507	22.471	2.6		1.200	0.231
ROA	匹配前	0.036	0.041	-7.800	96.600	-3.790	0.000
	匹配后	0.039	0.039	-0.300		-0.120	0.902
DR	匹配前	0.484	0.487	-1.500	-136.000	-0.740	0.460
	匹配后	0.481	0.473	3.6		1.660	0.097
People	匹配前	8.132	7.798	24.700	96.500	11.870	0.000
	匹配后	8.087	8.099	-0.900		-0.420	0.675

资料来源：笔者根据 2010～2020 年的 CSMAR 数据库和 WIND 数据库整理得到。

表 8 – 26 为 2010～2020 年分年度纠偏后出口对内资企业工资水平影响的平均处理效应，结果表明，匹配前处理组和对照组之间的大多数均值差异 T 值都非常显著，内资出口企业的工资水平明显高于内资非出口企业。而匹配后的大多数 T 值已不再显著，即内资出口企业和非出口的工资差距已不明显，这说明分年度考察后，匹配结果更为可靠。通过匹配后的差值来看，最大值出现在 2016 年为 12.3%，最小值出现在 2012 年为 1.7%，企业间的工资差距也呈现出波动的情况，其中 2017～2020 年也出现了匹配前内资非出口企业的平均工资高于内资出口企业的平均工资的情况。

表8-26   分年度的平均处理效应（ATT）

年份		处理组 lnw	对照组 lnw	差值	T 值
2010	匹配前	9.135	9.078	0.057	0.590
	ATT	9.134	8.943	0.191	1.780
2011	匹配前	9.121	9.101	0.019	0.200
	ATT	9.154	8.933	0.222	2.200
2012	匹配前	9.086	9.069	0.017	0.200
	ATT	9.115	8.958	0.157	1.690
2013	匹配前	9.176	9.144	0.032	0.370
	ATT	9.229	9.147	0.082	0.960
2014	匹配前	9.277	9.236	0.041	0.520
	ATT	9.281	9.205	0.075	0.900
2015	匹配前	9.360	9.267	0.094	1.200
	ATT	9.362	9.324	0.038	0.510
2016	匹配前	9.590	9.483	0.107	1.540
	ATT	9.500	9.377	0.123	1.600
2017	匹配前	9.623	9.681	-0.058	-0.890
	ATT	9.624	9.576	0.048	0.660
2018	匹配前	9.705	9.761	-0.057	-0.860
	ATT	9.720	9.630	0.090	1.250
2019	匹配前	9.839	9.856	-0.017	-0.260
	ATT	9.852	9.722	0.130	1.830
2020	匹配前	9.916	9.957	-0.041	-0.620
	ATT	9.917	9.867	0.050	0.680

资料来源：笔者根据 2010~2020 年的 CSMAR 数据库和 WIND 数据库整理得到。

表8-27 为倾向性匹配之后的 OLS 估计结果，由表中的结果可以发现，匹配之后的内资出口企业的平均工资水平依旧显著高于内资非出口企业的平均工资水平，在加入资本密集度、全要素生产率、现金流量、企业年限、托宾 Q 值、企业规模、总资产净利润、资产负债率以及就业人数等控制变量以及地区、时间和行业的固定效应之后核心解释变量依旧在 1% 的显著性水平下显著，这表明消除了样本选择性偏差之后内资企业间的工资差距依旧显著存在。

表 8 - 27　　　　　　　　　　　匹配后的 OLS 估计结果

变量	模型（1）	模型（2）	模型（3）
EXP	0.0636 *** (0.024)	0.0997 *** (0.024)	0.0862 *** (3.731)
CI			-0.0792 *** (-4.846)
TFP			0.2134 *** (9.192)
Cashflow			0.7279 *** (4.370)
FirmAge			0.0718 * (1.763)
TobinQ			0.0047 (0.554)
size			0.4080 *** (15.368)
ROA			0.9321 *** (4.243)
DR			-0.2706 *** (-3.653)
People			-0.4434 *** (-20.643)
常数项	9.3813 *** (0.017)	3.323 *** (0.332)	3.3229 *** (10.000)
地区	No	Yes	Yes
时间	No	Yes	Yes
行业	No	Yes	Yes
R^2	0.008	0.2935	0.2935
样本数	8090	8090	8090

注：*、**、*** 分别表示在 10%、5% 和 1% 水平上显著。括号内为相应的标准误。
资料来源：笔者根据 2010 ~ 2020 年的 CSMAR 数据库和 WIND 数据库整理得到。

　　通过上述研究可以发现在 OLS 回归结果中，不论是否加入控制变量和固定效应，内资出口企业的工资水平均明显高于内资非出口企业。在加入控制变量和一系列的固定效应之后内资出口企业的工资水平比内资非出口企业高出约 0.02%。通过倾向性匹配后 T 值依旧显著，这表明内资出口企业与内资非出口企业的工资差异依然存在，内资出口企业的平均工资水平高于内资非出口企业的平均工资水平的 3.47%。经过匹配之后再次进行 OLS 估计，通过回归结果可以发现内资企业间的工资差距依旧显著存在，再一次验证了前文的估计结果。

第三节　出口对内外资企业工资差异影响的倾向性得分匹配估计

一、基于工企数据的倾向得分匹配的估计

（一）数据和基准回归结果

前两节分别就外商直接投资出口企业与外商直接投资非出口企业、内资出口企业与内资非出口企业之间的工资差异进行了倾向匹配分析，分析认为样本选择偏差的问题的确存在并导致对工资差异的低估或高估。本节继续沿用倾向匹配得分的方法研究外商直接投资出口企业与内资出口企业之间的工资差异，一是考察样本是否有严重的选择性偏差存在，二是在样本无偏的基础上研究出口内外资企业间工资差异及其变化情况。所使用的数据与前两节一致，本节中进行倾向性匹配的处理组是外商直接投资出口企业，对照组是内资出口企业。表 8－28 报告了基于工企数据库的处理组和对照组的平均就业人数和平均工资的变化情况。从表中的数据可以看出：（1）内资出口企业的雇佣规模一直高于外商直接投资出口企业，但由于内资出口企业就业人数的不断减少，外商直接投资出口企业雇佣规模的不断扩大，就业人数之间的差异在不断减少，从 1999 年的接近 2 倍到 2007 年二者之间相差的不到 10%，与前文研究的结论一致，劳动力的确有从内资企业向外商直接投资企业转移的趋势；（2）外商直接投资出口企业的工资水平一直高于内资出口企业，两者之间存在着显著的工资差异，但这种差异随着时间的推移在不断缩小，从 1999 年高出的比例超过 50%，到 2007 年的不到 30%。

表 8－28　　　　　　　**内外资出口企业的就业人数和平均工资的变化表**

年份	内资出口企业		外资出口企业	
	就业人数（人）	平均工资（元）	就业人数（人）	平均工资（元）
1999	614	9595.617	355	14691.4
2000	591	10733.9	379	16359.28
2001	559	11615.64	394	16263.51

续表

年份	内资出口企业		外资出口企业	
	就业人数（人）	平均工资（元）	就业人数（人）	平均工资（元）
2002	545	12854.74	422	17885.59
2003	537	13514.25	454	18182.13
2004	473	14843.96	472	20954.26
2005	491	16412.53	502	22871.53
2006	492	19026.02	507	26784.67
2007	491	24431.23	458	31391.23

资料来源：笔者根据中国工业企业数据库中的数据整理得到。

表 8-29 报告了使用传统的 OLS 方法对内外资出口企业间的工资差异进行估计的结果，模型（1）和模型（2）分别显示了在不加入任何控制变量以及加入地区、行业和时间等虚拟控制变量后，外商直接投资出口企业和内资出口企业之间工资差异的估计结果，模型（1）的结果约为 27%，模型（2）的结果约为 30%，外商直接投资出口企业与内资出口企业间存在着巨大的工资差异。但在加入了就业人数、利润、规模、生产率、资产负债比、新产品比重等控制变量后，模型（3）的结果显示二者之间的差异有小幅度缩小，大约为 22%。其他变量对工资水平的影响方向基本与预期一致：企业的技术水平、资本与劳动比、利润率、资产规模、新产品的比重等特征的值越大，企业的工资水平越高，而就业规模越大、资产负债率越高，工资水平越低。但由于不确定是否存在样本偏差问题的存在，因而也无法确定 OLS 的结果是否高估或低估，下一步将采用倾向得分匹配的方法对纠偏后的样本进行重新估计。

表 8-29　　　　　　　内外资出口企业间工资差异的 OLS 估计

变量	模型（1）	模型（2）	模型（3）
foreign	0.2706 *** (47.16)	0.2971 *** (54.55)	0.2190 *** (41.46)
people			-0.0063 *** (-16.19)
olp			0.0002 *** (10.21)
clr			0.0005 *** (49.13)

续表

变量	模型（1）	模型（2）	模型（3）
dr			−0.0010 *** （−11.21）
scal			0.0548 *** （21.73）
pcp			0.0011 *** （14.66）
npr			0.1777 *** （−30.86）
常数项	9.3909 *** （188.91）	9.2626 *** （133.62）	9.1896 *** （144.46）
地区	No	Yes	Yes
时间	No	Yes	Yes
行业	No	Yes	Yes
R^2	0.0434	0.2345	0.3621
样本数	48971	48971	48971

注：*、**、*** 分别表示在10%、5%和1%的水平上显著。括号内为相应的 T 值。
资料来源：笔者根据中国工业企业数据库中的数据整理得到。

（二）倾向得分匹配的估计结果

表8 - 30 报告了内外资企业是否存在出口的二值 Probit 模型的估计结果及变量的边际效应。第（1）列和第（2）列分别表示不包含地区、时间效应和行业等变量以及包含这些控制变量的估计结果，第（3）列和第（4）列分别表示各变量边际效应。Probit 模型的似然比检验卡方值（LR）分别达到了6079.54 和8395.41，均在1%的水平上显著，这说明模型构建所选择的变量均是判断内外资企业是否选择出口的重要变量。

表8 - 30　　　　　　　　　Probit 模型估计结果及边际效应

变量	Probit 结果		Probit 边际效应	
	（1）	（2）	（3）	（4）
people	0.0001 *** （11.71）	0.0002 *** （12.17）	0.0001 *** （11.72）	0.0001 *** （12.19）
olp	−0.0004 *** （−6.62）	−0.0003 *** （−4.11	−0.0001 *** （−6.62）	−0.0001 *** （−4.11）

续表

变量	Probit 结果		Probit 边际效应	
	(1)	(2)	(3)	(4)
clr	0.0011 *** (32.49)	0.0011 *** (32.01)	0.0004 *** (32.76)	0.0004 *** (32.27)
dr	−0.0145 *** (−57.36)	−0.0145 *** (−55.79)	−0.0051 *** (−57.88)	−0.0050 *** (−56.31)
scal	−0.0156 *** (−21.33)	−0.0142 *** (−18.88)	−0.0054 *** (−21.39)	0.0050 *** (−18.92)
pcp	−0.0015 *** (−6.92)	−0.0015 *** (−6.61)	−0.0005 *** (−6.92)	−0.0005 *** (−6.61)
npr	−0.0115 *** (−30.99)	−0.0106 *** (−27.9)	−0.0040 *** (−30.95)	−0.0037 *** (−27.87)
地区	No	Yes	No	Yes
时间	No	Yes	No	Yes
行业	No	Yes	No	Yes
_cons	1.1797 *** (66.9)	25.0046 *** (4.93)		
LR	6079.54	8395.41		
Pseudo R^2	0.0987	0.1362		
样本数	48971	48971		

注：* 、** 、*** 分别表示在10%、5%和1%的水平上显著。括号内为相应的 T 值。
资料来源：笔者根据中国工业企业数据库中的数据整理得到。

表中结果显示，从第（1）列到第（4）列各变量系数的符号均保持不变，显著性水平也基本保持一致，说明模型的稳健性较高。通过判断边际效应各变量的符号，发现与鲁等人和玛等人（Lu et al.，2010；Ma et al.，2013）的研究结论一致，外商直接投资出口企业的生产率水平要低于内资出口企业，存在着"生产率悖论"，这可能由于外商直接投资出口企业大多属于加工贸易产业，生产率水平相对较低。相较于内资出口企业，外商直接投资企业拥有更高的资本劳动比、更大的资产规模以及更低的资产负债，而较高的资本含量也是外商直接投资出口企业能够提供高工资的原因之一。外商直接投资出口企业在利润率和新产品创新方面的表现也比内资出口要差，有研究认为在华外商直接投资出口企业的主要目的是提高母公司的利润，并不太关注子公司在华的利润情况（齐俊妍、王岚，2015）。

根据 Probit 模型的估计结果，计算出处理组和对照组企业是否为外商直接投资企业的倾向得分，图 8 - 9 显示的是匹配前外商直接投资出口企业和内资出口企业的倾向得分核密度分布情况，外商直接投资出口企业的分布相对内资出口企业靠右，说明外商直接投资出口企业的倾向得分要高于内资出口企业。

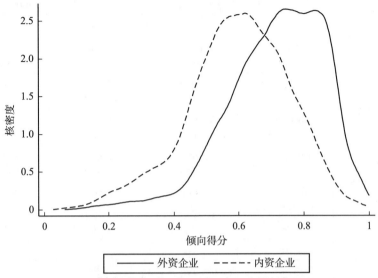

图 8－9　匹配前处理组和对照组的倾向得分核密度分布

资料来源：笔者根据中国工业企业数据库中的数据整理得到。

　　图 8－10 显示的是匹配后外商直接投资出口企业和内资出口企业的倾向得分核密度分布情况，可看到处理组和对照组的形状大体一致，且大部分重合在一起，说明匹配效果良好。

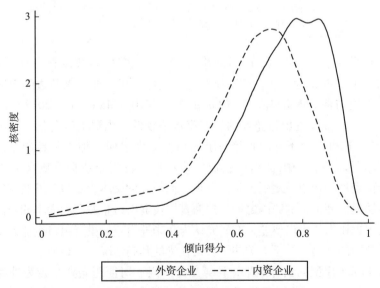

图 8－10　匹配后处理组和对照组的倾向得分核密度分布

资料来源：笔者根据中国工业企业数据库中的数据整理得到。

表 8-31 报告了根据倾向得分得到的纠偏后出口对内外资企业工资水平影响的平均处理效应（ATT），从表中可以看出，匹配前内资出口企业和内资非出口企业间工资差异的 T 值为 45.52，说明两者之间存在着非常显著的工资差异，外商直接投资出口企业平均比内资出口企业的工资水平高出约 26%。倾向性匹配后 T 值减小至 28.2，工资差异减少至 22% 左右。从全样本匹配后的结果来看工资差异的估计值与 OLS 的估计结果差异不大，说明样本不存在样本选择性偏差的问题，外商直接投资出口企业与内资出口企业间的异质性可以忽略，但还需对样本进行进一步的匹配平衡性检验，以判读该匹配结果是否可靠。

表 8-31 **全样本的平均处理效应（ATT）**

	处理组 lnw	对照组 lnw	差值	标准误	T 值
匹配前	9.6481	9.3880	0.2601	0.0057	45.52
ATT	9.6481	9.4200	0.2182	0.0088	28.2

资料来源：笔者根据中国工业企业数据库中的数据整理得到。

表 8-32 报告了各变量的匹配平衡检验结果，除了新产品比重这个变量外，匹配后各变量的标准偏差均小于 5%，说明模型的变量选择都比较合适。但有接近一半变量匹配后 T 值依然显著，说明有些解释变量在处理组和对照组匹配后依然还存在着比较明显的差异，匹配结果并不能完全满足平衡假设的需要，本书采用的方法依旧是对样本进行分年度处理，考察不同年度下的平均处理效应以及是否满足匹配平衡假设。

表 8-32 **全样本的匹配平衡检验结果**

变量	处理情况	处理组均值	对照组均值	标准偏差（%）	标准偏差减少（%）	T 值	T 检验概率值
people	匹配前	430.76	497.95	-9.4	66.9	-9.61	0
	匹配后	430.76	452.99	-3.1		-3.61	0
clr	匹配前	3.81	3.72	9	93.7	9.1	0
	匹配后	3.81	3.81	-0.6		-0.69	0.492
olp	匹配前	5.05	4.92	13.6	94.5	13.68	0
	匹配后	5.05	5.04	0.8		0.95	0.341
lnDA	匹配前	48.76	63.83	-61.2	94.1	-61.81	0
	匹配后	48.76	47.87	3.6		4.43	0

续表

变量	处理情况	处理组均值	对照组均值	标准偏差（%）	标准偏差减少（%）	T值	T检验概率值
asset	匹配前	73100.00	92103.00	-15.4	92.6	-16.65	0
	匹配后	73100.00	74510.00	-1.1		-1.69	0.091
pprofit	匹配前	11.84	8.94	9.6	99.6	9.2	0
	匹配后	11.84	11.82	0		0.04	0.965
new	匹配前	3.00	8.58	-33.1	82.3	-36.16	0
	匹配后	3.00	3.99	-5.9		-9.54	0

资料来源：笔者根据中国工业企业数据库中的数据整理得到。

我们对分年度匹配后的特征变量是否满足平衡假设进行了检验，检验结果表明，分年度各变量匹配后的标准差和T值均满足匹配平衡假设的条件（限于篇幅的原因，将匹配平衡的检验结果列于附录中），说明所构建的模型和使用的匹配方法更适用于分年度样本。表8-33报告了出口对内外资企业工资差异影响的逐年平均处理效应，匹配后外商直接投资出口企业和内资出口企业间的工资差异总体呈现出逐渐缩小的趋势，1999年差距达到最高接近30%，且T值非常显著，但此后者间的工资差异逐渐缩小，考察期的后期两种类型企业间的工资差异已降低至20%以下。

表8-33　　　　　　　　　　分年度的平均处理效应（ATT）

年份		处理组 lnw	对照组 lnw	差值	标准误	T值
1999	匹配前	9.3856	9.0272	0.3584	0.0180	19.9
	ATT	9.3856	9.0895	0.2961	0.0282	10.5
2000	匹配前	9.4732	9.1512	0.3220	0.0178	18.11
	ATT	9.4732	9.2398	0.2334	0.0263	8.88
2001	匹配前	9.4861	9.2135	0.2726	0.0172	15.87
	ATT	9.4861	9.2780	0.2081	0.0268	7.75
2002	匹配前	9.5336	9.3010	0.2326	0.0171	13.63
	ATT	9.5336	9.3200	0.2137	0.0283	7.82
2003	匹配前	9.5903	9.3802	0.2101	0.0165	12.74
	ATT	9.5903	9.4009	0.1894	0.0267	7.08

续表

年份		处理组 lnw	对照组 lnw	差值	标准误	T 值
2004	匹配前	9.6925	9.4235	0.2690	0.0139	19.3
	ATT	9.6925	9.4939	0.1987	0.0205	13.09
2005	匹配前	9.7729	9.6052	0.1676	0.0142	18.8
	ATT	9.7729	9.5803	0.1926	0.0208	14.05
2006	匹配前	9.9078	9.7320	0.1759	0.0145	19.04
	ATT	9.9078	9.7372	0.1707	0.0235	11.5
2007	匹配前	10.0131	9.8344	0.1787	0.0156	11.45
	ATT	10.0131	9.8185	0.1947	0.0253	7.69

资料来源：笔者根据中国工业企业数据库中的数据整理得到。

　　通过前文的分析可以发现，外商直接投资出口企业的技术水平及利润水平都低于内资出口企业，但在剔除企业异质性的影响后，外商直接投资出口企业的工资水平依然远远高于内资出口企业，Probit 模型的边际效应估计结果显示，外商直接投资出口企业的资本投入规模远高于内资出口企业，较高的资本劳动比是推高企业的工资水平的主要原因（Lawrence，1985）。但分年度的内外资出口企业的平均处理效应显示，内外资出口企业之间的工资差异在逐年缩小，这一方面是由于我国内资企业在全球价值链中单纯加工贴牌生产的角色在逐渐改变，产业结构的不断升级和产业环境的优化，内资出口企业在价值链中扮演的角色也在不断升级，技术水平的提升促进了工资水平的增长；另一方面，在我国劳动力市场竞争日益加剧的情况下，内资出口企业不得不提升其工资水平与外商直接投资出口企业争夺人才，这两方面的原因导致两种类型企业间工资差异的不断缩小。

　　综上所述，反事实匹配后，外商直接投资出口企业的工资水平依旧明显高于内资出口企业。使用传统的 OLS 方法对内外资出口企业间的工资差异进行估计的结果发现，在控制了其他解释变量后，外商直接投资出口企业的工资水平比内资出口企业高出约 22%，两者之间存在巨大的工资差距。纠偏后出口对内外企业工资水平影响的平均处理效应结果显示，外商直接投资出口企业平均比内资出口企业的工资水平高出约 22%。从全样本匹配后的结果看，工资差异的估计值与 OLS 方法的估计结果差异不大，说明样本不存在样本选择性偏差的问题。出口对内外资企业工资差异影响的逐年平均处理效应显示，匹配后外商直接投资出口企业和内资出口企业间的工资差异总体呈现出逐渐缩小的趋势。也就是说相较于内资出口企业，外商直接投资出口企业的确存在着明显的"工资红利"，但这种优势在逐渐弱化。

二、基于上市公司数据的倾向得分匹配的估计

（一）典型事实分析和基准回归结果

表 8-34 报告了基于 2010~2020 年上市公司数据的处理组（外资出口企业）和对照组（内资出口企业）的平均就业人数和平均工资的变化情况。从表中的数据可以看出：内资出口企业的工资水平和雇佣规模一直高于外资出口企业，内资出口企业和外资出口企业的就业人数都呈现逐渐上升的趋势，在 2020 年都达到最大值。

表 8-34　　　　　　　内外资出口企业的就业人数和平均工资的变化表

年份	内资出口企业		外资出口企业	
	平均工资（元）	平均就业人数（人）	平均工资（元）	平均就业人数（人）
2010	16980.89	7466	11859.18	2506
2011	16968.85	8075	11654.60	2606
2012	15837.76	8406	12800.24	2630
2013	15735.47	8612	15363.91	3058
2014	16838.76	8729	16557.53	3150
2015	19080.84	8636	17270.60	3348
2016	21130.23	9084	19686.57	3689
2017	23786.97	9461	21469.53	4031
2018	24877.80	10087	22885.57	4287
2019	26539.96	10431	25078.91	4445
2020	28239.10	11046	27102.35	4781
平均	21002.08	9094	19439.09	3503

资料来源：笔者根据 2010~2020 年的 CSMAR 数据库和 WIND 数据库整理得到。

表 8-35 报告了使用传统的 OLS 对内外资出口企业间的工资差异进行估计的结果，模型（1）和模型（2）分别显示了在不加入任何控制变量以及加入地区、行业和时间等虚拟控制变量后，外资出口企业和内资出口企业之间工资差异的估计结果，模型（1）的结果为 -1.39% 并在 1% 的显著性水平上通过检验，这表明外资出口企业与内资出口企业间存在着明显的工资差异。模型（2）的结果为 -1.62% 但不显著。在加入了资本密集度、全要素生产率、现金流量、企业年

限、托宾 Q 值、企业规模、总资产净利润、资产负债率以及就业人数等控制变量后，模型（3）的结果为 - 5.44%。其他变量对工资水平的影响方向基本与预期一致：企业的全要素生产率、现金流量、企业年限、企业规模和总资产净利润与企业的工资水平成正比，而企业的资本密集度、托宾 Q 值、资产负债率以及就业人数与企业的工资水平成反比。同样，由于不确定是否存在样本偏差问题，因而也无法确定 OLS 的结果是否高估或低估，下一步将采用倾向得分匹配的方法对纠偏后的样本进行重新测算。

表 8 – 35　　　　　　　　　内外资出口企业间工资差异的 OLS 估计

变量	模型（1）	模型（2）	模型（3）
FCC	- 0.0139 *** (0.019)	- 0.0162 (0.018)	- 0.0544 *** (0.019)
CI			- 0.0499 *** (0.012)
TFP			0.2608 *** (0.018)
Cashflow			1.4022 *** (0.128)
FirmAge			0.0562 ** (0.026)
TobinQ			- 0.0132 * (0.007)
Size			0.3227 *** (0.020)
ROA			0.4742 *** (0.134)
DR			- 0.1732 *** (0.054)
People			- 0.3675 *** (0.015)
常数项	9.4272 *** (0.014)	9.9892 *** (0.154)	3.7920 *** (0.306)
地区	No	Yes	Yes
时间	No	Yes	Yes

续表

变量	模型（1）	模型（2）	模型（3）
行业	No	Yes	Yes
R^2	0.205	0.202	0.315
样本数	10089	10089	10078

注：*、**、*** 分别表示在 10%、5% 和 1% 的水平上显著。括号内为相应的标准误。

资料来源：根据 2010～2020 年的 CSMAR 数据库和 WIND 数据库整理得到。

（二）倾向得分匹配的估计结果

表 8 - 36 报告了内外资企业是否出口的二值 Probit 模型的估计结果及变量的边际效应。第（1）列和第（2）列分别表示不包含地区、时间效应和行业等变量以及包含这些控制变量的估计结果，第（3）列和第（4）列分别表示其边际效应。Probit 模型的似然比检验卡方值（LR）分别达到了 1648.05 和 3503.67，均在 1% 的水平上显著，这说明模型构建所选择的变量均是判断内外资企业是否选择出口的重要变量。从第（1）列到第（4）列各变量系数的符号均保持不变，显著性水平也基本保持一致，说明模型的稳健性较高。通过判断边际效应各变量的符号，可以发现，内资出口企业有着更高的资本密集度、全要素生产率、企业年限、托宾 Q 值、资产负债率以及就业人数，而外资出口企业有着更高的现金流量、企业规模、总资产净利润。

表 8 - 36　　　　　　　　　　Probit 模型估计结果及边际效应

变量	Probit 结果		Probit 边际效应	
	（1）	（2）	（3）	（4）
CI	- 0.1098 *** (0.017)	- 0.1104 *** (0.023)	- 0.038 *** (0.006)	- 0.032 *** (0.006)
TFP	- 0.2625 *** (0.027)	- 0.2551 *** (0.034)	- 0.090 *** (0.009)	- 0.073 *** (0.010)
Cashflow	0.6857 *** (0.218)	0.1278 (0.243)	0.235 *** (0.074)	0.037 *** (0.070)
FirmAge	- 0.5346 *** (0.039)	- 0.9943 *** (0.051)	- 0.183 *** (0.013)	- 0.285 *** (0.014)
TobinQ	- 0.0781 *** (0.012)	- 0.1210 *** (0.014)	- 0.027 *** (0.004)	- 0.035 *** (0.004)

续表

变量	Probit 结果		Probit 边际效应	
	（1）	（2）	（3）	（4）
size	0.1152 *** （0.030）	0.0542 （0.038）	0.039 *** （0.010）	0.016 *** （0.011）
ROA	0.2968 （0.222）	1.0005 *** （0.248）	0.102 （0.076）	0.287 *** （0.071）
DR	－ 1.0832 *** （0.088）	－ 1.0527 *** （0.101）	－ 0.371 *** （0.029）	－ 0.301 （0.028）
People	－ 0.2349 *** （0.023）	－ 0.2049 *** （0.029）	－ 0.080 *** （0.008）	－ 0.059 *** （0.008）
地区	No	Yes	No	Yes
时间	No	Yes	No	Yes
行业	No	Yes	No	Yes
常数项	4.8059 *** （0.367）	5.6981 *** （0.531）		
LR	1648.05	3503.67		
Pseudo R^2	0.1200	0.2576		
样本数	10078	9978	10078	9978

注：*、**、*** 分别表示在 10%、5% 和 1% 的水平上显著。括号内为相应的标准误。
资料来源：笔者根据 2010～2020 年的 CSMAR 数据库和 WIND 数据库整理得到。

根据 Probit 模型的估计结果，计算出处理组和对照组企业是否为外商直接投资企业的倾向得分，图 8 - 11 显示的是匹配前外资出口企业和内资出口企业的倾向得分核密度分布情况，外资出口企业的分布相对内资出口企业靠右，说明外资出口企业的倾向得分要高于内资出口企业。图 8 - 12 显示的是匹配后外资出口企业和内资出口企业的倾向得分核密度分布情况，可看到处理组和对照组的形状大体一致，外商直接投资企业的密度大于内资企业，图形大部分重合在一起，说明匹配效果良好。

表 8 - 37 报告了根据倾向得分得到的纠偏后出口对内外资企业工资水平影响的平均处理效应（ATT），从表中可以看出，匹配前外资出口企业和内资出口企业间工资差异的 T 值为 - 7.21，说明外资出口和内资出口企业之间存在显著的工资差异，外资出口企业平均工资水平比内资出口企业的平均工资水平约低 16.78%，倾向性匹配后 T 值为 - 5.85，工资差异减少至 1.58% 左右。从全样本

匹配后的结果来看工资差异的估计值与 OLS 的估计结果差异不大，说明样本不存在样本选择性偏差的问题，出口企业与非出口企业间的异质性可以忽略。

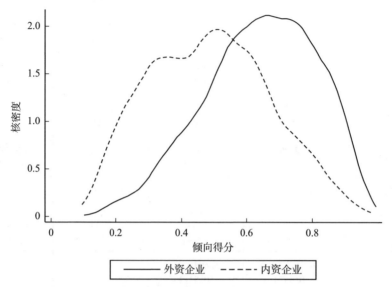

图 8 – 11　匹配前处理组和对照组的倾向得分核密度分布

资料来源：作者根据 2010～2020 年的 CSMAR 数据库和 WIND 数据库整理得到。

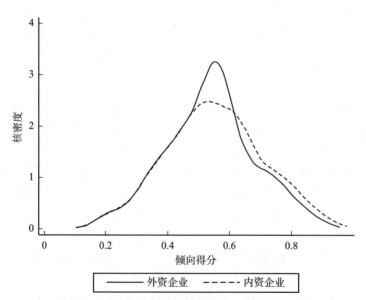

图 8 – 12　匹配后处理组和对照组的倾向得分核密度分布

资料来源：作者根据 2010～2020 年的 CSMAR 数据库和 WIND 数据库整理得到。

表 8 – 37　　　　　　　　　　　**全样本的平均处理效应（ATT）**

	处理组 lnw	对照组 lnw	差值	T 值
匹配前	9.3631	9.5309	– 0.1678	– 7.2100
ATT	9.4253	9.4411	– 0.0158	– 5.8500

资料来源：笔者根据 2010 ~ 2020 年的 CSMAR 数据库和 WIND 数据库整理得到。

表 8 – 38 报告了各变量的匹配平衡检验结果，匹配后各变量的标准偏差均小于 10%，说明模型的变量选择都比较合适。但有部分变量匹配后 T 值依然显著，说明这些解释变量在处理组和对照组匹配后依然还存在着比较明显差异，下面采用的方法依旧是对样本进行分年度处理，考察不同年度下的平均处理效应。

表 8 – 38　　　　　　　　　　　**全样本的匹配平衡检验结果**

变量	处理情况	处理组均值	对照组均值	标准偏差（%）	标准偏差减少（%）	T 值	T 检验概率值
CI	匹配前	12.434	12.623	– 19.7	89.100	– 9.780	0.000
	匹配后	12.564	12.543	2.1		0.890	0.373
TFP	匹配前	6.937	7.447	– 60.8	90.700	– 30.650	0.000
	匹配后	7.235	7.188	5.6		2.450	0.015
Cashflow	匹配前	0.044	0.043	0.4	– 161.600	0.220	0.824
	匹配后	0.045	0.046	– 1.2		– 0.480	0.635
FirmAge	匹配前	2.742	2.901	– 44.4	95.400	– 21.730	0.000
	匹配后	2.872	2.865	2		2.68	0.007
TobinQ	匹配前	1.942	1.893	4.2	91.600	2.090	0.037
	匹配后	1.949	1.953	– 0.3		0.920	0.359
size	匹配前	21.788	22.527	– 62.0	89.600	– 31.410	0.000
	匹配后	22.216	22.139	6.4		2.870	0.004
ROA	匹配前	0.046	0.036	14.5	84.200	7.100	0.000
	匹配后	0.038	0.039	– 2.3		– 0.890	0.371
DR	匹配前	0.359	0.484	– 64.3	88.400	– 32.160	0.000
	匹配后	0.446	0.431	7.5		3.180	0.001
People	匹配前	7.494	8.132	– 55.7	90.600	– 28.030	0.000
	匹配后	7.892	7.832	5.3		2.270	0.023

资料来源：笔者根据 2010 ~ 2020 年的 CSMAR 数据库和 WIND 数据库整理得到。

表8-39 报告了出口对内外资企业工资差异影响的逐年平均处理效应，匹配后外资出口企业和内资出口企业间的工资差异呈现波动形式，2012年的差异值最大，内资出口企业的工资水平高于外资出口企业的工资水平的12.44%，2014年的差异值最小，内资出口企业的工资水平高于外资出口企业的1.03%。匹配后的T值整体显著性水平都很高，但后期的显著性降低，这表明在考察期末外资出口企业和内资出口企业间的工资差距已不再明显。

表8-39 全样本的匹配平衡检验结果

年份		处理组 lnw	对照组 lnw	差值	T 值
2010	匹配前	8.8870	9.1079	-0.2209	-3.32
	ATT	8.9766	8.9858	-0.0092	-2.1
2011	匹配前	8.8954	9.1106	-0.2152	-3.71
	ATT	9.0425	9.0591	-0.0167	-3.22
2012	匹配前	8.9452	9.0778	-0.1326	-2.53
	ATT	8.9334	9.0578	-0.1244	-2.74
2013	匹配前	9.1065	9.1905	-0.0840	-1.64
	ATT	9.1404	9.1566	-0.0162	-4.24
2014	匹配前	9.2048	9.2579	-0.0532	-1.15
	ATT	9.2141	9.2244	-0.0103	-3.17
2015	匹配前	9.3127	9.3442	-0.0315	-0.73
	ATT	9.2745	9.3321	-0.0576	-2.01
2016	匹配前	9.4733	9.5410	-0.0677	-1.71
	ATT	9.4880	9.5179	-0.0300	-5.59
2017	匹配前	9.5631	9.6565	-0.0934	-2.64
	ATT	9.5673	9.6141	-0.0467	-5.03
2018	匹配前	9.6514	9.7378	-0.0864	-2.45
	ATT	9.6659	9.6870	-0.0211	-0.47
2019	匹配前	9.7823	9.8487	-0.0663	-1.91
	ATT	9.7964	9.8172	-0.0209	-0.46
2020	匹配前	9.8994	9.9401	-0.0407	-1.16
	ATT	9.8602	9.9517	-0.0914	-1.01

资料来源：根据2010~2020年的 CSMAR 数据库和 WIND 数据库整理得到。

表8-40为倾向性匹配之后的 OLS 估计结果，由表的结果可以发现，匹配之后的内资出口企业的平均工资水平依旧显著高于外资出口企业的平均工资水平，在加入资本密集度、全要素生产率、现金流量、企业年限、托宾 Q 值、企业规模、总资产净利润、资产负债率以及就业人数等控制变量以及地区、时间和行业的固定效应之后核心解释变量依旧显著，内资出口企业的平均工资水平高于外资出口企业的3.88%。这表明消除了样本选择性偏差之后内资企业间的工资差距依旧显著存在。

表 8 - 40　　　　　　　　　匹配后的 OLS 估计结果

变量	模型（1）	模型（2）	模型（3）
FCC	-0.1678 *** (7.209)	-0.1557 *** (7.701)	-0.0388 * (1.789)
CI		-0.1496 *** (-11.124)	-0.0805 *** (-5.020)
TFP		0.2366 *** (11.503)	0.2556 *** (11.353)
Cashflow		1.8541 *** (11.109)	1.4433 *** (8.820)
FirmAge		0.2781 *** (8.635)	0.0337 (0.934)
TobinQ		0.0190 ** (1.985)	0.0050 (0.520)
size		0.4983 *** (21.598)	0.3407 *** (13.068)
ROA		0.0513 (0.307)	0.5036 *** (3.039)
DR		-0.3661 *** (-5.486)	-0.1706 ** (-2.512)
People		-0.4877 *** (-26.967)	-0.3780 *** (-18.803)
常数项	9.3631 *** (569.010)	1.5636 *** (5.405)	4.0783 *** (9.951)
地区	No	Yes	Yes
时间	No	Yes	Yes

续表

变量	模型（1）	模型（2）	模型（3）
行业	No	Yes	Yes
R^2	0.0080	0.2539	0.3343
样本数	6412	6412	6412

注：*、**、*** 分别表示在 10%、5% 和 1% 的水平上显著。括号内为相应的 T 值。
资料来源：根据 2010~2020 年的 CSMAR 数据库和 WIND 数据库整理得到。

综上所述，反事实匹配后，内资出口企业的工资水平依旧明显高于外资出口企业。使用传统的 OLS 对内外资出口企业间的工资差异进行估计的结果发现，在控制了其他解释变量后，内资出口企业的工资水平比外资出口企业高出约 5.44%，两者之间存在显著的工资差距。纠偏后出口对内外资企业工资水平影响的平均处理效应结果显示，内资出口企业的平均工资水平比外资出口企业的平均工资水平高出约 1.58%。出口对内外资企业工资差异影响的逐年平均处理效应显示，匹配后内资出口企业和外资出口企业间的工资差异呈现波动，回归结果表明内资出口企业的工资水平依旧显著高于外资出口企业，这与前文得到的结论保持一致。

本章附录

附表 1　　外资出口企业与外资非出口企业 2000 年匹配平衡检验结果

变量	处理情况	处理组均值	对照组均值	标准偏差（%）	标准偏差减少（%）	T 值	T 检验概率值
people	匹配前	367.08	215.35	42.7	83.8	14.96	367.08
	匹配后	367.08	391.59	-6.9		-1.95	367.08
olp	匹配前	56.65	115.19	-16.6	90.7	-6.40	56.65
	匹配后	56.65	62.09	-1.5		-2.42	56.65
clr	匹配前	216.04	506.48	-58.9	95.3	-22.16	216.04
	匹配后	216.04	229.82	-2.8		-1.83	216.04
dr	匹配前	51.18	51.34	-0.7	-10.4	-0.23	51.18
	匹配后	51.18	53.21	-8		-3.03	51.18
scal	匹配前	10.26	10.65	-35.3	96.8	-12.80	10.26
	匹配后	10.26	10.25	1.1		0.41	10.26

续表

变量	处理情况	处理组均值	对照组均值	标准偏差 （%）	标准偏差 减少（%）	T 值	T 检验 概率值
pcp	匹配前	9.96	20.50	-22.3	92.3	-8.39	9.96
	匹配后	9.96	9.15	1.7		1.05	9.96
npr	匹配前	2.13	3.59	-10.6	80.2	-3.87	2.13
	匹配后	2.13	2.42	-2.1		-0.97	2.13

资料来源：笔者根据中国工业企业数据库中的数据整理得到。

附表 2　外资出口企业与外资非出口企业 2004 年匹配平衡检验结果

变量	处理情况	处理组均值	对照组均值	标准偏差 （%）	标准偏差 减少（%）	T 值	T 检验 概率值
people	匹配前	464.94	238.59	52	82.1	17.65	0.00
	匹配后	464.94	505.57	-9.3		-2.66	0.01
olp	匹配前	73.33	157.13	-44.6	88.6	-16.96	0.00
	匹配后	73.33	82.89	-5.1		-3.59	0.00
clr	匹配前	245.58	604.58	-61.6	92.7	-23.42	0.00
	匹配后	245.58	271.70	-4.5		-2.90	0.00
dr	匹配前	49.58	51.76	-7.6	74.8	-2.68	0.01
	匹配后	49.58	50.13	-1.9		-0.78	0.43
scal	匹配前	10.60	10.97	-32.9	81.6	-11.76	0.00
	匹配后	10.60	10.67	-6		-2.18	0.03
pcp	匹配前	11.31	26.60	-26.4	89	-10.02	0.00
	匹配后	11.31	13.00	-2.9		-1.78	0.07
npr	匹配前	2.62	4.00	-10.8	72.9	-3.95	0.00
	匹配后	2.62	3.00	-2.9		-1.30	0.19

资料来源：笔者根据中国工业企业数据库中的数据整理得到。

附表 3　外资出口企业与外资非出口企业 2007 年匹配平衡检验结果

变量	处理情况	处理组均值	对照组均值	标准偏差 （%）	标准偏差 减少（%）	T 值	T 检验 概率值
people	匹配前	431.77	250.64	42.3	89.3	14.82	0.00
	匹配后	431.77	451.08	-4.5		-1.30	0.20

变量	处理情况	处理组均值	对照组均值	标准偏差（%）	标准偏差减少（%）	T 值	T 检验概率值
olp	匹配前	100.24	204.15	-36.9	85	-13.48	0.00
	匹配后	100.24	115.79	-5.5		-3.25	0.00
clr	匹配前	313.89	663.12	-50.2	92.7	-18.33	0.00
	匹配后	313.89	339.55	-3.7		-2.13	0.03
dr	匹配前	48.31	52.39	-13.5	47.6	-4.82	0.00
	匹配后	48.31	46.17	7.1		2.75	0.01
scal	匹配前	10.76	11.04	-23	98.5	-8.22	0.00
	匹配后	10.76	10.77	-0.3		-0.12	0.91
pcp	匹配前	11.83	33.10	-25.2	86.7	-9.24	0.00
	匹配后	11.83	14.66	-3.4		-2.15	0.03
npr	匹配前	3.90	4.04	-0.9	-801.7	-0.31	0.76
	匹配后	3.90	5.13	-7.9		-2.76	0.01

资料来源：笔者根据中国工业企业数据库中的数据整理得到。

附表 4   内资出口企业与内资非出口企业 1999 年匹配平衡检验结果

变量	处理情况	处理组均值	对照组均值	标准偏差（%）	标准偏差减少（%）	T 值	T 检验概率值
people	匹配前	479.96	292.81	41.40	98.3	16.34	0.00
	匹配后	479.96	476.70	0.70		0.17	0.87
olp	匹配前	34.04	41.07	-13.60	80.2	-4.52	0.00
	匹配后	34.04	35.43	-2.70		-0.73	0.47
clr	匹配前	125.53	161.20	-23.30	100	-7.36	0.00
	匹配后	125.53	125.52	0.00		0.00	1.00
dr	匹配前	4.11	3.98	23.40	96.3	7.59	0.00
	匹配后	4.11	4.10	0.90		0.27	0.79
scal	匹配前	61931.00	40698.00	26.00	89	10.15	0.00
	匹配后	61931.00	59587.00	2.90		0.68	0.50
pcp	匹配前	4.02	6.81	-16.40	92.9	-5.03	0.00
	匹配后	4.02	3.82	1.20		0.45	0.65

续表

变量	处理情况	处理组均值	对照组均值	标准偏差 （%）	标准偏差 减少（%）	T 值	T 检验 概率值
npr	匹配前	6.80	2.85	25.00	85.2	9.51	0.00
	匹配后	6.80	7.39	−3.70		−0.83	0.41

资料来源：笔者根据中国工业企业数据库中的数据整理得到。

附表 5　内资出口企业与内资非出口企业 2004 年匹配平衡检验结果

变量	处理情况	处理组均值	对照组均值	标准偏差 （%）	标准偏差 减少（%）	T 值	T 检验 概率值
people	匹配前	388.00	259.35	35.50	86.20	14.77	0.00
	匹配后	388.00	405.76	−4.90		−1.33	0.18
olp	匹配前	79.39	79.70	−0.30	−1901.1	−0.12	0.91
	匹配后	79.39	85.76	−5.90		−1.76	0.08
clr	匹配前	226.17	265.97	−16.30	79.80	−6.15	0.00
	匹配后	226.17	218.14	3.30		1.19	0.23
dr	匹配前	4.08	4.00	12.30	63.20	4.69	0.00
	匹配后	4.08	4.10	−4.50		−1.60	0.11
scal	匹配前	80773.00	59677.00	20.70	91.70	8.53	0.00
	匹配后	80773.00	79029.00	1.70		0.50	0.62
pcp	匹配前	8.98	9.65	−2.60	−4.30	−0.97	0.33
	匹配后	8.98	9.68	−2.80		−0.93	0.35
npr	匹配前	7.69	2.54	35.60	74.30	15.24	0.00
	匹配后	7.69	6.37	9.10		2.44	0.02

资料来源：笔者根据中国工业企业数据库中的数据整理得到。

附表 6　内资出口企业与内资非出口企业 2007 年匹配平衡检验结果

变量	处理情况	处理组均值	对照组均值	标准偏差 （%）	标准偏差 减少（%）	T 值	T 检验 概率值
people	匹配前	377.69	221.39	47.40	80.10	18.09	0
	匹配后	377.69	408.86	−9.50		−1.97	0.049
olp	匹配前	100.46	141.12	−19.30	88.90	−5.69	0
	匹配后	100.46	95.97	2.10		0.91	0.361

续表

变量	处理情况	处理组均值	对照组均值	标准偏差（%）	标准偏差减少（%）	T 值	T 检验概率值
clr	匹配前	309.31	341.82	-10.80	71.10	-3.61	0
	匹配后	309.31	299.92	3.10		0.90	0.371
dr	匹配前	4.08	3.95	21.10	73.20	6.53	0
	匹配后	4.08	4.12	-5.70		-1.73	0.084
scal	匹配前	110000.0	65379.00	36.00	-90.10	0.00	2.15
	匹配后	110000.0	110000.00	-3.60		-0.79	0.432
pcp	匹配前	11.48	18.32	-15.30	84.10	-4.61	0
	匹配后	11.48	10.39	2.40		0.92	0.358
npr	匹配前	10.97	2.53	46.40	77.30	19.04	0
	匹配后	10.97	9.05	10.50		2.20	0.028

资料来源：笔者根据中国工业企业数据库中的数据整理得到。

附表 7　　外资出口企业与内资出口企业 1999 年匹配平衡检验结果

变量	处理情况	处理组均值	对照组均值	标准偏差（%）	标准偏差减少（%）	T 值	T 检验概率值
people	匹配前	351.07	584.35	-33.30	96.70	-11.84	0.00
	匹配后	351.07	343.30	1.10		0.61	0.54
olp	匹配前	3.51	3.15	37.20	91.40	11.82	0.00
	匹配后	3.51	3.54	-3.20		-1.26	0.21
clr	匹配前	4.90	4.50	41.80	81.30	13.12	0.00
	匹配后	4.90	4.83	7.80		3.25	0.00
dr	匹配前	51.21	65.23	-60.20	88.70	-19.33	0.00
	匹配后	51.21	49.61	6.80		2.73	0.01
scal	匹配前	51754.00	74569.00	-21.60	91.50	-7.80	0.00
	匹配后	51754.00	49821.00	1.80		1.01	0.31
pcp	匹配前	8.21	4.05	17.10	89.90	4.95	0.00
	匹配后	8.21	8.63	-1.70		-0.65	0.52
npr	匹配前	2.59	6.86	-26.90	88.90	-9.29	0.00
	匹配后	2.59	3.06	-3.00		-1.53	0.13

资料来源：笔者根据中国工业企业数据库中的数据整理得到。

附表 8　　　　外资出口企业与内资出口企业 2004 年匹配平衡检验结果

变量	处理情况	处理组均值	对照组均值	标准偏差（%）	标准偏差减少（%）	T 值	T 检验概率值
people	匹配前	467.81	453.74	1.90	−117.80	0.70	0.49
	匹配后	467.81	498.46	−4.10		−1.47	0.14
olp	匹配前	3.91	3.93	−2.10	−132.30	−0.79	0.43
	匹配后	3.91	3.87	5.00		2.15	0.03
clr	匹配前	5.09	5.04	5.30	55.90	1.95	0.05
	匹配后	5.09	5.07	2.30		1.02	0.31
dr	匹配前	48.67	64.07	−60.60	96.00	−22.49	0.00
	匹配后	48.67	48.05	2.40		1.04	0.30
scal	匹配前	80357.00	92008.00	−9.20	83.70	−3.57	0.00
	匹配后	80357.00	78461.00	1.50		0.75	0.45
pcp	匹配前	12.53	9.55	10.10	80.90	3.54	0.00
	匹配后	12.53	11.96	1.90		0.77	0.44
npr	匹配前	3.03	7.74	−32.00	74.70	−12.59	0.00
	匹配后	3.03	4.22	−8.10		−4.45	0.00

资料来源：笔者根据中国工业企业数据库中的数据整理得到。

附表 9　　　　外资出口企业与内资出口企业 2007 年匹配平衡检验结果

变量	处理情况	处理组均值	对照组均值	标准偏差（%）	标准偏差减少（%）	T 值	T 检验概率值
people	匹配前	429.53	418.14	1.90	−205.30	0.57	0.57
	匹配后	429.53	464.28	−5.80		−2.02	0.04
olp	匹配前	4.16	4.25	−9.60	54.70	−3.01	0.00
	匹配后	4.16	4.20	−4.30		−1.75	0.08
clr	匹配前	5.28	5.37	−9.10	74.60	−2.88	0.00
	匹配后	5.28	5.26	2.30		0.93	0.35
dr	匹配前	47.85	63.52	−61.60	97.30	−19.30	0.00
	匹配后	47.85	47.43	1.70		0.66	0.51
scal	匹配前	93264.00	120000.00	−20.60	87.70	−7.03	0.00
	匹配后	93264.00	97055.00	−2.50		−1.19	0.23

续表

变量	处理情况	处理组均值	对照组均值	标准偏差（%）	标准偏差减少（%）	T 值	T 检验概率值
pcp	匹配前	12.02	13.22	−3.40	90.70	−1.05	0.29
	匹配后	12.02	12.13	−0.30		−0.13	0.89
npr	匹配前	4.10	11.48	−37.40	92.70	−12.83	0.00
	匹配后	4.10	4.63	−2.70		−1.43	0.15

资料来源：笔者根据中国工业企业数据库中的数据整理得到。

第九章　本书的主要研究结论和政策建议

比之开放程度较低的小国，对于开放经济体尤其是像中国这种全球第一贸易大国而言，缩小收入差距、实现共同富裕的愿望更为迫切，任务也更为艰巨，对于学界而言，深入厘清相关问题、积极为国家建言献策也是一项重大的学术任务。随着中国开放的大门越开越大，外资会源源不断地涌入，充分利用外资在技术方面的优势，从微观市场主体层面缩小收入差距，将会从源头上防止收入差距扩大，对于构建实现共同富裕的制度，稳步推进并扎实巩固共同富裕的成果而言，大大节省了人力、财力和物力，有助于营造出利于实现共同富裕的经济、社会大环境。改革开放以来，中国一直在实行"以市场换技术"的战略，这在当时是与国家发展和人民需要所适应的，而外资也的确增加了就业岗位，有助于解决最大的民生问题。随着引进外资步伐加快、规模扩大、领域增多、合作层次变深，关于引进外资的标准也实现了从"量"到"质"的变化，以之为出发点，本书主要研究了外资的流入对我国工资差距的影响机制：第一，构建了一个包含内资企业和外资企业的两部门模型，将劳动力转移效应和技术溢出效应纳入同一框架，通过测度泰尔指数的变化，测算外资的流入对东道国企业间工资差距的影响变化；第二，利用中国工业企业数据库和上市公司数据，测算了外资流入对我国企业间工资差距的影响程度及其变化过程，然后对内外资企业间的工资差距进行了细致分解；第三，估算了外资影响工资差距的两种渠道——技术溢出效应和劳动力转移效应——对工资差距的影响，目的是对理论模型的推导进行现实检验；第四，进一步基于不同来源地和不同溢出方式等异质性外商直接投资的技术溢出效应对我国内外资企业间工资差距的贡献度；第五，从出口的角度，考察企业的异质性对工资差异的影响。

第一节　主要研究结论

本书的主要研究结论包括以下几个方面。

第一，理论分析显示，外资部门进入东道国后通过劳动力转移效应和技术溢出效应导致东道国内外资部门间产生一定的工资差距。数理推导的结果表明，劳动力转移效应引起的内外资部门间工资差距呈先扩大后缩小的倒"U"型变化特点，而技术溢出效应的增加会缩小两部门间的工资差距。就劳动力转移效应和技术溢出效应在时间维度上的分布关系而言存在两种情况。第一种情况是技术溢出效应出现在劳动力转移效应达到拐点之前。由此，技术溢出效应可以导致劳动力转移效应引起的收入差距扩大的速度下降，并使其最大值降低，且提前出现。第二种情况是技术溢出效应出现在劳动力转移效应达到拐点之后。此时，技术溢出效应不会对倒"U"型曲线的前半段和顶点产生影响，但会加快劳动力转移效应引起的两部门间工资差距下降的速度，即增大倒"U"型曲线后半段的坡度。归纳起来，外资部门对东道国部门间工资差距的综合影响是：由其引起的内外资部门间的工资差距整体上呈现出先扩大后缩小的倒"U"型变化过程，其对东道国企业间工资差距的贡献也是一个先扩大后缩小的倒"U"型过程。

第二，基于中国工业企业数据库的测算结果表明，1999年以后外资进入引起的我国内外资部门间的工资差距一直在下降。测算结果表明劳动力转移效应引起的我国内外资企业间工资差距从扩大到缩小的转折点发生在2004年，这意味着外资部门的技术溢出效应出现在2004年以前。换句话说，外资部门进入我国后，对内外资部门间工资差距产生影响的劳动力转移效应与技术溢出效应之间的关系属于前文分析的第一种情况，即在劳动力转移扩大收入差距的效应尚未达到倒"U"型曲线顶点之前，技术溢出缩小收入差距的效应已经开始发挥作用。1999～2007年我国内外资企业间的工资比总体呈现下降的趋势。平均工资比能在很大程度上反映出外资企业与内资企业在技术管理等方面的差距，该比值的下降表明外资企业与内资企业之间的技术差距在不断缩小，而这也能充分说明作为技术差距水平缩小的主要原因之一的技术溢出效应的确已经在发挥着作用。基于2000～2020年上市公司的数据研究表明，2000～2005年内外资企业间存在着非常显著的工资差异，外商直接投资部门的工资水平平均比内资企业高出18.6%。随着内外资企业工业差距的不断缩小，从2006年开始内资企业的工资水平实现反超。

第三，运用Sharpley值分解方法测算了外资对我国企业间工资差距的影响程度和变化趋势。主要结果如下：（1）在考察期内外资对企业间工资差距的影响还是比较显著的，在本书所考察的所有变量中排在第二位，仅次于资本劳动比的贡献；从趋势上看，外资的贡献率总体呈现为逐年下降的趋势。（2）就其他控制变量而言：资本劳动比始终是对企业间工资差距贡献度最大的变量，但趋势上看，其贡献率在下降；总体上看，区域经济发展不平衡对企业间工资差距的贡献排在第三位，这反映了我国要素市场区域分割的现象依然存在；企业规模对企业间工资差距的影响越来越大，这说明规模经济效应已经越来越成为影响企业工资差距扩大的主要因素；与已有的研究明显不同，垄断对企业间工资差距的贡献度很小，这可能与本书所用数据有关；出口对企业间工资差距的贡献并不高，意味着随着我国开放深度和广度的不断加大，出口给企业带来的"工资红利"已慢慢消失；新产品的比重对企业间工资差距的贡献率一直维持在较低水平，这意味着我国工业企业的创新意识和创新能力还有很大改进的空间；而人均利润差异对工资差距所起的作用越来越小，意味着企业有可能通过挤占职工工资获得更高的利润，从而检验了我国企业存在着"利润侵蚀工资"的事实。

第四，基于工企数据和上市公司数据，使用 Oaxaca-Blinder 分解和分位数分解对内外资的工资差异进行详细分解，得出结论如下：（1）工资决定方程的分位数回归结果表明，内外资企业的各项企业特征在不同的分位数估计结果相差较大，说明在工资分布的不同区间决定工资水平的主要因素是不同的。如属于垄断行业、新产品比重较高，有较强的出口倾向再加上负债率较低等特征有利于位于工资分布低端的内资企业工资水平的提升；资本劳动比和利润的增加有利于位于工资分布高端的内资企业工资的提高；利润的增加和规模的增大有利于工资水平较低的外资企业增加工资；资本劳动比和新产品比重的增加以及出口的减少有利于处在工资分布高分位的外资企业提高其工资水平。（2）Oaxaca-Blinder 分解的结果说明内外资企业间存在着非常显著的工资差异，但呈现出不断缩小的态势，特征差异在总差异中所占的比重不断缩小，系数差异所占的比重不断上升，也就是说内外资企业间单纯由特征差异引起的工资差异比例非常小，两者的工资决定机制存在着巨大的差异，这种差异也许是由于工业企业数据库无法体现的人力资本因素造成，也许是因为外企自身优异的企业制度、高水平的管理以及良好的人才引进机制造成的。资本劳动比、出口、人均利润以及地区差异是造成内外资工资差距最主要的原因。（3）分位数分解结果与 Oaxaca-Blinder 分解相同，随着时间的推移，内外资企业间的工资差距不断缩小。位于工资分布顶端的内外资企业间工资差距的大幅度缩小是造成两种类型企业间工资总差异缩小的主要原因。在工资分布的底端内外资企业间由于企业特征差异引起的工资差异依然占有相当大的比重且在增大，而在工资分布的高端，单从企业特征来看这两种类型企业已相差无几。

第五，分别使用工业企业数据库和上市公司数据基于行业和地区层面数据考察外商直接投资对劳动力从内资企业向外资企业转移和内外资企业间的工资差距的影响，主要结论为：（1）外商直接投资的劳动力转移效应有利于缩小行业内内外资企业间的工资差距。基于工企 144 个行业以及上市公司 66 个行业的简单拟合结果发现，引资的数量越多、外商直接投资进入的程度越深，行业内外商直接投资企业就业的劳动力总数相对内资企业就越多，而行业内外商直接投资企业与内资企业的就业人数之比越高，内外资企业间的工资差距就越低。根据联立方程组的估计结果，随着外商直接投资进入程度不断加深，劳动力逐渐从内资部门向外商直接投资部门流入。随着劳动力从内资企业向外商直接投资企业的流动，外商直接投资企业与内资企业的工资差距在不断缩小。（2）对31个省份数据的简单拟合发现，某一地区外商直接投资越多，外商直接投资企业与内资企业的就业人数之比就越高，意味着劳动力从内资部门转移到了外资部门。而地区内外商直接投资企业的就业人数与内资企业的就业之比越高，内外资企业间的工资差距就越小。分地区来看，外商直接投资流入引起的劳动力从内资企业向外商直接投资企业的转移主要发生在东部和西部地区，而对于中部地区来说，外商直接投资流入的增加不仅不会促进劳动力从外商直接投资企业转移到内资企业，甚至还会引起反向的流动，即从外商直接投资企业流入内资企业。全样本的估计结果显示，外商直接投资通过劳动力转移效应确实有利于缩小内外资企业间的工资差距。

第六，通过估计外资的技术溢出效应对工资差距的影响可得到以下结论：（1）基于工企数据库的实证结果表明，我国内外资企业间技术差距存在三个门槛值，使得外商直接投资在我国的技术溢出呈现非线性动态演进。技术溢出发生的前提是内资企业间存在着技术差异，但不同的技术差异条件下技术溢出会发挥不同的作用。使用非动态门槛回归模型，检验得到技术差距的三个门槛值，不同的门槛值将技术溢出划分为四个区间，四个区间都有明显的技术溢出效应发生，弹性系数相差不大且随着技术差距的扩大变小，即内外资企业间技术差距越大的行业，其外商直接投资的技术溢出效应就越小。基于上市公司数据库的实证结果表明，技术差距存在单一门槛值，门槛值将技术溢出划分为两个区间，这两个区间都有明显的技术溢出效应发生。使用两种类型的数据库对我国不同行业内技术差距的变动趋势进行考察得到相同的结论，即在考察期内随着时间的推移，行业内外资与内资间的技术差距呈现出越来越小的趋势，内资企业的技术水平在考察中后期超越了外资企业，而外资技术溢出效应发挥的空间也越来越大。（2）基于不同年份两个数据库的双向固定效应回归结果得到相似结论：从整体上看，技术溢出效应对于内资企业的工资水平具有显著的正向提升作用；分区间来看，内外资企业间技术差距越小的行业，外资企业的技术溢出效应对内资企业工资水平的影响越大；内外资企业间技术差距越大的行业，外资企业的技术溢出效应对内资企业工资水平的影响越不显著。（3）基于工企数据和上市公司数据的估计结果均显示，外资企业的技术溢出对行业内外资企业与内资企业间工资差距的影响显著为负。也就是说，外商直接投资流入的增长引起内外资企业间工资差距的扩大，但随着外资进入带来的技术溢出效应的增加，这种增大的技术溢出效应又会对工资差距的扩大产生抑制作用。（4）使用夏普利值分解的方法对外资企业的技术溢出对行业间工资差距的贡献度进行了测度，结果显示，无论是基于工企数据还是上市公司数据，考察期内技术溢出效应对行业间工资差距的贡献率均不断降低。

第七，分别使用工业企业数据库和上市公司数据对几种技术溢出类型影响企业间工资差距的检验结果表明：（1）根据瓦哈卡—布林德的分解结果，外商直接投资的水平溢出效应和前向关联效应对工资差距的影响均由扩大变成缩小，后向关联效应虽然对工资差距的贡献依旧为正，但贡献度已大幅下降。分位数回归结果显示，除了非港澳台外资的水平溢出效应对工资差距的贡献显著为正，其他五种类型技术溢出效应在绝大多数分位数上均缩小了工资差距。（2）当企业位于不同产业链位置时，来自港澳台外资的水平溢出效应、前向关联效应对产业链中下游内外资企业间的工资差距有明显的缩小作用，同时该类型 FDI 的后向关联效应对产业链中上游企业间工资差距也有显著的缩小作用。（3）机制分析表明，技术溢出有助于强化生产率对企业工资的提升作用，但来自非港澳台外资的后向关联通过影响企业生产率水平并进而提高内资工资水平的机制路径并不成立。

第八，从出口的角度，使用工业企业数据库和上市公司数据考察企业的异质性对工资差异的影响，得出以下结论：（1）匹配前使用传统的 OLS 对出口影响外资企业工资水平的效应进行简单估计的结果发现，控制了企业的特征变量后，外资出口企业的工资水平显著低于外资非出口企业，对处理组和对照组进行了倾向性匹配后，解决了样本偏差问题的同时，处理组和对照组之间已无明显的工资差异，出口外资企业的工资水平甚至比非出口企业的工资水平稍稍高出。分年度纠偏后出口对企业工资水平影响的平均处理结果显示，各年度处理组和对照组的工资差异程度明显降低，从整体发展趋势来看，尤其到考察期的后期出口外资企业和非出口外资企业间并无明显的工资差异。（2）匹配前使用传统的 OLS 对出口影响内资企业工资水平的效应进行简单估计的结果发现，内资出口企业的工资水平稍高于内资非出口企业。倾向得分匹配后，内资出口企业的工资水平与内资非出口企业的工资差异扩大，OLS 的估计结果低估了两者的差异程度。出口对内资企业工资水平影响的逐年平均处理效应结果显示，匹配后内资出口企业与内资非出口企业间的工资差异经历了先扩大后缩小的过程。（3）从全样本匹配后的结果来看内外资出口企业间工资差异的估计值与 OLS 的估计结果差异不大，说明样本不存在样本选择性偏差的问题，外资出口企业的工资水平明显高于内资出口企业，两者之间存在巨大的工资差距。出口对内外资企业工资差异影响的逐年平均处理效应显示，匹配后外资出口企业和内资出口企业间的工资差异总体呈现出逐渐缩小的趋势。相较于内资出口企业，外资出口企业的确存在着明显的"工资红利"，但这种优势在逐渐弱化。

第二节 政 策 建 议

本书理论分析与实证检验的结论可以为我们提供如下政策启示。

（1）既然外资在我国引起的工资差距已经进入倒"U"型曲线的后半段，即差距下降阶段，未来我们应该充分利用这一特点，进一步改善引资环境、扩大对外开放的领域，从而继续缩小国内企业间的工资差距。例如，创造公平竞争、统一开放的市场环境是吸引外资的前提条件，政府应竭力创造条件，以改善引资的软环境，如打破地方保护、打击侵权盗版行为、保护知识产权。为保护外商的合法权益不受侵犯，制定相关的政策法规，解除外资企业的后顾之忧，以保证在一个相对安全、公平的环境中进行生产活动。

（2）外资企业的技术溢出效应有利于促进内资企业工资水平的提升，进而缩小内外资企业间的工资差距。因此，首先未来的引资工作中应更重视高质量外资的引进工作，一般来说引资项目的技术含量越高，其技术溢出效应可能越大，对内资的带动力量也越充足，对于缩小企业间工资差距进而推动共同富裕的作用也越大。要结合中国的国家产业结构调整方向、经济发展需要以及国家战略布局来修订《外商投资产业指导目录》，鼓励和支持具备先进技术的外资项目的进入，并搭建相关平台激励内资企业与外资企业间展开交流合作，学习其先进技术，从而提高经营效率、提高员工工资，缩小内外资企业间工资差距。其次，建立和强化内外资间的产业关联，内外资企业间的产业关联越密切，越有利于垂直技术溢出效应的发挥，可采取的措施如积极做好本土企业的生产配套服务，鼓励内外资间的研发合作，鼓励外资的本土化采购等。最后，对于国内传统的劳动和资源密集型产业，应对技术质量标准和环保节能标准提出更高的要求，并适当提高这些行业外资进入的门槛，以限制低水平外资的流入。

（3）文中得出结论认为内外资企业间技术差距的缩小更有利于技术溢出效应发挥作用，因此提高本土企业的技术水平、加大内资企业对先进技术的消化吸收能力尤为关键。应加大对本土人力资本的培训的投入、帮助弱势企业突破技术瓶颈、用政策导向给予企业技术研发的支持，在缩小内外资企业技术差距的同时强化对先进技术的学习能力。随着技术溢出程度的加深以及内外资企业技术差距逐步缩小，再加上受我国经济水平的不断发展以及市场竞争程度的加剧的影响，最终必然会实现内资从学习模仿向自主创新的转变。此外，从整个产业链来看，企业自身要创造与上下游产业间产品互通的机会，强化内外资企业间的产业关联，内外资企业间的产业关联越密切，越有利于垂直溢出效应的发挥。相关部门可采取措施来做好本土企业的生产配套服务、鼓励上下游内外资企业间的研发合作、鼓励外资的本土化采购等。此外，对于国内上游传统的劳动和资源密集型行业，应适当提高这些行业外资进入的技术门槛，以提高其技术溢出效应。

（4）从长期来看，外资流入引起的劳动力转移效应会缩小内外资企业间的工资差距。因此，消除劳动力流动的体制性障碍、改革户籍制度、健全以市场供求为基准的灵活用工制度，进一步完善劳动力市场等措施的实施在加快劳动力流动的速度的同时，一方面可促进企业间工资差距的缩小，另一方面，人员流动带来的技术流动有利于促进内资企业技术水平的提升。另外，由于外资企业对高技能劳动者的需求旺盛，为防止高技能劳动者短缺出现的高低技能劳动者之间工资差距拉大的情况发生，还应加大对劳动者的技能培训的投入，提高劳动者的技能水平，加大高低技能劳动者的相对供给。

（5）夏普利值分解结果显示，区域经济发展不平衡对企业间工资差距的贡献在所有考察的变量中排在第三位，未来应该注重中西部地区的发展，逐步减小区域发展不平衡带来的工资差距。为了缩小区域收入差距，提高落后地区居民的福利水平，应大力提高落后地区的市场规模，提升区域合作水平，增强空间的溢出效应（何雄浪、杨霞，2013）。国家应加强宏观调控，在改善中西部地区基础设施的同时，制定鼓励中西部引资的优惠政策，中西部地区可借由当前东部地区劳动力成本上涨，大量内资和外资企业逐渐向劳动力成本较低的中部西部地区转移的契机，努力发展经济的同时，解决当地大量的剩余劳动力问题。

（6）瓦哈卡—布林德分解结果显示，内外资企业的工资决定机制存在着巨大的差异，因此，未来企业改革的重点之一是市场化的工资决定机制的建立。已有研究表明，对具备同等人力资本的劳动者，外资企业相比内资企业支付了更高水平的工资，内资企业扭曲的工资决定制度致使大量的高素质劳动力流向外资企业，造成了严重的人才流失。企业的工资应是劳动者的人力资本或其技术禀赋的真实回报，更灵活更具竞争性的市场化工资决定机制的建立不仅有利于促使内外资企业工资差距的缩小，更有利于增强内资企业对高素质人才的吸引力、促进自身的发展。

参 考 文 献

[1] 艾洪山. 经济开放与工资变动：来自中国的经验分析 [D]. 长沙：湖南大学，2010.

[2] 艾洪山，张亚斌，亓朋. 外商直接投资、国际贸易与工资溢出——基于微观企业层面的实证分析 [J]. 经济评论，2010 (2)：100 - 109.

[3] 包群，邵敏. 外商投资与东道国工资差异：基于我国工业行业的经验研究 [J]. 管理世界，2008 (5)：46 - 54.

[4] 包群，邵敏，侯维忠. 出口改善了员工收入吗？ [J]. 经济研究，2011 (9)：41 - 54.

[5] 陈菲琼，钟芳芳，陈珧. 中国对外直接投资与技术创新研究 [J]. 浙江大学学报 (人文社会科学版)，2013，43 (4)：170 - 181.

[6] 陈利敏，谢怀筑. 外商直接投资对我国工资水平的影响分析 [J]. 经济与管理评论，2004，20 (6)：31 - 35.

[7] 陈弋，Sylvie Démurger，Martin Fournier. 中国企业的工资差异和所有制结构 [J]. 世界经济文汇，2005 (6)：11 - 31.

[8] 陈涛涛. 中国 FDI 行业内溢出效应的内在机制研究 [J]. 世界经济，2003 (9)：23 - 28.

[9] 陈怡，周曙东，王洪亮. 外商直接投资对我国收入差距的影响——基于制造业工资基尼系数的实证分析 [J]. 世界经济研究，2009 (5)：71 - 76.

[10] 陈钊，万广华，陆铭. 行业间不平等：日益重要的城镇收入差距成因——基于回归方程的分解 [J]. 中国社会科学，2010 (3)：65 - 76.

[11] 陈宗胜. 中国居民收入分配差别的深入研究——评《中国居民收入分配再研究》[J]. 经济研究，2000 (7)：68 - 71.

[12] 陈宗胜. 再论改革与发展中的收入分配 [M]. 北京：经济科学出版社，2002.

[13] 陈宗胜，陈岑. 城镇居民收入差异及其若干关联因素：一个直辖市例证 [J]. 改革，2014 (5)：82 - 94.

[14] 陈宗胜，周云波. 文化程度等人口特征对城镇居民收入及收入差别的影响——三论经济发展对收入分配的影响 [J]. 南开经济研究，2001 (4)：38 - 42.

[15] 范爱军, 刘伟华. 实体资本跨国流动对东道国行业工资趋同化的影响 [J]. 管理世界, 2010 (3): 56-64.

[16] 范承泽, 胡一帆, 郑红亮. FDI 对国内企业技术创新影响的理论与实证研究 [J]. 经济研究, 2008 (1): 89-102.

[17] 范如国. 劳动力市场、效率工资博弈模型及其经济效用分析 [J]. 数量经济技术经济研究, 2009 (6): 115-126.

[18] 范言慧, 郑建明, 李哲. FDI 流入对我国工资差距的影响——一个倒 U 形关系的形成、弱化及其解释 [J]. 财经科学, 2009 (4): 73-80.

[19] 傅元海, 唐未兵, 王展祥. FDI 溢出机制、技术进步路径与经济增长绩效 [J]. 经济研究, 2010 (6): 92-104.

[20] 何兴强, 欧燕, 史卫, 刘阳. FDI 技术溢出与中国吸收能力门槛研究 [J]. 世界经济, 2014 (10): 52-76.

[21] 黄凌云, 吴维琼. FDI 技术外溢与技术差距的门槛效应——基于中国工业企业的实证研究 [J]. 财经科学, 2013 (3): 52-59.

[22] 葛玉好, 赵媛媛. 工资差距分解方法之述评 [J]. 世界经济文汇, 2011 (3): 110-120.

[23] 郭继强, 姜俪, 陆利丽. 工资差异分解方法述评 [J]. 经济学: 季刊, 2011 (2): 363-414.

[24] 蒋殿春, 张宇. 行业特征与外商直接投资的技术溢出效应: 基于高新技术产业的经验分析 [J]. 世界经济, 2006 (10): 21-29.

[25] 赖明勇, 包群, 彭水军, 等. 外商直接投资与技术外溢: 基于吸收能力的研究 [J]. 经济研究, 2005 (8): 95-105.

[26] 李静, 彭飞. 出口企业存在工资红利吗?——基于 1998-2007 年中国工业企业微观数据的经验研究 [J]. 数量经济技术经济研究, 2012 (12): 20-37.

[27] 李静, 彭飞, 毛德凤. 研发投入对企业全要素生产率的溢出效应——基于中国工业企业微观数据的实证分析 [J]. 经济评论, 2013 (3): 77-86.

[28] 李清如, 蒋业恒, 董鹏馥. 贸易自由化对行业内工资不平等的影响——来自中国制造业的证据 [J]. 财贸经济, 2014 (2): 85-95.

[29] 李实. 中国经济转轨中劳动力流动模型 [J]. 经济研究, 1997 (1): 23-30.

[30] 李实, 王亚柯. 中国东西部地区企业职工收入差距的实证分析 [J]. 管理世界, 2005 (6): 16-26.

[31] 李实, 赵人伟, 张平. 中国经济转型与收入分配变动 [J]. 经济研究, 1998 (4): 42-51.

[32] 李雪辉, 许罗丹. FDI 对外资集中地区工资水平影响的实证研究 [J].

南开经济研究, 2002 (2): 35 - 39.

[33] 李振兴, 朱海华. 外资进入与技能工资差距: 基于 CHIP 数据的实证研究 [J]. 宏观经济研究, 2022 (3): 67 - 81.

[34] 刘翠翠, 卫平. 外商直接投资、技术溢出与相对工资差距 [J]. 当代经济科学, 2012 (4): 117 - 123.

[35] 刘辉煌, 余昌龙, 马添翼, 等. FDI 技术外溢、技术差距与经济增长的非线性关系 [J]. 金融研究, 2009 (9): 72 - 88.

[36] 刘荣添, 林峰. 我国东、中、西部外商直接投资 (FDI) 区位差异因素的 Panel Data 分析 [J]. 数量经济技术经济研究, 2005, 22 (7): 25 - 34.

[37] 刘田. 中国城乡收入差距收敛性及倒 U 形检验 [J]. 当代经济科学, 2013 (1): 1 - 8.

[38] 陆正飞, 王雄元, 张鹏. 国有企业支付了更高的职工工资吗? [J]. 经济研究, 2012 (3): 28 - 39.

[39] 罗楚亮, 李实. 人力资本、行业特征与收入差距——基于第一次全国经济普查资料的经验研究 [J]. 管理世界, 2007 (10): 19 - 30.

[40] 罗长远. FDI 与国内资本: 挤出还是挤入 [J]. 经济学 (季刊), 2007 (2): 381 - 400.

[41] 罗珊, 黄翠珊. 外商直接投资的工资效应基于我国制造业面板数据的实证研究 [J]. 宏观经济研究, 2012 (6): 75 - 82.

[42] 马晓科. 外商直接投资 (FDI) 对中国收入差距的影响——基于资本和劳动异质性的传导分析 [D]. 上海: 复旦大学, 2012.

[43] 毛其淋, 许家云. 中国外向型 FDI 对企业职工工资报酬的影响: 基于倾向得分匹配的经验分析 [J]. 国际贸易问题, 2014 (11): 121 - 131.

[44] 毛其淋, 许家云. 中国企业对外直接投资是否促进了企业创新 [J]. 世界经济, 2014 (8): 98 - 125.

[45] 聂辉华, 江艇, 杨汝岱. 中国工业企业数据库的使用现状和潜在问题 [J]. 世界经济, 2012 (5): 142 - 158.

[46] 戚建梅, 王明益. 对外直接投资扩大母国企业间工资差距了吗——基于我国微观数据的经验证据 [J]. 国际贸易问题, 2017 (1): 116 - 126.

[47] 亓朋. 外商直接投资对中国内资企业工资影响的理论及实证研究 [D]. 长沙: 湖南大学, 2009.

[48] 亓朋, 许和连, 艾洪山. 外商直接投资企业对内资企业的溢出效应: 对中国制造业企业的实证研究 [J]. 管理世界, 2008 (4): 58 - 68.

[49] 亓朋, 许和连, 李海峥. 技术差距与外商直接投资的技术溢出效应 [J]. 数量经济技术经济研究, 2009 (9): 92 - 106.

[50] 邱斌, 杨帅, 辛培江. FDI 技术溢出渠道与中国制造业生产率增长研究: 基于面板数据的分析 [J]. 世界经济, 2008, 31 (8): 20-31.

[51] 邱立成, 王自峰. 外商直接投资的"工资溢出"效应研究 [J]. 经济评论, 2006 (5): 136-140.

[52] 任志成, 张二震. 开放对发展中国家工资差距的影响: 一个文献综述 [J]. 世界经济研究, 2007 (9): 26-31.

[53] 任重, 周云波. 垄断对我国行业收入差距的影响到底有多大? [J]. 经济理论与经济管理, 2009 (4): 25-30.

[54] 邵敏, 包群. 出口企业转型对中国劳动力就业与工资的影响: 基于倾向评分匹配估计的经验分析 [J]. 世界经济, 2011 (6): 48-70.

[55] 邵敏, 包群. 外资进入是否加剧中国国内工资扭曲: 以国有工业企业为例 [J]. 世界经济, 2012 (10): 3-24.

[56] 邵敏, 包群. 外资进入对国内工资的影响: 基于工业行业的经验研究 [J]. 国际贸易问题, 2010 (11): 105-113.

[57] 邵敏, 包群. 外资进入与国内工资差异: 基于工业行业面板数据的联立估计 [J]. 统计研究, 2010, 27 (4): 42-51.

[58] 邵敏, 刘重力. 出口贸易、技术进步的偏向性与我国工资不平等 [J]. 经济评论, 2010 (4): 73-81.

[59] 邵敏, 刘重力. 外资进入与技能溢价——兼论我国 FDI 技术外溢的偏向性 [J]. 世界经济研究, 2011 (1): 67-74.

[60] 盛斌, 魏方. 外商直接投资对中国城乡收入差距的影响: 中国省际面板数据的经验检验 [J]. 当代财经, 2012 (5): 85-93.

[61] 盛丹, 王永进. 中国企业低价出口之谜——基于企业加成率的视角 [J]. 管理世界, 2012 (5): 8-23.

[62] 沈桂龙, 宋方钊. FDI 对中国收入分配差距的影响及对策——基于多维变量基础上的实证研究 [J]. 世界经济研究, 2011 (10): 69-73.

[63] 沈坤荣, 孙文杰. 市场竞争、技术溢出与内资企业 R&D 效率——基于行业层面的实证研究 [J]. 管理世界, 2009 (1): 38-48.

[64] 孙楚仁, 文娟, 朱钟棣. 外商直接投资与我国地区工资差异的实证研究 [J]. 世界经济研究, 2008 (2): 8-14.

[65] 孙敬水, 丁宁. 企业异质性、劳动力异质性与技能工资差距 [J]. 商业经济与管理, 2019 (8): 41-57.

[66] SylvieDémurger, Martin Fournier, 李实, 等. 中国经济转型中城镇劳动力市场分割问题——不同部门职工工资收入差距的分析 [J]. 管理世界, 2009 (3): 55-62.

[67] 谭真. FDI 影响我国工资水平的实证分析 [D]. 北京：对外经济贸易大学, 2019.

[68] 涂涛涛. 外商直接投资对中国工业部门的外溢效应分析——基于分位数回归法 [J]. 世界经济研究, 2008 (8)：56 - 60.

[69] 万广华. 不平等的度量与分解 [J]. 经济学（季刊）, 2008, 8 (1)：348 - 368.

[70] 万广华. 解释中国农村区域间的收入不平等：一种基于回归方程的分解方法 [J]. 经济研究, 2004 (8)：117 - 127.

[71] 万广华, 张茵. 中国沿海与内地贫困差异之解析：基于回归的分解方法 [J]. 经济研究, 2008 (12)：75 - 84.

[72] 王滨. FDI 技术溢出、技术进步与技术效率——基于中国制造业 1999 ~ 2007 年面板数据的经验研究 [J]. 数量经济技术经济研究, 2010 (2)：93 - 103.

[73] 王鹤. FDI 流入、收入差距与就业转移 [D]. 武汉：武汉理工大学, 2013.

[74] 王华, 祝树金, 赖明勇. 技术差距的门槛与 FDI 技术溢出的非线性——理论模型及中国企业的实证研究 [J]. 数量经济技术经济研究, 2012 (4)：3 - 18.

[75] 王瑜. 外商直接投资对我国工业技术进步的影响 [J]. 世界经济研究, 2009 (2)：66 - 73.

[76] 魏下海, 余玲铮. 我国城镇正规就业与非正规就业工资差异的实证研究——基于分位数回归与分解的发现 [J]. 数量经济技术经济研究, 2012 (1)：78 - 90.

[77] 武鹏, 周云波. 行业收入差距细分与演进轨迹：1990—2008 [J]. 改革, 2011 (1)：52 - 59.

[78] 夏庆杰, 李实, 宋丽娜, 等. 国有单位工资结构及其就业规模变化的收入分配效应：1988—2007 [J]. 经济研究, 2012 (6)：127 - 142.

[79] 冼国明, 杨长志. 外资所有权与工资升水关系研究评述 [J]. 经济学动态, 2009 (3)：121 - 125.

[80] 谢露露, 张军, 刘晓峰. 中国工业行业的工资集聚与互动 [J]. 世界经济, 2011 (7)：3 - 26.

[81] 谢露露. 从工资差异到趋同：外溢的视角 [J]. 世界经济文汇, 2010 (2)：101 - 119.

[82] 邢春冰. 不同所有制企业的工资决定机制考察 [J]. 经济研究, 2005 (6)：16 - 26.

[83] 许和连, 亓朋, 李海峥. 外商直接投资、劳动力市场与工资溢出效应 [J]. 管理世界, 2009 (9)：53 - 68.

［84］许和连，魏颖绮，赖明勇，等．外商直接投资的后向链接溢出效应研究［J］．管理世界，2007（4）：24 – 31.

［85］许建伟，郭其友．外商直接投资的经济增长、就业与工资的交互效应——基于省级面板数据的实证研究［J］．经济学家，2016（6）：15 – 23.

［86］徐毅．外包与工资差距——基于工业行业数据的经验研究［J］．世界经济研究，2011（1）：44 – 48.

［87］宣烨，赵曙东．外商直接投资的工资效应分析——以江苏为对象的实证研究［J］．南开经济研究，2005（1）：72 – 78.

［88］杨继东，江艇．中国企业生产率差距与工资差距——基于1999—2007年工业企业数据的分析［J］．经济研究，2012（S2）：81 – 93.

［89］杨娟，Sylvie Démurger，李实．中国城镇不同所有制企业职工收入差距的变化趋势［J］．经济学：季刊，2011，11（1）：289 – 308.

［90］杨亚平．FDI技术行业内溢出还是行业间溢出——基于广东工业面板数据的经验分析［J］．中国工业经济，2007（11）：73 – 79.

［91］杨泽文，杨全发．FDI对中国实际工资水平的影响［J］．世界经济，2004（12）：41 – 48.

［92］叶林祥，李实，罗楚亮．行业垄断、所有制与企业工资收入差距——基于第一次全国经济普查企业数据的实证研究［J］．管理世界，2011（4）：26 – 36.

［93］叶生洪，盛月，孙一平．外资并购对提高工人工资的影响研究——基于制造业企业的分析［J］．国际贸易问题，2014（12）：136 – 143.

［94］尹志超，甘犁．公共部门和非公共部门工资差异的实证研究［J］．经济研究，2009（4）：129 – 140.

［95］殷德生，唐海燕，黄腾飞．FDI与中国的高技能劳动需求［J］．世界经济，2011（9）：118 – 137.

［96］余泳泽．FDI技术外溢是否存在"门槛条件"——来自我国高技术产业的面板门限回归分析［J］．数量经济技术经济研究，2012（8）：49 – 63.

［97］袁冬梅，马梦姣．外资进入影响行业工资差距的路径与异质性研究——来自中国服务业的经验证据［J］．西部论坛，2020，30（2）：73 – 83.

［98］岳希明，李实，史泰丽．垄断行业高收入问题探讨［J］．中国社会科学，2010（3）：77 – 93.

［99］张车伟，薛欣欣．国有部门与非国有部门工资差异及人力资本贡献［J］．经济研究，2008（4）：15 – 25.

［100］张海波．外商直接投资对我国的工资效应分析——基于1997—2006年面板数据的实证研究［J］．国际贸易问题，2009（10）：99 – 105.

[101] 张杰, 黄泰岩. 中国企业的工资变化趋势与决定机制研究 [J]. 中国工业经济, 2010 (3): 42 - 53.

[102] 张义博. 公共部门与非公共部门收入差异的变迁 [J]. 经济研究, 2012 (4): 77 - 88.

[103] 张宇. FDI 技术外溢的地区差异与吸收能力的门限特征——基于中国省际面板数据的门限回归分析 [J]. 数量经济技术经济研究, 2008, 25 (1): 28 - 39.

[104] 张宇, 蒋殿春. FDI、产业集聚与产业技术进步——基于中国制造行业数据的实证检验 [J]. 财经研究, 2008, 34 (1): 72 - 82.

[105] 郑月明, 王伟. 基于动态面板数据模型分析外商直接投资的技术溢出效应 [J]. 山东纺织经济, 2011 (11): 17 - 20.

[106] 郑志国. 中国企业利润侵蚀工资问题研究 [J]. 中国工业经济, 2008 (1): 5 - 13.

[107] 钟辉. FDI 对中国就业影响的动态分析 [J]. 世界经济研究, 2005 (12): 11 - 15.

[108] 钟笑寒. 劳动力流动与工资差异 [J]. 中国社会科学, 2006 (1): 34 - 46.

[109] 朱彤, 刘斌, 李磊. 外资进入对城镇居民收入的影响及差异——基于中国城镇家庭住户收入调查数据 (CHIP) 的经验研究 [J]. 南开经济研究, 2012 (2): 33 - 54.

[110] 周明海, 肖文, 姚先国. 企业异质性、所有制结构与劳动收入份额 [J]. 管理世界, 2010 (10): 24 - 33.

[111] 周云波. 中国居民收入分配差距实证分析 [M]. 天津: 南开大学出版社, 2008.

[112] 周云波. 城市化, 城乡差距以及全国居民总体收入差距的变动——收入差距倒 U 形假说的实证检验 [J]. 经济学 (季刊), 2009 (4): 1239 - 1256.

[113] 周云波, 高连水, 武鹏. 我国地区收入差距的演变及影响因素分析: 1985—2005 [J]. 中央财经大学学报, 2010 (5): 38 - 43.

[114] 周云波, 马草原. 城镇居民收入差距的 "倒 U" 拐点及其演变趋势 [J]. 改革, 2010 (5): 28 - 35.

[115] Rubinson R. The world-economy and the distribution of income within states: a cross-national study [J]. American Sociological Review, 1976: 638 - 659.

[116] Acemoglu D. Why Do New Technologies Complement Skills? Directed Technical Change And Wage Inequality [J]. Quarterly Journal of Economics, 1997, 113 (4): 1055 - 1089.

[117] Acemoglu D. Technical Change, Inequality, and the Labor Market [J]. Journal of Economic Literature, 2002, 40 (1): 7 - 72.

[118] Acemoglu D, Autor D. Skills, Tasks and Technologies: Implications for Employment and Earnings [J]. National Bureau of Economic Research, 2010, 4 (16082): 1043 - 1171.

[119] Acemoglu D, Pischke J S. The Structure of Wages and Investment in General Training [J]. Journal of Political Economy, 1998, 107 (3): 539 - 572.

[120] Aitken B, Harrison A E, Lipsey R E. Wage and Foreign Ownership: A Comparative Study of Mexico, Venezuela and the United States [J]. Journal of International Economics, 1995, 40 (3 - 4): 345 - 371.

[121] Angeles - Castro G. The Effect of Trade and Foreign Direct Investment on Inequality: Do Governance and Macroeconomic Stability Matter? [J]. Economía Mexicana. NuevaÉpoca, 2011, 20 (1): 181 - 219.

[122] Appleton S, Song L, Xia Q. Understanding Urban Wage Inequality in China 1988 - 2008: Evidence from Quantile Analysis [J]. World Development, 2014, 62: 1 - 13.

[123] Balsvik R. Is Labor Mobility a Channel for Spillovers From Multinationals? Evidence From Norwegian Manufacturing [J]. Review of Economics & Statistics, 2011, 93 (1): 285 - 297.

[124] Barry F, Görg H, Strobl E. Foreign direct investment and wages in domestic firms in Ireland: Productivity spillovers versus labour-market crowding out [J]. International Journal of the Economics of Business, 2005, 12 (1): 67 - 84.

[125] Basu P, Guariglia A. Foreign Direct Investment, inequality, and growth [J]. Journal of Macroeconomics, 2007, 29 (4): 824 - 839.

[126] Bernard A B, Jensen J B, Schott P K. Importers, exporters and multinationals: a portrait of firms in the US that trade goods [M]. Producer dynamics: New evidence from micro data. University of Chicago Press, 2009: 513 - 552.

[127] Bernard A, Sjöholm F. 2003, Foreign owners and plant survival, NBER Working Paper Series, Working Paper 10039.

[128] Blomström M, Kokko A, Zejan M. Local Technological Capability and Productivity Spillovers from FDI in the Uruguayan Manufacturing Sector [J]. Journal of Development Studies, 1996, 32 (4): 602 - 611.

[129] Brown D K, Deardorff A V, Stern R M. The Effects of Multinational Production on Wages and Working Conditions in Developing Countries [J]. Working Papers, 2003: 279 - 332.

[130] Card D. Skill Biased Technological Change and Rising Wage Inequality: "Some Problems and Puzzles" [J]. National Bureau of Economic Research, 2002, 20 (4): 733 – 783.

[131] Chen Z, Ge Y, Lai H. Foreign direct investment and wage inequality: Evidence from China [J]. World Development, 2011, 39 (8): 1322 – 1332.

[132] Phyo E E, Goto H, Kakinaka M. International migration, foreign direct investment, and development stage in developing economies [J]. Review of Development Economics, 2019, 23 (2): 940 – 956.

[133] Chen C, Zhao H, Zhou Y. Foreign direct investment and wage inequality: Evidence from the People's Republic of China [R]. ADBI Working Paper, 2017.

[134] Sheng L, Yang D T. The Ownership Structure of Offshoring and Wage Inequality: Theory and Evidence from China [R]. Working Paper, 2012.

[135] Cho H C, Ramirez M D. Foreign direct investment and income inequality in southeast Asia: a panel unit root and panel cointegration analysis, 1990 – 2013 [J]. Atlantic Economic Journal, 2016, 44 (4): 411 – 424.

[136] Conyon M J, Girma S, Thompson S, et al. The productivity and wage effects of foreign acquisition in the United Kingdom [J]. Journal of Industrial Economics, 2002, 50 (1): 85 – 102.

[137] Driffield N, Girma S. Regional Foreign Direct Investment and Wage Spillovers: Plant Level Evidence from the UK Electronics Industry [J]. Oxford Bulletin of Economics & Statistics, 2003, 65 (4): 453 – 474.

[138] Driffield N, Taylor K. Wage spillovers, inter-regional effects and the impact of inward investment [J]. Spatial economic analysis, 2006, 1 (2): 187 – 205.

[139] Ekholm K, Midelfart K H. Relative wages and trade-induced changes in technology [J]. European Economic Review, 2005, 49 (6): 1637 – 1663.

[140] Engerman S L, Acemoglu D. Factor Endowments, Inequality, and Paths of Development among New World Economies [with Comments] [J]. Journal of the Latin American & Caribbean Economic Association Fall, 2000, 3 (1): 41 – 109.

[141] Fajnzylber P., Fernandes Ana M. International economic activities and skilled labour demand: evidence from Brazil and China [J]. Applied Economics, 2009, 41 (5): 563 – 577.

[142] Feenstra R C, Hanson G H. Foreign direct investment and relative wages: Evidence from Mexico's maquiladoras [J]. Journal of International Economics, 1995, 42 (3 – 4): 371 – 393.

[143] Feliciano Z M, Lipsey R E. Foreign Ownership, Wages, and Wage Changes

in U. S. Industries, 1987 – 1992 [J]. Contemporary Economic Policy, 2006, 24 (1): 74 –91.

[144] Figini P, Santarelli E. Openness, Economic Reforms, and Poverty: Globalization in Developing Countries [J]. Journal of Developing Areas, 2006, 39 (2): 129 –151.

[145] Findlay R. Relative Backwardness, Direct Foreign Investment, and the Transfer of Technology: A Simple Dynamic Model [J]. Quarterly Journal of Economics, 1978, 92 (1): 1 –16.

[146] Fosfuri B A, Motta M. Rønde (2001), "Foreign Direct Invesment and Spillovers Through Workers [C]//Mobility", Journal of International Economics. 2012.

[147] Francesca F, Haskel J E, Slaughter M J. Does Nationality of Ownership Matter for Labor Demands? [J]. Journal of the European Economic Association, 2003, 1 (2 –3): 698 –707.

[148] Ghosh P K, Lee J Y. Decomposition of Changes in Korean Wage Inequality, 1998 –2007 [J]. Journal of Labor Research, 2015: 1 –28.

[149] Glass A J, Saggi K. Multinational Firms, Technology Transfer, and Welfare [J]. Ssrn Electronic Journal, 1998.

[150] Görg H, Strobl E, Walsh F. Why Do Foreign – Owned Firms Pay More? The Role of On-the-Job Training [J]. Review of World Economics, 2007, 143 (3): 464 –482.

[151] Görg H, Strobl E. Spillovers from Foreign Firms through Worker Mobility: An Empirical Investigation [J]. Scandinavian Journal of Economics, 2005, 107 (4): 693 –709.

[152] Gopinath M, Chen W. Foreign direct investment and wages: a cross-country analysis [J]. Journal of International Trade & Economic Development, 2003, 12 (3): 285 –309.

[153] Heyman F, Sjöholm F, Tingvall P G. Is there really a foreign ownership wage premium? Evidence from matched employer-employee data [J]. Ssrn Electronic Journal, 2007, 73 (2): 355 –376.

[154] Hopenhayn H A. Entry, Exit, and Firm Dynamics in Long Run Equilibrium [J]. Econometrica, 1992, 60 (5): 1127 –1150.

[155] Huang K, Sim N, Zhao H. Does FDI actually affect income inequality? Insights from 25 years of research [J]. Journal of Economic Surveys, 2020, 34 (3): 630 –659.

[156] Juhn C, Murphy K M, Pierce B. Wage Inequality and the Rise in Returns to Skill [J]. Journal of Political Economy, 1993, 101 (3): 410 –442.

[157] Kaulihowa T, Adjasi C. FDI and income inequality in Africa [J]. Oxford Development Studies, 2018, 46 (2): 250 –265.

[158] Knight J B, Song L. Increasing urban wage inequality in China: Extent, elements and evaluation [J]. Economics of Transition, 2003, 11 (4): 597 –619 (23).

[159] Lawrence C, Wachter M L. Manufacturing Wage Dispersion: An End Game Interpretation [J]. Brookings Papers on Economic Activity, 1985, 16 (1): 47 –116.

[160] Lee D S. Wage Inequality in the U. S. During the 1980s: Rising Dispersion or Falling Minimum Wage [J]. Quarterly Journal of Economics, 1999, 114 (3): 977 –1023.

[161] Lipsey R E, Sjöholm F. Foreign direct investment, education and wages in Indonesian manufacturing [J]. Journal of Development Economics, 2004, 73 (1): 415 –422.

[162] Lipsey R E, Sjöholm F. Foreign firms and Indonesian manufacturing wages: an analysis with panel data [J]. Economic Development and Cultural Change, 2006, 55 (1): 201 –221.

[163] Liu X, Wei Y. Productivity Spillovers From Foreign Direct Investment: Evidence From UK Industry Level Panel Data [J]. Journal of International Business Studies, 2000, 31 (3): 407 –425.

[164] Lu D. Exceptional exporter performance? Evidence from Chinese manufacturing firms [D]. University of Chicago, 2010.

[165] Ma Y, Tang H, Zhang Y. Factor Intensity, product switching, and productivity: Evidence from Chinese exporters [J]. Journal of International Economics, 2014, 92 (2): 349 –362.

[166] Machado J A F, Mata J. Counterfactual decomposition of changes in wage distributions using quantile regression [J]. Journal of Applied Econometrics, 2005, 20 (4): 445 –465.

[167] Mahutga M C, Bandelj N. Foreign Investment and Income Inequality [J]. International Journal of Comparative Sociology, 2008, 49: 429 –454.

[168] Malchow-Møller N, Markusen J R, Schjerning B. Foreign Firms, Domestic Wages [J]. The Scandinavian Journal of Economics, 2013, 115 (2): 292 –325.

[169] Markusen J R, Venables A J. The Role of Multinational Firms in the Wage – Gap Debate [J]. Review of International Economics, 1997, 5 (4): 435 –451.

［170］ Melitz M J. The Impact of Trade on Intra-Industry Reallocations and Aggregate Industry Productivity ［J］. Econometrica, 2003, 71 (6): 1695–1725.

［171］ Meyer C. Globalisation and rising inequality in developed countries ［J］. Global Business & Economics Review, 1999, 1 (1): 108–118.

［172］ Nguyen V B. The difference in the FDI inflows-Income inequality relationship between developed and developing countries ［J］. The Journal of International Trade & Economic Development, 2021, 30 (8): 1123–1137.

［173］ Papanek G F, Kyn O. Flattening the Kuznets curve: The consequences for income distribution of development strategy, government intervention, income and the rate of growth ［J］. The Pakistan development review, 1987, 26 (1): 1–54.

［174］ Piketty T, Saez E. Income Inequality In The United States, 1913–1998 ［J］. Quarterly Journal of Economics, 2003, 118 (1): 1–39.

［175］ Rosen S. Learning and Experience in the Labor Market ［J］. Journal of Human Resources, 1972, 7 (3): N/A.

［176］ Saglam B B, Sayek S. MNEs and wages: The role of productivity spillovers and imperfect labor markets ［J］. Economic Modelling, 2011, 28 (6): 2736–2742.

［177］ Shorrocks A, Wan G. The Spatial Decomposition of Inequality ［J］. Journal of Economic Geography, 2005, 5 (1): 59–81.

［178］ Shorrocks A, Wan G. Ungrouping Income Distributions: Synthesising Samples for Inequality and Poverty Analysis ［J］. Working Paper, 2008.

［179］ Todo Y, Miyamoto K. Knowledge spillovers from foreign direct investment and the role of local R&D activities: evidence from Indonesia ［J］. Economic Development and Cultural Change, 2006, 55 (1): 173–200.

［180］ Velde D W T, Morrissey O. Do Workers in Africa Get a Wage Premium if Employed in Firms Owned by Foreigners? ［J］. Journal of African Economies, 2003, 12 (12): 41–73.

［181］ Xu C, Han M, Dossou T A M, et al. Trade openness, FDI, and income inequality: Evidence from sub-Saharan Africa ［J］. African Development Review, 2021, 33 (1): 193–203.

［182］ Yeaple S R. A simple model of firm heterogeneity, international trade, and wages ［J］. Journal of International Economics, 2005, 65 (1): 1–20.

［183］ Whang U. Skilled–Labor Intensity Differences Across Firms, Endogenous Product Quality, and Wage Inequality ［J］. Open Economies Review, 2015: 1–42.

［184］ Wu X. The impact of foreign direct investment on the relative return to skill ［J］. Economics of Transition, 2001, 9 (3): 695–671.